O Dan Lygaid y Gestapo

Y MEDDWL A'R DYCHYMYG CYMREIG

Golygydd Cyffredinol

John Rowlands

Cyfrolau a ymddangosodd yn y gyfres hyd yn hyn:

1. M. Wynn Thomas (gol.), *DiFfinio Dwy Lenyddiaeth Cymru* (1995)
2. Gerwyn Wiliams, *Tir Neb* (1996) (Llyfr y Flwyddyn 1997)
3. Paul Birt, *Cerddi Alltudiaeth* (1997)
4. E. G. Millward, *Yr Arwrgerdd Gymraeg* (1998)
5. Jane Aaron, *Pur fel y Dur* (1998) (Enillydd Gwobr Goffa Ellis Griffith)
6. Grahame Davies, *Sefyll yn y Bwlch* (1999)
7. John Rowlands (gol.), *Y Sêr yn eu Graddau* (2000)
8. Jerry Hunter, *Soffestri'r Saeson* (2000) (Rhestr Fer Llyfr y Flwyddyn 2001)
9. M. Wynn Thomas (gol.), *Gweld Sêr* (2001)
10. Angharad Price, *Rhwng Gwyn a Du* (2002)
11. Jason Walford Davies, *Gororau'r Iaith* (2003) (Rhestr Fer Llyfr y Flwyddyn 2004)
12. Roger Owen, *Ar Wasgar* (2003)
13. T. Robin Chapman, *Meibion Afradlon* (2004)

Y MEDDWL A'R DYCHYMYG CYMREIG

O Dan Lygaid y Gestapo

Yr Oleuedigaeth Gymraeg a Theori Lenyddol yng Nghymru

Simon Brooks

GWASG PRIFYSGOL CYMRU
CAERDYDD
2004

© Simon Brooks, 2004

Cedwir pob hawl. Ni cheir atgynhyrchu unrhyw ran o'r cyhoeddiad hwn na'i gadw mewn cyfundrefn adferadwy na'i drosglwyddo mewn unrhyw ddull na thrwy unrhyw gyfrwng electronig, mecanyddol, ffotogopïo, recordio, nac fel arall, heb ganiatâd ymlaen llaw gan Wasg Prifysgol Cymru, 10 Rhodfa Columbus, Maes Brigantîn, Caerdydd, CF10 4UP.
Gwefan: *www.cymru.ac.uk/gwasg*

ISBN 0-7083-1921-1

Mae cofnod catalogio'r gyfrol hon ar gael gan y Llyfrgell Brydeinig.

Hoffai'r cyhoeddwyr gydnabod cymorth ariannol Cyngor Cyllido Addysg Uwch Cymru tuag at gyhoeddi'r llyfr hwn.

Datganwyd gan Simon Brooks ei hawl foesol i gael ei gydnabod yn awdur y gwaith hwn yn unol ag adrannau 77 a 78 o'r Ddeddf Hawlfraint, Dyluniadau a Phatentau 1988.

Gwnaethpwyd pob ymdrech i ddod o hyd i berchenogion hawlfraint deunydd a ddefnyddir yn y gyfrol hon, a hoffai'r awdur a'r cyhoeddwyr ddiolch i'r sawl a roddodd eu caniatâd i atgynhyrchu deunydd. Yn achos ymholiad dylid cysylltu â'r cyhoeddwyr.

Argraffwyd yng Nghymru gan Wasg Dinefwr, Llandybïe.

I
Mared a Gwernan

... nid amhriodol ei chymharu â'r Gestapo neu'r Ogpu. Ceisio cyfleu'r argraff yr wyf o ddyn yn ysgrifennu gan deimlo bod llygaid ysbïwyr swyddogol yn ei wylio ar y pryd. Nid rhyfedd fod ofnusrwydd yn ei arddull: ofn torri rheol, ofn bod yn esgeulus, ofn gair benthyg, ofni'r orgraff.

T. J. Morgan, *Ysgrifau Llenyddol*

Cynnwys

Diolchiadau	xi
Rhai Termau	xiii
Rhagymadrodd: Goleuedigaeth yng Nghymru ac Ewrop	1

RHAN I
Dadleuon Ysgolheigaidd Hanner Cyntaf yr Ugeinfed Ganrif

1. Dyddiau *Y Llenor*	41

RHAN II
Beirniadaeth Lenyddol yn Ail Hanner yr Ugeinfed Ganrif

1. Rhyddfrydiaeth	65
2. Gwirionedd	89
3. Cenedlaetholdeb	113
4. Marcsiaeth	141
5. Ffeminyddiaeth	175
Mynegai	193

Diolchiadau

Carwn ddiolch yn bennaf i'r Athro John Rowlands am y cyfarwyddyd a'r gefnogaeth a gefais ganddo yn ystod fy nghyfnod fel myfyriwr ymchwil ym Mhrifysgol Cymru, Aberystwyth ac oddi ar hynny. Mae arnaf ddyled hefyd i'r Athro D. Ellis Evans am y cyfarwyddyd a gefais ganddo yntau yn ystod fy nghyfnod fel Efrydydd Syr John Rhŷs ym Mhrifysgol Rhydychen.

Cydnabyddaf yn ogystal y gefnogaeth ariannol a gefais gan Goleg Iesu, Rhydychen.

Diolch hefyd i Mr Dafydd Glyn Jones am fwrw golwg ar y Rhagymadrodd, i'r Athro Howard Williams am gymorth gydag ambell i derm ac i Dr Heather Williams am gyfarwyddyd gyda'r Ffrangeg. Diolchaf yn olaf i staff Gwasg Prifysgol Cymru am eu gwaith manwl a thrylwyr, ac yn enwedig i Nia Peris am lywio'r gyfrol drwy'r wasg.

SIMON BROOKS
Tal-y-bont, Ceredigion
Tachwedd 2004

Rhai Termau

Mae'r llyfr hwn o bryd i'w gilydd yn defnyddio rhai termau a godwyd o fyd damcaniaeth lenyddol. Rwyf wedi ceisio cyfyngu ar fy nefnydd o'r termau hyn gymaint ag sy'n bosibl. Fodd bynnag, ni fyddai wedi bod yn bosib cyfleu fy nadl yn llawn oni bai fy mod wedi gwneud peth defnydd ohonynt. Gan hynny, ceir isod restr o'r termau hyn, a brawddeg neu ddwy yn esbonio eu hystyr yn fras.

a priori gwybodaeth neu resymeg a bennwyd ymlaen llaw, heb dystiolaeth empeiraidd.

amherthynol bod heb berthynas â rhywbeth arall.

anhanesiol term a ddefnyddir gan Friedrich Engels i ddynodi pobloedd yn Ewrop na ffurfiasant wladwriaethau cryf iddynt hwy eu hunain yn y gorffennol, ac a dynghedwyd, yn ei farn ef, i ddiflannu yn sgil eu methiant i greu gwladwriaethau o'r fath.

anwythol ymresymu wrth seilio egwyddor neu ddadl gyffredinol ar achosion penodol.

cenhedlig yn perthyn i genedl.

didwythol ymresymu trwy gymhwyso egwyddorion cyffredinol at achosion penodol.

disgwrs y clwstwr o ystyron a gyfleir mewn trafodaeth.

écriture féminine term a fathwyd gan y theorïwraig ffeminyddol, Hélène Cixous, i gyfleu dull o ysgrifennu sy'n ymgorfforiad o'r benywaidd.

empeiriaeth y dybiaeth y dylid seilio dadl ar dystiolaeth ddiriaethol ein synhwyrau.

episteme term Groeg yn golygu gwybodaeth. Yn y llyfr hwn, fe'i defnyddir i olygu'r syniadaeth waelodol sy'n pennu'r math o wybodaeth a ganiateir mewn cymdeithas benodol ar ryw adeg penodol.

epistemeg cangen o athroniaeth yn ymwneud â natur gwybodaeth.

esgatoleg cangen o ddiwinyddiaeth sy'n ymwneud â diwethafiaeth.

Goleuedigaeth, yr Oleuedigaeth syniadau mudiad athronyddol yn Ewrop yn y ddeunawfed ganrif. Dadleuid fod rheswm dynol yn offeryn cymwys i ddehongli'r byd, a bod rhaid i'r unigolyn ymwrthod ag ofergoeliaeth a chred ddi-sail. Yn y gyfrol hon, dadleuir fod gwaith gramadegol John Morris-Jones, a thybiaethau cenedlatholgar metaffisegol ysgolheigion fel Saunders Lewis, yn arbennig yn y cyfnod *circa* 1890–1930, yn rhyw fath o Oleuedigaeth Gymraeg. Tueddir i ddefnyddio'r fannod benodol wrth gyfeirio at 'yr Oleuedigaeth' neu 'yr Oleuedigaeth Gymraeg' fel digwyddiad hanesyddol, ac at 'Oleuedigaeth' fel term amhenodol wrth gyfeirio at syniadau sy'n oleuedig.

Hegeliaeth syniadau yn deillio o waith yr athronydd, Georg Wilhelm Friedrich Hegel. Yn y llyfr hwn, fe'i defnyddir i gyfeirio at ddull idealaidd o feddwl sy'n rhagdybio bod y byd yn ddim ond gosodiadau a gwrth-osodiadau y gellir eu datrys trwy eu cyfuno i greu cyfosodiad, sef gosodiad newydd sy'n cyfuno priodoleddau'r gosodiad a'r gwrth-osodiad.

logos term yn deillio o athroniaeth Groeg, ac sy'n rhan ganolog o athroniaeth (a diwinyddiaeth) y Gorllewin ers hynny. Ystyr *logos* yw meddwl, gair, rheswm. Yn y llyfr hwn, tueddir i arddel diffiniad rhai theorïwyr llenyddol diweddar, sef *logos* fel hanfod traddodiad rhesymegol y Gorllewin, fel y'i cyfleir trwy rym iaith.

metaffiseg astudiaeth athronyddol gyda'r nod o gael gwybod am wir ystyr pethau a'u hanfod. Yn y llyfr hwn fe'i defnyddir yn bennaf i gyfeirio at syniadau athronyddol nad oes modd eu profi ar sail tystiolaeth ddiriaethol. Mae rhai cysyniadau haniaethol, fel amser neu ofod, neu hyd yn oed ideolegau, megis cenedlaetholdeb, yn fetaffisegol, am nad oes modd eu profi'n ddiriaethol.

mythos cymreigiad ar y gair Groeg *muthos* yn golygu chwedl neu stori, ac yn gysylltiedig â'r gair modern 'myth'. Fe'i defnyddid weithiau (er nad bob tro) i gyferbynnu â'r gair *logos*.

ontoleg cangen o athroniaeth yn ymwneud â natur bodolaeth.

perthynol dwyn perthynas â rhywbeth arall.

tawtoleg dadl, neu ddewis o eiriau, sy'n ailadrodd dadl neu eiriau blaenorol.

telos term Groeg yn golygu terfyn, neu bwrpas, neu nod.

teleolegol dadleuon sy'n seiliedig ar *telos*, sef dadl sy'n ei chyfiawnhau ei hun yn nhermau'r nod terfynol.

yr Arall yr hyn sy'n wahanol i'r hunan. Fe'i defnyddir, yn enwedig gan ddamcaniaethwyr llenyddol diweddar, i gyfeirio at yr hyn sy'n gwrthgyferbynnu â'r hyn sy'n gyfarwydd neu'n wybyddus.

Rhagymadrodd: Goleuedigaeth yng Nghymru ac Ewrop

Yn y gyfrol hon codir un agwedd ar Oleuedigaeth Ewropeaidd y ddeunawfed ganrif a'i defnyddio i ddatblygu un syniad sy'n rhan o hanes deallusol y Gymru Gymraeg yn yr ugeinfed ganrif. Nid hanes yr Oleuedigaeth sydd yma, ac nid hanes deallusol y Gymru Gymraeg ychwaith, ond damcaniaeth ynghylch sut y bu i un elfen o hanes yr Oleuedigaeth yn Ewrop ddylanwadu ar hanes y Gymru Gymraeg. Neu, a bod yn fwy cywir, damcaniaeth ynghylch sut y bu i'r elfen honno o'r Oleuedigaeth Ewropeaidd *ymdebygu* i elfen bwysig yn hanes deallusol y Gymru Gymraeg yn yr ugeinfed ganrif.

Er mwyn dadlau hyn, mae angen cyfeirio yn y lle cyntaf at yr Oleuedigaeth. Mae'r Oleuedigaeth, neu Oes y Goleuni fel y'i gelwir gan rai ysgrifenwyr Cymraeg, yn derm a ddefnyddir i ddynodi datblygiad athroniaeth a syniadau newydd yn Ewrop yn y ddeunawfed ganrif. Syniadau oedd y rhain a oedd yn bennaf gysylltiedig â Ffrainc, ond a oedd hefyd yn amlwg yn yr Almaen, yr Alban a Lloegr, ac a effeithiodd ar y rhan fwyaf o wledydd gorllewin a chanol Ewrop. Pur ymylol oedd dylanwad y mudiad ar Gymru a bywyd Cymraeg Cymru ar y pryd, er bod unigolion mor amrywiol â Iolo Morganwg a'r Morrisiaid o dan ddylanwad rhai o'i ddadleuon. Ond yn Ewrop, dyma brif fudiad syniadol y ddeunawfed ganrif ac, yn wir, y cyfnod modern.

Mudiad eithriadol o gymhleth, a gwrthgyferbyniol mewn sawl ffordd, oedd yr Oleuedigaeth, ond mae'n bosibl priodoli rhai nodweddion cyffredinol iddo. Yn bennaf, roedd yr Oleuedigaeth yn drafodaeth ar wybodaeth, ac ar ddilysrwydd gwybodaeth a'r defnydd ohoni. Yn y disgyblaethau empeiraidd, megis gwyddoniaeth, seryddiaeth, daeareg a daearyddiaeth, roedd gwybodaeth yn ehangu'n gyflymach nag erioed o'r blaen, ac roedd llawer o'r hyn a ddarganfuwyd yn mynd yn groes i'r hyn a gredid cyn hynny. Roedd pwyslais newydd ar reswm a rhesymeg, ac ar eu goruchafiaeth. Roedd llai o goel ar wybodaeth ysgrythurol, a bu symudiad oddi wrth sicrwydd duwiol tuag at syniadau dyneiddiol. Yn wir, fe ellid dadlau bod y syniad o 'ddynoliaeth' ei hun yn un o greadigaethau'r Oleuedigaeth. Roedd hyder newydd, gan na chredid bellach mai dirywio ers 'y cwymp' Beiblaidd fu hanes y ddynoliaeth honno. Roedd bri newydd ar ddiffinio, dosrannu ac egluro pob math o ffenomenâu naturiol a dynol.

Gwyddoniadur enwog Denis Diderot yw'r enghraifft bwysicaf o'r meddylfryd newydd hwn. Mae ei deitl llawn, *Encyclopédie, ou Dictionnaire raisonné des sciences, des arts et des métiers* (Gwyddoniadur, neu Eiriadur rhesymegol o'r gwyddorau, y celfyddydau a'r galwedigaethau) yn rhoi cystal syniad â dim o'r bydolwg a oedd wrth graidd yr Oleuedigaeth. Fe'i cyhoeddwyd dros gyfnod o ryw ugain mlynedd (1751–72) mewn 28 o gyfrolau. Dywedwyd yn y bumed ohonynt (1755) mai nod y fenter oedd 'casglu ynghyd holl wybodaeth y ddaear'.

Roedd meddylwyr eraill y ddeunawfed ganrif yn cydsynio â Diderot. Honnodd Voltaire mai wrth ddadansoddi yn unig y gallai dyn resymegu. Sail rhesymegu oedd empeiriaeth: ystyriodd Montesquieu effaith hanes, daearyddiaeth, diwylliant ac arferion cymdeithasol ar ei gilydd yn *De l'esprit des lois* (Ysbryd y cyfreithiau) (1748) a chynigiodd ddadansoddiadau o lywodraeth ar eu sail. Arweiniodd empeiriaeth hefyd at wrthbrofi 'ffeithiau' mwyaf sylfaenol yr Eglwys: cynigiodd Comte de Buffon dystiolaeth o ffosilau yn ei *Histoire naturelle* (Hanes naturiol) (1749) ynghyd â damcaniaeth am ddatblygiad y rhywogaethau. Hyrwyddodd Holbach a Helvétius fateroliaeth. Credai eraill mewn cynnydd, a gosododd Adam Smith yn ei *Inquiry into the Nature and Causes of the Wealth of Nations* (1766) seiliau damcaniaethol i gyfalafiaeth. Lluniodd Immanuel Kant draethawd, 'Was ist Aufklärung?' (Beth yw Goleuedigaeth?) (1784), yn honni mai syniad allweddol yr Oleuedigaeth oedd cael 'yr hyder i ddefnyddio'ch rheswm eich hun' a'r hawl i feirniadu syniadau a sefydliadau yn gyhoeddus. Byddai'n rhaid i lywodraethau oddef y feirniadaeth honno oherwydd 'Caesar non est supra grammaticos' (nid yw Cesar yn uwch na'r gramadegwyr).

Yn wir, aeth y gyriant syniadol tuag at resymegu yn drech na rhai sefydliadau llywodraethol ac eglwysig. Nid bygythiad metaffisegol yn unig oedd y pwyslais newydd ar resymeg, rhyddid barn, democratiaeth a hawliau dynol. Roedd syniadau gweriniaethol Jean-Jacques Rousseau, a'i bwyslais ar y *contrat social*, yn trosi syniadau rhesymegol yn fygythiad gwleidyddol. Bu Voltaire, Diderot a Montesquieu yn llawn dirmyg o absoliwtiaeth. Roedd bodolaeth yr iaith Ffrangeg fel *lingua franca* Ewrop, yr iaith gyffredin yr oedd pob 'dyn o ddiwylliant' yn ei deall, wedi creu meddylfryd cyffredinol a filwriai yn erbyn plwyfoldeb syniadol. Nid fel jôc yn unig y dywedasai Voltaire ym 1750 nad oedd yr Almaeneg yn gymwys ond ar gyfer milwyr a cheffylau.[1] Lledaenid syniadau trwy Ewrop ar gyflymder aruthrol, ac roedd y llysoedd crefyddol a seciwlar yn gorfod sensro, alltudio a chosbi er mwyn ceisio arafu'r llif rhyfeddol o syniadau a'u bygythiai.

Ni ellir dweud i ddau chwyldro mawr y ddeunawfed ganrif, yn America a Ffrainc, gael eu hachosi gan yr Oleuedigaeth, ond yn sicr fe gawsant eu cyfnerthu gan bobl yn defnyddio rhethreg oleuedig er mwyn eu cyfiawnhau. Cafodd rhai syniadau goleuedig eu defnyddio mewn rhaglenni gwleidyddol yn America a Ffrainc wedi'r ddau chwyldro hyn. Arddelodd y rhagymadrodd i Ddatganiad Annibyniaeth America (1776) syniadau goleuedig am hawliau'r ddynoliaeth: 'We hold these truths to be self-evident, that all men are created equal, that they are endowed by their Creator with certain unalienable rights.' Roedd y Chwyldro Ffrengig hefyd yn defnyddio rhethreg hawliau dynol a chydraddoldeb. Haerodd y *Déclaration des droits de l'homme* (Datganiad ar hawliau dyn) (1789) fod dinasyddion yn gydradd gerbron y gyfraith, a chafwyd datganiadau goleuedig eraill, megis rhethreg am natur anwahanadwy y genedl, rhyddid, cydraddoldeb a democratiaeth, ac yna, wrth i'r chwyldro gyrraedd ei anterth, ymgyrch yn erbyn Cristnogaeth (1793) a thros Gwlt y Bod Goruchaf (1794), cwlt yn seiliedig ar reswm ei hunan, gyda'i gadeirlan yn Notre Dame, 'Teml Rheswm'.[2] Roedd sefydlu gwladwriaethau 'democrataidd' yn America a Ffrainc hefyd yn golygu rhoi teyrngarwch i'r bobl yn hytrach nag i'r Goron, ac felly i nodweddion y bobl, gyda'u cenedligrwydd yn flaenllaw ymhlith y nodweddion hynny. Mae cyswllt gan hynny rhwng yr Oleuedigaeth a datblygiad cenedlaetholdeb, a'r awch i ddatblygu cenedl-wladwriaethau a fyddai'n ddemocrataidd ac egalitaraidd, ac felly'n unffurf a phur.

Datblygwyd y syniadau hyn am ddynoliaeth, dinasyddiaeth a chenedl ymhellach gan feddylwyr goleuedig diwedd y ddeunawfed ganrif. Roedd J. G. von Herder o'r farn y dylai'r uned ddinesig fod yn seiliedig ar yr uned ethnig, fel y gallai dinasyddion o'r un 'genedl' eu llywodraethu eu hunain. I Herder, nodwedd ddiffiniadol ethnigrwydd oedd iaith. Siaredid yr un iaith gan bobl a rannai'r un gwerthoedd a'r un arferion. Yn wir, nid oes raid mynd ymhell i weld y tebygrwydd rhwng y syniad hwn o *volk* a'r gair Cymraeg sy'n seiliedig arno, sef gwerin. Dyma syniad a boblogeiddiwyd gan ysgrifenwyr fel O. M. Edwards yn y bedwaredd ganrif ar bymtheg, ond sy'n deillio'n uniongyrchol o syniadaeth yr Oleuedigaeth. Roedd cenedl, felly, yn un o themâu cyson yr Oleuedigaeth hwyr, ac roedd iaith yn rhan annatod o hynny. Mae un o brif feirniaid yr ugeinfed ganrif ar Oleuedigaeth, Jean-François Lyotard, yn disgrifio cenedl fel un o 'naratifau' yr Oleuedigaeth, un o'r syniadau llywodraethol hynny fel 'dyn', 'dosbarth' a 'hanes' sy'n honni eu bod yn cyfleu rhyw wirionedd ac sydd wedi dod yn sgaffaldwaith deallusol i'r oes fodern.[3]

Syniad digon tebyg am yr Oleuedigaeth fel plethwaith o naratifau cyfannol a hunangyfeiriadol fu gan ddau feirniad arall, Theodor Adorno a Max Horkheimer. Dadleuasant yn *Dialektik der Aufklärung* (Dilechdid Goleuedigaeth) (1944) nad yw'r naratifau rhesymegol hyn yn ymryddhaol, gan eu bod yn ormesol i'r sawl nad yw'n cyd-dynnu â hwy. Yn eu barn hwy, roedd yr Oleuedigaeth yn lleihau gwybodaeth i fod yn gyfres o hafaliadau mathemategol y rhagwelwyd eu canlyniadau eisoes. Oherwydd bod popeth wedi ei resymu ymlaen llaw, mae'r Oleuedigaeth yn arwain yn anochel at dotalitariaeth ac ymosod ar nodweddion gwahanol i'r 'norm' (megis ethnigrwydd, ieithoedd neu rywioldeb). Câi dilysrwydd y nodweddion 'gwahanol' hyn, ac felly eu bodolaeth, ei wadu. Yn ôl Adorno a Horkheimer, arweiniodd y rhesymegaeth hon at yr Holocost. 'Rhifolion,' meddent, 'oedd canon yr Oleuedigaeth . . . I'r Oleuedigaeth, rhith yw'r peth nad oes modd ei leihau yn rhif, ac yn y pen draw, yn un rhif.'[4] 'Pan ddaw yr anhysbys yn nifer anhysbys mewn hafaliad,' meddent ymhellach, 'mae hyn yn ei ddynodi fel nifer hysbys cyn i'w werth gael ei bennu . . . Daeth y dull mathemategol yn ddefod i feddwl.'[5] Y brif feirniadaeth sydd ganddynt ar yr Oleuedigaeth yw ei thuedd i fesur, gwerthuso a rhifo popeth, ei hawch i gael gwybod am 'holl wybodaeth y ddaear', chwedl Diderot.

Iaith a goleuedigaeth

Mae'r llyfr hwn yn trafod y berthynas rhwng Goleuedigaeth ac un iaith leiafrifol Ewropeaidd, sef y Gymraeg, a'r disgwrs syniadol a gafwyd yn yr iaith honno yn yr ugeinfed ganrif. Un o'i ddadleuon yw bod gwerthoedd yr Oleuedigaeth wedi cymell datblygiad gwladwriaethau ag iddynt un iaith, a'r iaith honno i fod yn 'ofod' cyhoeddus ar gyfer disgwrs 'democrataidd' y gallai pawb ymgyrraedd ato. Porthwyd yr angen hwn hefyd gan dwf cyfalafiaeth, a chan ddatblygiad argraffu fel technoleg 'gyfathrebu' yr oes – datblygiad a alwai am iaith 'brint' a oedd wedi ei safoni.[6] Fe wneid y disgwrs dewisedig hwn yn ddemocrataidd trwy fod ar gael i bawb, ac annilysid disgyrsiau ieithyddol gwahanol. Mae'r Oleuedigaeth yn berthnasol i'r Gymru Gymraeg am iddi osod seiliau rhesymegol, dyneiddiol ac anwadadwy i'r dybiaeth ormesol fod ieithoedd 'lleol' ac 'elitaidd', gan gynnwys y Gymraeg, ymhlith y disgyrsiau annilys hyn. Mae'n hynod arwyddocaol mai un o fotiffau goleuedig y Chwyldro Ffrengig oedd ailenwi Ffrainc fel y Weriniaeth, yn ogystal ag ailenwi pobl, lleoedd ac amser.[7] Gyda'i hiaith newydd safonol, y Ffrangeg, aeth y Weriniaeth Ffrengig ddemocrataidd ac ymryddhaol hon ati i lanhau'r wlad o'i hamrywiaethau.

Ffrainc yw tarddle syniadau goleuedig am y cyswllt rhwng iaith, gwladwriaeth a gwirionedd. Ond nid Ffrangeg oedd iaith mwyafrif trigolion Ffrainc yn y ddeunawfed ganrif. Tafodiaith Paris a'r rhanbarth o'i hamgylch oedd y 'Ffrangeg'. Mae'n wir mai tafodiaith a safonwyd ydoedd, ac un rymus hefyd, a ddefnyddid at ddibenion swyddogol y Goron. Mae'n wir hefyd mai'r iaith hon, fel cyfryngwr diwylliant rhyngwladol, oedd iaith disgwrs deallusol. Hi oedd iaith y *philosophes*, athronwyr yr Oleuedigaeth, ac fe'i siaredid yn eang yn llysoedd Ewrop. Ond nid oedd ond yn iaith lafar feunyddiol rhan fechan o diriogaeth Ffrainc, gwlad a gynhwysai nifer o ranbarthau ieithyddol gwahanol. Siaredid Llydaweg, Basgeg, Fflemeg, Catalan, Profensaleg, Alsaseg a Chorseg, ynghyd â'r *langue d'oc* a geid ar draws de'r wlad a nifer o dafodieithoedd Ffrangeg yn y gogledd y byddai'n anodd i drigolion Paris eu deall. Roedd rhesymeg yr Oleuedigaeth yn gofyn am gael gwared â'r cawdel ieithyddol hwn, a gosod yn ei le un iaith a fyddai'n ddealladwy i bawb, a hynny ym mhobman. Roedd yn anorfod mai Ffrangeg Paris a ddewisid fel yr iaith gymwys ar gyfer y fraint hon, am ei bod yn meddu ar rym gwleidyddol, ond hefyd am ei bod yn iaith dysg ac felly, yn nhyb yr Oleuedigaeth, yn fwy rhesymegol, coeth a chlir nag ieithoedd eraill. Ym 1784, roedd Antoine de Rivarol wedi ennill gwobr Academi Berlin am ei *Discours sur l'universalité de la langue française* (Disgwrs ar natur gyffredinol yr iaith Ffrangeg) a ddadleuai fod y Ffrangeg yn fwy pur, diamwys, sobr a chyfiawn na'r un iaith arall.[8]

Gwelir yn y fan hon un arall o syniadau canolog yr Oleuedigaeth. Nid yn unig byddai'r iaith genedlaethol yn disodli preblian diruddin y wlad, ond fe fynnid coethi'r Ffrangeg ei hun i fod mor bur a thryloyw â phosibl, er mwyn iddi fod yn gyfrwng glân i reswm. Awgrymodd y meddyliwr goleuedig Etienne de Condillac y byddai iaith a ramadegwyd o'r newydd, iaith a burwyd ac a oedd yn wahanol i'r iaith a ddefnyddid cyn yr Oleuedigaeth, yn fodd i orfodi ffordd o feddwl a fyddai'n fwy rhesymegol. Roedd Court de Gébelin wedi dadlau mai'r un peth oedd iaith a'r pethau a ddisgrifid ganddi, a bod geiriau yn 'fabriqués à l'imitation même de l'objet' ('wedi eu creu'n unswydd ar gyfer y gwrthrych').[9] Os felly, mae'n rhaid bod coethi a gwella iaith yn golygu coethi a gwella realiti. Roedd ieithoedd eraill Ffrainc yn golledig: yn ôl Voltaire, ni siaredid hwy ond 'chez quelques rustres' ('gan ychydig ddreliaid').[10] Hwn felly oedd y meddylfryd deallusol a fodolai pan ddygodd y Chwyldro Ffrengig nifer o syniadau goleuedig am ddynoliaeth, rheswm, gwladwriaeth ac iaith i rym gwleidyddol. Aethpwyd ati i ymosod ar ieithoedd eraill Ffrainc gydag arddeliad.

Gŵr sy'n greiddiol i'r ymosodiadau gwleidyddol ar *patois* y Weriniaeth yw Henri Grégoire. Ei nod oedd lledu 'rhesymoliaeth oligarchaidd' trwy'r wlad wrth 'homogeneiddio tiriogaeth gyfan y llywodraeth'.[11] Yn Awst 1790, dechreuodd Grégoire weithio ar adroddiad ar *patois* Ffrainc, gwaith goleuedig a luniwyd ar ffurf holiadur er mwyn dosrannu'r atebion yn rhesymegol-wyddonol. Fel llawer o waith yr Oleuedigaeth, rhagwelid yr atebion gan y cwestiynau (a holai am helaethder geirfa, geiriaduron, gramadegau a llenyddiaeth ysgrifenedig). Gwyddai Grégoire yn iawn beth fyddai casgliadau ei ymchwil. Wedi'r cwbl, yn y 1780au, cyfeiriasai at iaith Iddewon Ffrainc fel 'ce jargon tudesco-hebraico-rabbinique' ('y jargon tudescaidd-hebraeg-rabinaidd').[12] Yn wir, erbyn 1792, ac yn ôl y disgwyl, roedd rhai o'r ymatebwyr i'w holiadur yn ymbil arno i'w 'rhyddhau' o'u *patois* di-nod.[13]

Ar sail y gwaith ymchwil hwn, cyflwynwyd adroddiad ym 1794 i'r Convention Nationale, y 'Rapport sur la nécessité et les moyens d'anéantir les patois et d'universaliser la langue française' (Adroddiad ar yr angen a'r modd i ddileu'r lledieithoedd ac i ledaenu arfer y Ffrangeg ym mhobman). Erbyn y flwyddyn honno, roedd y Jacobiniaid, carfan fwyaf radicalaidd y chwyldro, gyda'u cred ddiwyro mewn egalitariaeth, yn eu cyfnod mwyaf milwriaethus wrth iddynt ymdrechu i amddiffyn y chwyldro yn erbyn ei elynion, gartref a thramor. Blodeuodd 'terfysgaeth ieithyddol'.[14] Ychydig fisoedd cyn cyhoeddi adroddiad Grégoire, roedd un arall o arweinwyr gwleidyddol y chwyldro, Bertrand Barrère, wedi cyflwyno ei adroddiad ei hun yn trafod 'les idiômes étrangers' ('yr ieithoedd estron'), ac yn cyfeirio at siaradwyr ieithoedd eraill y Weriniaeth fel 'gwrth-chwyldroadwyr':

> Nous avons observé . . . que l'idiome appelé bas-breton, l'idiome basque, les langues allemande et italienne ont perpétué le règne du fanatisme et de la superstition, assuré la domination des prêtres, des nobles et des praticiens, empêché la révolution de pénétrer dans neuf départements, et peuvent favoriser les ennemis de la France . . .

> Le fédéralisme et la superstition parlent bas-breton; l'émigration et la haine de la république parlent allemand; la contre-révolution parle l'italien, et le fanatisme parle le basque. Cassons ces instruments de dommage et d'erreur . . .
> Nos ennemis avaient fait de la langue française la langue des cours . . . C'est à nous d'en faire la langue des peuples . . . il n'appartient qu'à elle de devenir la langue universelle . . . Pour nous, nous devons à nos concitoyens, nous devons à l'affermissement de la République, de faire parler sur tout son territoire la langue dans laquelle est écrite la Déclaration des Droits de l'Homme.
>
> Rydym wedi sylwi . . . bod y dafodiaith a elwir yn Llydaweg, y dafodiaith Fasgeg, yr ieithoedd Almaeneg ac Eidaleg wedi ymestyn oes ffanaticiaeth ac ofergoel, wedi sicrhau rheolaeth offeiriaid, arglwyddi a chyfreithwyr, wedi rhwystro'r chwyldro rhag treiddio i naw *département*, ac y gallent fod yn ffafriol i elynion Ffrainc . . .
> Mae ffederaliaeth ac ofergoel yn siarad Llydaweg; mae allfudiad a chasineb at y Weriniaeth yn siarad Almaeneg; mae'r gwrth-chwyldro yn siarad Eidaleg, ac mae ffanaticiaeth yn siarad Basgeg. Mae'n rhaid i ni falurio'r rhain, arfau difrod a chamsyniad . . .
> Fe wnaeth ein gelynion droi'r Ffrangeg yn iaith y llys . . . Mae'n rhaid i ni ei throi yn iaith y bobl . . . ei thynged hi yn unig yw mynd yn iaith gyffredin . . . I ninnau, mae arnom ddyletswydd i'n cyd-ddinasyddion, ac i gryfhad y Weriniaeth, i sicrhau y bydd yr iaith yr ysgrifennwyd y Datganiad ar Hawliau Dyn ynddi yn cael ei siarad ar draws holl diriogaeth y Weriniaeth.[15]

Deddfwyd mai'r Ffrangeg fyddai unig iaith swyddogol y Weriniaeth, ac fe waharddwyd ieithoedd eraill, hyd yn oed mewn dogfennau preifat megis cytundebau masnach. Yn Alsás, rhanbarth 'Almaeneg' Ffrainc, croesawyd allfudiad miloedd o siaradwyr Alsaseg i'r Almaen gan Jacobiniaid lleol. Roedd aelod o'r Convention Nationale, Philibert Simon, am gymell symudiad poblogaeth enfawr, gyda siaradwyr Ffrangeg yn symud i Alsás a siaradwyr 'Almaeneg' Alsás yn cael eu gwasgaru trwy'r wlad fel y gellid eu cymathu.[16]

Law yn llaw â'u hymgyrch yn erbyn ieithoedd eraill Ffrainc, roedd y Jacobiniaid hefyd wedi cyflwyno cynigion i buro'r iaith Ffrangeg ei hun, yn ramadegol ac yn orgraffyddol. Roedd Grégoire o'r farn bod angen gramadeg newydd ar yr iaith Ffrangeg. Ym 1793, gofynnwyd i'r Convention Nationale gynnal cystadleuaeth er mwyn creu 'une nouvelle grammaire et un vocabulaire nouveau de la langue française' ('gramadeg newydd a geirfa newydd yr iaith Ffrangeg'). Sefydlwyd rheithgor yn ystod mis Gorffennaf 1794 (mis olaf arweinydd y Jacobiniaid, Robespierre, mewn grym cyn ei gwymp a'i ddienyddiad) a osodai ei fryd ar waharddu geiriau estron a berfau afreolaidd.[17] Wedi cwymp Jacobiniaeth yn haf 1794, parhawyd i gyflwyno diwygiadau gramadegol, gan gynnwys y *grammaire générale* (gramadeg cyffredinol) a ddisgrifiwyd gan un ysgolhaig fel 'an abstract of enlightened epistemology'.[18]

Mae cyswllt uniongyrchol, felly, rhwng yr Oleuedigaeth a'r dirywiad mewn ieithoedd di-wladwriaeth o'r ddeunawfed ganrif ymlaen. Mae hefyd gysylltiad rhwng yr Oleuedigaeth ac ymdrechion i safoni iaith trwy gyfrwng gramadeg ac orgraff newydd fel y gallai'r iaith honno lefaru yn enw'r genedl. Agwedd ddiddorol ar hanes deallusol Cymru yw i garedigion y Gymraeg yn yr ugeinfed ganrif geisio defnyddio Goleuedigaeth ramadegol wrth safoni'r Gymraeg er mwyn gwrthsefyll awgrym 'goleuedig' gwladwriaeth y Deyrnas Gyfunol nad yw'r Gymraeg yn haeddu bod yn rhan o ddisgwrs swyddogol. Mae'n drawiadol felly fod cysyniadau o Oleuedigaeth wedi cael eu defnyddio o blaid ac yn erbyn y Gymru Gymraeg.

Wrth ymateb i'r Oleuedigaeth, a'r gwahanol batrymau o rym a symbolaeth yr esgorodd arnynt, dywedodd y beirniad Pierre Bourdieu mai'r hyn a geir ganddi yw 'rhith o gomiwnyddiaeth ieithyddol'.[19] Mae'r iaith gyffredin sy'n perthyn i'r *commune* yn ddemocrataidd, yn perthyn i bawb fel nwydd i'w rannu, yn offeryn cyfartalrwydd; mor wahanol ydyw felly i'r iaith 'ranbarthol', sy'n llawn neilltuedd ac yn wahaniaethus yn ei hymneilltuedd. Iaith yn perthyn i'r unigolyn, nid i'r gymdeithas, ydyw honno; iaith gwahanrwydd ac iaith sydd, yn ei gwahanrwydd, yn annemocrataidd, yn elitaidd ac yn groes i gydraddoldeb a chynwysoldeb. Gwelwn yma ffynhonnell ddeallusol y dadleuon a fyddai'n cael eu defnyddio gan elynion y Gymraeg yn enw 'cydraddoldeb': cydraddoldeb yn ei ystyr orfodol gomiwnyddol.

Mae iaith ddemocrataidd y Wladwriaeth hefyd yn llefaru yn enw rhesymeg – nodwedd arall, wrth gwrs, ar y *commune*. Fel y dywedodd y cymdeithasegydd Cymraeg Glyn Williams mewn adroddiad swyddogol ar ieithoedd lleiafrifol i'r Comisiwn Ewropeaidd, *Euromosaic*,

> It was the French Enlightenment that seized upon this general discourse . . . The state became the custodian of the search for perfection through progress. The link to language rested on an argument which claimed that some languages were the languages of reason whereas others, somehow, lay outside of reason. Thus, the languages of reason, that is, the state languages, the 'modern' languages, were to be deployed in pursuing 'modern' activities demanding the essence of reason – administration, education, science. The other languages could be deployed for the emotive context of the 'traditional'.[20]

Mae Lyotard yntau wedi dadlau bod y syniad goleuedig o 'y bobl', gyda'i gyfiawnhad gwladwriaethol, yn tanseilio amrywiaeth 'traddodiadol' y 'bobloedd' eraill mewn Gwladwriaeth – pobloedd a ddadgyfreithlonir o ganlyniad i'r ffaith eu bod wedi eu troi'n 'lleiafrifoedd' neu'n genedlaetholwyr sydd i'w hystyried yn elynion.[21]

Tuedd ddigon naturiol i leiafrifoedd ieithyddol di-wladwriaeth, yn wyneb y fath ymosodiadau rhesymegol arnynt, oedd ceisio amddiffyniad trwy ddatblygu eu strwythurau 'rhesymegol' eu hunain. Ystyr hynny yn aml iawn oedd ymdrechu i sefydlu cenedl-wladwriaethau newydd yn seiliedig ar y grŵp ethnig lleiafrifol.[22] Arweiniodd hyn at y pwyslais cynyddol ar genedlaetholdeb yn y bedwaredd ganrif ar bymtheg, a'r rhuthr gwyllt, a fu'n fwy llwyddiannus yng nghanol a dwyrain Ewrop nag yn y gorllewin, i ennill annibyniaeth. Defnyddid cysyniadau goleuedig o iaith, cenedl a dinasyddiaeth i ddadlau dros ymreolaeth, ac aeth y broses hon rhagddi yng Nghymru fel yng ngweddill gwledydd anhanesiol Ewrop, gyda John Morris-Jones yn arloesi yn y maes ieithyddol a Saunders Lewis yn mynd â Goleuedigaeth i'w phen draw rhesymegol yn wleidyddol.

Nid yw'r ffaith bod yr Oleuedigaeth yn ffenomen Gymraeg yn ogystal â ffenomen Ewropeaidd yn newid dim ar y ffaith mai syniadau gwneud yw llawer o ragdybiaethau'r rhesymeg oleuedig, a bod effaith Goleuedigaeth ar fywyd mewnol y Gymru Gymraeg yr un mor drawiadol ag y bu ar fywyd mewnol Ffrainc. Nid 'datwm naturiol' yw iaith genedlaethol safonol fel y Gymraeg ond canlyniad angen goleuedig y 'genedl' i greu deddfwriaeth ym maes iaith.[23] 'There is a proximity between grammar and truth,' meddai Glyn Williams a Delyth Morris yn *Language Planning and Language Use: Welsh in a Global Age*. 'To speak truly was to speak according to the rules which must be constructed by grammar.'[24] Dyma dybiaeth syniadol a fyddai'n gynsail i ysgolheictod y Gymraeg yn yr ugeinfed ganrif. Ond, fel y dywedodd Williams a Morris, 'Modern linguistics has been constructed on the basis of generating "correct language", this correctness being measured by reference to the rules of grammar. There is a persistent failure to recognize that these rules are nothing more than politically established normative contexts.'[25] Yn union fel yr oedd rheoliadau gramadegol yn hwyluso hegemoni'r Jacobiniaid dros y werin dlawd ddidysg, a hynny yn y weithred o'u hachub rhag eu hamherthnasedd eu hunain, felly hefyd yr oedd rheoliadau gramadegol goleuedig y Gymru Gymraeg, fel y'u lluniwyd gan John Morris-Jones ar ddechrau'r ugeinfed ganrif, yn gorseddu grym Cymraeg swyddogol a'r bobl a'i siaradai ar draul y werin ddiaddysg gyda'u tafodieithoedd ansafonol a'u hiaith ysgrifenedig anghywir. Ac yn union fel y bu i nifer o feirniaid yn Ffrainc yn ail hanner yr ugeinfed ganrif gollfarnu drwgeffaith ddiwylliannol yr Oleuedigaeth a'i throseddau yn erbyn amrywiaeth a gwahanrwydd, felly yng Nghymru bu nifer o feddylwyr yn hynod amheus o'r dehongliad arbennig o iaith a Chymreictod yr oedd Goleuedigaeth ar ei gwedd Gymraeg wedi ei sefydlu yng Nghymru. Ond oni bai am yr Oleuedigaeth honno, tybed a fyddai'r cysyniad o Gymru a'r Gymraeg wedi goroesi o gwbl?

Gellir gweld egwyddorion y dadleuon dros ac yn erbyn dwyn rhesymeg oleuedig i ddiwylliant lleiafrifol mewn dadl rhwng ysgolheigion Cymraeg am effaith creu math safonol, cenedlaethol a goleuedig o'r iaith Lydaweg. Yn 'At What Price Language Maintenance? Standardization in Modern Breton', mae Mari C. Jones yn dadlau na ddigwyddodd y broses oleuedig 'arferol' o safoni iaith yn Llydaw, a hynny am na fu yn y parthau Llydaweg eu hiaith ardal gyda'r grym gwleidyddol neu economaidd i orfodi ei thafodiaith ar weddill y wlad. Yn wyneb y 'diffyg' hwn – diffyg a fu'n llestair i ddatblygiad y Llydaweg fel iaith 'fodern', gan ei gadael yn iaith werinol, 'ansafonol' y buarth yn unig – aeth deallusion cenedlatholgar ati i greu math 'artiffisial' o Lydaweg, Llydaweg a fyddai'n wahanol i bob tafodiaith ond yn cynnwys elfennau o bob un, ac a fyddai'n ddealladwy gan bawb. Mae Jones yn gosod y term 'néo-breton' ar yr iaith 'Lydaweg' newydd hon, dynodiad ideolegol sy'n cyhoeddi mai ffug ac annilys yw'r *register* cenedlaethol newydd:

> The variety was imposed immediately upon the education system and media with the explicit aim of uniting the speech community so that all people would use Breton in the same 'correct' way. It was a relatively sudden, conscious decision to create homogeneity of speech by devising a synthetic norm.[26]

Mae'n cyhuddo'r academwyr hyn o ddefnyddio rhesymeg oleuedig wrth greu 'undod' a 'safon' yn yr iaith, gan ddisodli'r 'amrywiaeth' a fodolai o'r blaen. Mae hefyd yn awgrymu mai cymhelliad cenedlatholgar oedd wrth gefn y penderfyniad hwnnw, a bod cysylltiad rhwng y ddau brosiect goleuedig hyn, sef creu gramadeg a chreu cenedl:

> The main allegiance of native speakers is to their *own* Breton rather than to the pan-Breton variety fostered by the *Néo-bretonnants* and in this respect, they have no use for a Breton lingua franca. They perceive themselves as

parochial communities rather than a national unit . . . The 'purification' and modernization involved in the process of standardization has created a situation whereby traditional speakers of the dialects feel that their Breton is inferior.[27]

Mewn ymateb i'r safbwyntiau a godwyd gan Mari C. Jones, dadleua Rhisiart Hincks yn *Yr Iaith Lenyddol fel Bwch Dihangol yng Nghymru ac yn Llydaw* fod y cam goleuedig o safoni'r Llydaweg wedi bod yn hanfodol i'w pharhad. Ni fedrai'r tafodieithoedd gwasgaredig a llygredig a fodolai yng nghefn gwlad Llydaw erbyn degawdau olaf yr ugeinfed ganrif fyth fod wedi gwrthsefyll grym cymathol y Ffrangeg. Yn wir, wrth beidio â chaniatáu i'r Llydaweg gael ei safoni fel y safonwyd y Ffrangeg ychydig ganrifoedd ynghynt, derbynnid rôl y Ffrangeg fel iaith resymegol, yn addas i'r oes fodern, a derbynnid hefyd y rôl yr oedd y wladwriaeth Ffrengig wedi mynnu ei neilltuo ar gyfer y Llydaweg, fel iaith yr aelwyd a chlonc anffurfiol, iaith nad oedd yn gymwys i fynegi meddyliau rhesymegol ynddi. Yn ôl Hincks, felly, roedd y sawl a wrthwynebai safoni ieithoedd lleiafrifol yn ochri 'â gwrthwynebwyr ieithoedd lleiafrifol yn gyffredinol'.[28] Yn wir, fe 'all puryddiaeth senoffobig fod yn gam pwysig yn ymdrech cymuned ieithyddol i ennill dylanwad newydd'.[29]

Nid Llydaw oedd yr unig wlad leiafrifol yn y sefyllfa hon. Nodwedd gyffredin ar wledydd di-wladwriaeth Ewrop yw iddynt dderbyn y ddadl oleuedig dros safoni iaith a datblygu yn 'genedl', ond i hynny ddigwydd nid ar ddiwedd y ddeunawfed ganrif ond ar wahanol adegau yn y bedwaredd ganrif ar bymtheg a'r ugeinfed ganrif, yn dibynnu ar nerth cymharol eu sefyllfa genedlaethol eu hunain.[30] Cenedl anhanesiol, chwedl Friedrich Engels, yw Cymru; cenedl heb wladwriaeth, y tu allan i brif ffrwd syniadol Ewrop. Ni ellid bod wedi disgwyl iddi gyflawni ei Goleuedigaeth ar yr un pryd â Ffrainc a threfedigaethau America.

Goleuedigaeth yng Nghymru'r ddeunawfed ganrif

Er mwyn trafod y ddamcaniaeth na chafwyd Goleuedigaeth yng Nghymru'r ddeunawfed ganrif, mae'n rhaid edrych ar syniadau Cymry'r cyfnod am iaith ac ieithyddiaeth. Y farn gyffredin ymhlith haneswyr ieithyddiaeth yw bod yn y gwledydd Celtaidd 'an absence of Celtic linguistics, as if the Enlightenment and its accompanying rationalism never arrived in this benighted intellectual corner of Europe'.[31] Ond pa mor wir yw hyn?

Y 'Cymro' mwyaf goleuedig ar y llwyfan rhyngwladol oedd Syr William Jones. Roedd 'Oriental Jones' fel y'i gelwid wedi arbrofi ym maes ieitheg gymharol, gan ddadlau mewn darlith enwog yn Calcutta ym 1786 fod perthynas rhwng Sansgrit a'r ieithoedd Ewropeaidd clasurol.[32] Fe'i disgrifir yn aml fel 'tad ieitheg fodern'.[33] Honnodd un ysgolhaig na chafwyd datblygiad pwysicach mewn ieithyddiaeth na'r darganfyddiad hwnnw nes i Ferdinand de Saussure gyhoeddi ei *Cours de linguistique générale* (Cwrs mewn ieithyddiaeth gyffredinol) ym 1916.[34] Roedd gwaith Jones yn rhan annatod o'r Oleuedigaeth Ewropeaidd: awgrymasai Voltaire ei hun ym 1776 y gallai Sansgrit fod yn darddle i ieithoedd yr India, a bod tebygrwydd diwylliannol rhwng India a chwedloniaeth y Gorllewin.[35]

Ond brodor o Lundain yn byw yn yr India yr oedd ei dad yn digwydd bod yn Gymro Cymraeg oedd Jones. Mae'n wir fod ganddo 'ryw gymaint o wybodaeth ysgolheigaidd o'r Gymraeg' ynghyd â diddordeb mewn pethau Celtaidd.[36] Ysgrifenasai ym 1779 at ohebydd yng Ngwlad Pwyl, y Tywysog Adam Czartoryski, gan ddweud: 'many learned investigators of antiquity are fully persuaded, that a very old and almost primaeval language was in use among these northern nations, from which not only the Celtic dialects, but even the Greek and Latin, are derived'.[37] Mae'n wir hefyd iddo gyfeirio ato'i hun unwaith fel 'a plain Briton, as my father was'.[38] Ond er iddo ymfalchïo yn ei dras Cymreig, go brin y gellir dehongli athrylith unigolyn o Gymro Llundain alltud fel arwydd o Oleuedigaeth genedlaethol Gymreig. Ceir cyfeiriadau at Jones yn llythyrau'r Morrisiaid, yn rhannol oherwydd ei gysylltiadau teuluol ag Ynys Môn, ond dirmygus yw'r sylwadau at ei gilydd.[39] Ac er bod gan Iolo Morganwg a William Owen Pughe bethau i'w dweud amdano, nid oedd ganddo ohebwyr o Gymry.[40] Serch hynny, byddai maes o law yn cael dylanwad ar yr Oleuedigaeth Gymraeg ar ddiwedd y bedwaredd ganrif ar bymtheg oherwydd 'mai'i awgrymiadau ef yn 1786 a gychwynnodd gyfnod newydd mewn astudiaethau ieithegol a ddaeth â'r Gymraeg a'r ieithoedd Celtaidd eraill i sylw ysgolheigion ieitheg gymharol, yn enwedig yn yr Almaen'.[41] Bu'r diddordeb Almaenig hwnnw yn gymhelliad maes o law i John Morris-Jones ddechrau ar ei waith mawr yntau.

At ei gilydd, cymuned dra an-oleuedig oedd Cymru'r ddeunawfed ganrif. Daliai'r mwyafrif o ddeallusion Cymru i gredu yn chwedl Tŵr Babel a'r myth y bu unwaith un iaith gyntefig gyffredin a chwalwyd yn nifer o ieithoedd anghydryw wedi i'r tŵr hwnnw gael ei ddymchwel. Roedd llyfr yr abad Llydewig Paul-Yves Pezron, *Antiquité de la nation, et de la langue des Celtes, autrement appellez Gaulois* (Hynafiaeth cenedl ac iaith y Celtiaid a elwir hefyd yn Aliaid) (1703), yn ddylanwad ffurfiannol trwy gydol y ganrif. Trafodwyd ei ddamcaniaethau gan holl Gymry dysgedig yr oes, yn eu plith Edward Lhuyd, Lewis Morris, Richard Morris, Goronwy Owen, Iolo Morganwg a William Owen Pughe.[42] Gwaith Pezron yw cynsail rhan gyntaf *Drych y Prif Oesoedd* (1716) Theophilus Evans. Gan gymryd degfed bennod llyfr Genesis yn fan cychwyn, dadleuodd Pezron mai iaith disgynyddion Gomer fab Jaffeth, y Titaniaid, oedd 'y Gelteg' a ddygwyd i ben eithaf gorllewin Ewrop o Asia. Rhestrodd eiriau mewn gwahanol ieithoedd Ewropeaidd a ymddangosai'n debyg i'w gilydd (megis y tebygrwydd honedig rhwng y gair Cymraeg 'curo' a'r Groeg 'Curetes', dosbarth o feirdd mytholegol o ynys Creta) a'u defnyddio i ddadlau bod gan yr ieithoedd hyn, megis Groeg, Lladin ac Almaeneg, darddiad yn yr hen Gelteg hon.[43] I'r Gymraeg a'r Llydaweg y perthynai'r fraint o fod yn ieithoedd hynaf a mwyaf 'gwreiddiol' Ewrop. Nid pawb a ffolai ar Pezron, wrth gwrs: cyflawnasai Edward Lhuyd waith empeiraidd defnyddiol tua dechrau'r ddeunawfed ganrif a awgrymai gyswllt agos rhwng y chwe iaith Geltaidd, ac a ragwelai mewn sawl ffordd resymeg ieitheg gymharol, er nad oedd yn 'advanced so far as to discover the Celtic to be the Mother-tongue'.[44] Ond roedd Pezron yn llawer mwy adnabyddus na Lhuyd yng Nghymru'r ddeunawfed ganrif, a'i feddylfryd cyn-oleuedig a hoeliodd y sylw.

Yn *Welch Piety* (1740), mynegodd Griffith Jones, Llanddowror y farn bod y Gymraeg yn tarddu o'r Hebraeg ac yn fwy 'full, copious, primitive, independent' nag unrhyw iaith arall yn Ewrop.[45] Yn ei *Celtic Remains*, a gwblhaodd ym 1757, honnodd Lewis Morris mai'r Gymraeg oedd prif gangen yr hen Gelteg.[46] Mewn cyfrolau fel *The Circles of Gomer* (1771) datblygodd y cyfreithiwr Rowland Jones ei 'cosy world of lunatic linguistics',[47] gyda'i nod o adfer iaith gysefin dynolryw yn iaith gyffredinol y byd. Ymddiddorai'n arbennig mewn hieroglyffau, gan ddatblygu theori bod y Gymraeg mor ddilychwin fel bod pob llythyren yn ei gwyddor yn symbol ynddi ei hun.[48] Dylanwadodd ar y geiriadurwr a'r gramadegwr William Owen Pughe, a fu yn ei dro yn ddylanwad mawr ar lenorion Cymraeg y bedwaredd ganrif ar bymtheg, yn eu plith sawl un a âi benben â John Morris-Jones. Roedd gwaith Pughe yn dra mympwyol, gan iddo fynnu, yng ngeiriau'r ysgolhaig goleuedig G. J. Williams, 'mai cyfuniadau o wreiddiau'r famiaith gyntefig ydoedd pob iaith ar wyneb y ddaear, [ac] mai gwaith gramadegwr ydoedd peri i bob iaith ddangos y gwreiddiau hynny, ac edfryd ffurfiad cysefin yr iaith'.[49] Mynnodd hefyd ddiwygio'r orgraff yn ei eiriadur (1793–1803) lle aeth 'ch' yn 'ç', 'dd' yn 'z', 'ff' yn 'f', 'ph' yn 'f' ac 'f' yn 'v'. Roedd y syniadaeth y tu ôl i'w ramadeg, *A Grammar of the Welsh Language* (1803), yn rhannol ddyledus i wyddor ffug Iolo Morganwg, Coelbren y Beirdd, a brofai, yn nhyb Pughe, bwysigrwydd cael llythyren wahanol i gynrychioli pob sain seml yn y Gymraeg.[50] Roedd ei *Cadòedigaet yr Iait Ċybraeg* (Cadwedigaeth yr Iaith Gymraeg) (1808) yn arddel yr un orgraff, neu, fel y dywedodd ei hunan: 'Coelbren y Beirdd as to principle, but the Roman letters as to form.'[51] Mor hwyr â 1818, honnai Pughe fod peth gwirionedd yng ngwaith Pezron.[52]

Ond er mor wachul yw gwaith Pezron a'i ddilynwyr yng Nghymru'r ddeunawfed ganrif, diddorol yw cymharu eu hagwedd at ieithoedd 'cysefin' di-wladwriaeth gorllewin Ewrop ag agwedd *philosophes* yr Oleuedigaeth Ffrengig. Gwelir tystiolaeth unwaith eto fod haerllug-rwydd rhesymegol yr Oleuedigaeth yn niweidiol i amrywiaeth diwyll-iannol a bodolaeth ieithoedd bychain, tra bod agweddau ecsentrig, onid gwallgof, ar syniadau am Dŵr Babel o leiaf yn cydnabod cyfraniad diwylliannau llai. Roedd y mythos Gomeraidd a amgylchynai'r ieith-oedd Celtaidd yn fwy caredig wrth y Llydaweg na rhesymeg leihaol yr Oleuedigaeth. Er mor gyfeiliornus oedd syniadau Pezron, daethant â bri i'r Llydaweg, bri na châi yn y Ffrainc Jacobinaidd.[53] Yng Nghymru hithau, gallai Theophilus Evans ddefnyddio ei gamsyniadau am 'hiliog-aeth Gomer' i awgrymu mai o'r Gymraeg y benthycai'r Lladin a'r Saesneg lawer o'u geiriau.[54]

Hynafiaeth, purdeb, tras: dyna'r geiriau a gysylltid â'r ieithoedd Celtaidd cyn yr Oleuedigaeth. Amherthnasedd, llygredd ac annheyrn-garwch a gysylltid â hwy wedyn. Po fwyaf empeiraidd, goleuedig a 'chywir' y disgwrs, po fwyaf y diraddid yr ieithoedd Celtaidd. Ym 1760, cyhoeddodd Étienne Barbazan yn ei waith goleuedig, *Dissertation sur la langue des Celtes* (Traethawd ar iaith y Celtiaid), mai'r Lladin oedd ffynhonnell yr iaith Ffrangeg. Ym 1765, cyfrannodd Diderot erthygl i'r *Encyclopédie* ar *patois* lle soniodd am 'iaith sathredig y taleithiau' a mynnu 'on ne parle la langue que dans la capitale' ('yn y brifddinas yn unig y siaredir yr iaith').[55] Gwnaeth Voltaire hwyl am ben y syniad y gallai'r Llydaweg, iaith 'les habitants de Quimper' ('trigolion Quimper'), fod yn iaith gysefin Ewrop.[56]

Wrth reswm, cafodd yr Oleuedigaeth beth dylanwad yng Nghymru, yn fwyaf arbennig, efallai, yn y maes gwleidyddol. Yn ôl un ysgolhaig, roedd gweithgarwch cylch y Morrisiaid yn 'classic enlightened step', nid annhebyg ei nod i'r hyn a geid mewn cylchoedd dysgedig tebyg mewn gwledydd Ewropeaidd llai eraill, megis Bohemia, yn y ddeunawfed ganrif.[57] Bu Iolo Morganwg yn amlwg ei gefnogaeth i 'Ryddid', a chafwyd 'ieithwedd wleidyddol newydd yn yr iaith Gymraeg a oedd yn radicalaidd ac yn wladgarol ei natur'.[58] Cyhoeddwyd fersiynau Cymraeg o *The Rights of Man* Tom Paine (1791–2) – *Seren Tan Gwmmwl* (1795) a *Toriad y Dydd* (1797) – gan Jac Glan-y-gors, a lledaenwyd rhai o'r syniadau newydd am gydraddoldeb yn *Y Cylch-grawn Cynmraeg* (1793), 'a thoroughly Enlightened production in the best rational-religious style'.[59] Cyfieithwyd yr ymgom bwysig rhwng y bobl a'r breintiedig yng nghyfrol resymolaidd-seciwlar Constantin François Volney, *Les Ruines, ou Méditation sur les révolutions des empires* (Yr Adfeilion, neu Arolwg o chwyldroadau ymerodraethau) (1791) i'r Gymraeg dair blynedd cyn iddi gael ei chyfieithu i'r Saesneg.[60] Darllenwyd Voltaire ym Merthyr Tudful a Llangadfan.[61] Yn wir, edrydd yr hanesydd Marcsaidd Gwyn Alf Williams fod dadleuon Jacobinaidd wedi treiddio i bob cwr o'r wlad: 'A traveller who stopped in 1796 at the minuscule country town of Bala in North Wales (a Mecca of Calvinistic Methodism) found the tavern rent by a permanent feud. In one corner sat a parson, some gentlemen's sons and a lawyer; in another, a country doctor, a blacksmith and a farmer. For hours they sorely drank *Jacobin* and *anti-Jacobin* toasts at each other. If Bala could produce "Jacobins" in 1796, clearly lightning had penetrated the soil.'[62] Fel arbenigwr rhyngwladol ar fudiadau gwleidyddol poblyddol y Chwyldro Ffrengig, honna Gwyn Alf Williams fod mwy o gysylltiadau syniadol rhwng perfeddwlad y Gymru Gymraeg uniaith a'r America a Ffrainc chwyldroadol nag a dybiwyd. Roedd Cymru yn llawn syniadau Jacobinaidd, syniadau a drechwyd yn eu dydd ond a ddaeth yn gof gwerin ac yn fframwaith deallusol i fudiadau llafur diweddarach, yn enwedig felly yn y de-ddwyrain diwydiannol yn hanner cyntaf y bedwaredd ganrif ar bymtheg.

Yn ôl Gwyn Alf Williams, prif nodwedd yr Oleuedigaeth yng Nghymru ddiwedd y ddeunawfed ganrif oedd rhamantiaeth. Roedd y math o waith casglu a chofnodi testunol a oedd yn nodweddiadol o'r ganrif yn fodd i greu achyddiaeth i genedl 'nad oedd yn cyfrif'.[63] Nid oedd llawer o ots a oedd yr achyddiaeth honno wedi ei ffugio ai peidio. 'Iolo Morganwg', meddai Gwyn Alf Williams, 'was working like a dedicated scholar of the Enlightenment in the service of a Romantic delusion.'[64] Golygai wrth hynny fod ei ffugiadau milflynyddol yn anghenraid wrth 'greu' cenedl y Cymry, fel yr oedd ffugiadau cyffelyb yn anghenraid i genhedloedd di-wladwriaeth eraill yn Ewrop. Gwêl ddeallusion y Cymry yn debyg i ddeallusion y Tsieciaid, ac Iolo Morganwg yn debyg i'r Serb, Karad ić, y gŵr a gasglodd ganeuon gwerin cenedl y Serbiaid ac a luniodd ramadeg, llyfr ysgrifennu a geiriadur i'r Serbeg.[65]

Ond rhaid gosod y brwdfrydedd radicalaidd hwn yn ei gyd-destun priodol, sef y twf mewn efengyliaeth Fethodistaidd ymhlith gwerin gwlad ddiwedd y ddeunawfed ganrif. Yn ôl y Methodist Thomas Jones o Ddinbych, awdur *Gair yn ei Amser* (1798), pechod a arweiniodd at y Chwyldro Ffrengig. Ymosodai Thomas Charles ar Jacobiniaeth.[66] Canodd y llenor Methodistaidd John Owen, Machynlleth fod Voltaire wedi '[g]wenwyno / Cyfandir Ewrop bron i gyd'.[67] Dosbarthodd Methodistiaid y de-orllewin faled ym 1793 i'r perwyl mai dim ond 'rhywrai deillion' fyddai 'ail eisiau Refolusion'.[68] Ac nid oedd y rhelyw o'r Cymry 'seciwlar' yn llawer mwy radicalaidd ychwaith. Barn Saunders Lewis am y Morrisiaid oedd eu bod yn 'Whig in politics, loyal to the Hanoverian Kings; England's enemies were theirs . . . the Morrisians were "within the pale".'[69] Roedd gwleidyddiaeth seneddol Cymru mewn merddwr hefyd, yn fater o fuddiannau'r teuluoedd mawr; yn ôl hanes uniongred y cyfnod, 'the stirrings of political opinion in Wales before 1789 were slight and superficial'.[70]

I'r rhan fwyaf o haneswyr sy'n ysgrifennu yn y Gymraeg, ystyr grefyddol ac nid rhesymegol-seciwlar sydd i 'Oes Goleuni' y ddeunawfed ganrif yng Nghymru. Iddynt hwy, nid oedd y ddeunawfed ganrif yng Nghymru yn gyfnod o herio crefydd a gorseddu rheswm ond, yn hytrach, o ddyrchafu Cristnogaeth trwy'r Diwygiad Methodistaidd, ynghyd â'i litwrgi llenyddol, sef emynyddiaeth. Yng nghlasur R. T. Jenkins, *Hanes Cymru yn y Ddeunawfed Ganrif* (1928), neilltuir 73 o'r 121 tudalen o naratif i drafod crefydd a diwinyddiaeth, ond nid oes yr un dudalen yn trin bywyd deallusol seciwlar. Yn ofer y chwilir am y gair 'Goleuedigaeth' ym mynegai llyfrau ac erthyglau am Gymru'r ddeunawfed ganrif. Pan ddefnyddir yr ymadrodd, fe'i defnyddir i olygu rhywbeth cwbl wahanol i'r hyn a olygai i haneswyr gweddill Ewrop. Yn y bennod 'Naws y Ganrif' yn *Gwŷr Llên y Ddeunawfed Ganrif*, er enghraifft, mae un o ysgolheigion uchaf eu parch yr ugeinfed ganrif, J. E. Caerwyn Williams, yn diffinio 'deffro' y ddeunawfed ganrif fel 'deffro' sy'n wahanol i ddeffro deallusol Ewrop a'r 'Chwyldro yn Ffrainc'. Y mae'n 'ddeffro crefyddol, deffro llenyddol, deffro addysgol a deffro ysgolheigaidd – pedwar deffro, neu'n hytrach bedair agwedd ar yr un deffro mawr, deffro'r genedl Gymreig . . . a dyna sy'n bwysig ynglŷn â'r deffroad Cymreig yn y ddeunawfed ganrif: deffro gwerin ydoedd, a'r hyn a'i hachosodd oedd Diwygiad Crefyddol'.[71]

Bid a fo am ledaeniad rhai syniadau radicalaidd yng Nghymru ddiwedd y ddeunawfed ganrif, nid yn y ganrif honno y cafwyd symudiad torfol, neu sefydliadol, tuag at Oleuedigaeth Gymraeg. Ni ddaeth llywiawdwyr a pharchusion cymdeithas draw at Oleuedigaeth; yn hytrach, fe foddent ym Methodistiaeth gyfundrefnol, geidwadol, Brydeinig ac ymerodrol y bedwaredd ganrif ar bymtheg.

Goleuedigaeth a gwledydd di-wladwriaeth Ewrop

Daeth yr Oleuedigaeth i wledydd di-wladwriaeth Ewrop yn ddiweddarach nag yr ymddangosodd yn y cenhedloedd gwladwriaethol. Digwyddodd wrth i ymdrechion fynd rhagddynt trwy Ewrop benbaladr i gofnodi ac ysgrifennu ieithoedd anwladwriaethol, creu llenyddiaeth, naratif a mytholeg ar eu cyfer, tacluso eu horgraff, safoni eu gramadeg a chreu *register* cenedlaethol, sef math safonol o'r iaith genedlaethol newydd a fyddai'n ddealladwy i'w siaradwyr i gyd, beth bynnag eu tafodiaith. Digwyddodd yn gynt yn y gwledydd anhanesiol mawr nag yn y rhai llai, ac yn gynt yn y dwyrain na'r gorllewin.[72] 'In some parts of Europe at this time', meddai Gwyn Alf Williams, 'the publication of a dictionary could be a revolutionary act.'[73] Yn ôl y cymdeithasegydd iaith Colin H. Williams, 'the Enlightenment in "*Aufklärung* Europe" accelerated the development of national communities'.[74] Ond os 'canfuwyd' y gwledydd hyn ar ddiwedd y ddeunawfed ganrif, ni chawsant i gyd eu 'gwyddori' gan eu sefydliadau brodorol am beth amser wedi hynny. Ymhob man, pryd bynnag y digwyddodd, roedd y gwyddori gramadegol hwnnw ynghlwm wrth dwf y genedl.

Yng Ngwlad Pwyl, er enghraifft, roedd y Comisiwn Addysg Cenedlaethol (Komisja Edukacji Narodowej) wedi ei sefydlu ym 1773 a datblygodd derminoleg wyddonol a chynnig y gramadeg Pwyleg cyntaf ar gyfer ysgolion.[75] Pan rannwyd y wlad rhwng Rwsia, Prwsia ac Awstria ym 1795, daeth Gwlad Pwyl yn genedl ddi-wladwriaeth tan 1918, ac roedd bodolaeth ymwybyddiaeth oleuedig o'r iaith Bwyleg yn hollbwysig i barhad yr ymwybod cenedlaethol. Yng Ngwlad Groeg ac yn Bohemia, roedd datblygiad y mudiad cenedlaethol tua dechrau'r bedwaredd ganrif ar bymtheg yn llawn pwyslais ar bwysigrwydd iaith i'r genedl ac yn ddyledus i syniadau'r athronydd Herder. O dan ddylanwad yr Oleuedigaeth, dechreuwyd meddwl am statws answyddogol yr iaith Roeg fodern fel anhawster. Codwyd yr iaith lafar a'i phuro o fenthyciadau Twrceg a dylanwadau tafodieithol. Daeth yr iaith hon (*Katharevousa*, neu'r iaith buro) yn iaith swyddogol wedi annibyniaeth ym 1832, er iddi wynebu cystadleuaeth gan iaith fwy llafar, y *Dhimotiki*.[76] Yn Bohemia ar ddechrau'r bedwaredd ganrif ar bymtheg, roedd y cenedlaetholwr Jungmann wedi diffinio'r genedl Tsiec fel siaradwyr yr iaith Tsiec. Aethpwyd ati i safoni'r iaith gan seilio'r iaith ysgrifenedig ar y Tsiec a siaredid yn yr unfed ganrif ar bymtheg pan oedd y gwledydd Tsiec yn annibynnol. Tybiwyd bod yr iaith honno'n burach ac yn fwy awdurdodol na Tsiec modern, iaith ag iddi statws cymdeithasol isel.[77] Mae'r cymariaethau â phenderfyniad John Morris-Jones i seilio ei ramadeg yntau ar Gymraeg y bedwaredd ganrif ar ddeg a'r bymthegfed ganrif am resymau tebyg yn drawiadol. Yn Hwngari, roedd syniadau Herder wedi arwain at ddiffiniad newydd o'r genedl fel siaradwyr Hwngareg. Pan ddisodlwyd Lladin fel yr iaith swyddogol gan yr Almaeneg ym 1790, arweiniodd at ymgyrch i foderneiddio Hwngareg fel y gallai gyflawni'r rôl o fod yn iaith swyddogol ei hunan. Sefydlwyd yr Academi Gwyddorau Hwngareg a gyflawnodd y gwaith o safoni'r Hwngareg ar sail ei thafodieithoedd gogledd-ddwyreiniol a llunio terminoleg wyddonol, weinyddol a thechnolegol ar ei chyfer. Ychwanegwyd 10,000 o eiriau newydd at yr iaith, ac erbyn 1830 daeth yr Hwngareg yn iaith swyddogol Hwngari.[78]

Yn y Ffindir hefyd aed ati i safoni'r iaith Ffineg rhwng y 1810au a'r 1830au, a hynny ar sail ei thafodieithoedd dwyreiniol, y tafodieithoedd a oedd leiaf o dan ddylanwad y Swedeg. Ym 1835, cyhoeddwyd y *Kalevala*, yr epig a gofnodai'r gwahanol fythau a naratifau llafar a fodolai am genedl y Ffiniaid. Byddai'n greiddiol i dwf ymwybod cenedlaethol a gyrhaeddodd ei benllanw gydag annibyniaeth ym 1917.[79] Yn Norwy, a oedd ar y pryd wedi'i huno gyda Sweden, bu brwydr hir yn y bedwaredd ganrif ar bymtheg rhwng dwy iaith: y dafodiaith Ddaneg a siaredid yn y trefi gan y dosbarth canol a'r gwahanol dafodieithoedd Hen Norseg a siaredid yn y wlad gan 'y werin'. Casglwyd y tafodieithoedd 'gwerinol' gan yr ieithydd Ivar Aasen, a ddefnyddiodd ddulliau ieithyddiaeth gymharol i sefydlu safon gyffredin ar eu cyfer – safon a alwodd yn *Landsmål*. Cyhoeddwyd gramadeg ym 1864 a geiriadur ym 1873, ac fe'i cydnabuwyd yn iaith swyddogol ym 1885. Wedi annibyniaeth ym 1905, roedd gan Norwy ddwy iaith, *Landsmål* a *Bokmål*, y Ddaneg Norwyaidd a gafodd ei safoni a'i ddwygio ym 1907 er mwyn ei 'phuro' a'i gwneud yn llai Danaidd.[80]

Roedd yr un broses yn mynd rhagddi yng ngwledydd di-wladwriaeth gorllewin Ewrop hefyd. Roedd yr Oleuedigaeth Gatalan ynghlwm wrth ddatblygiad y mudiad Renaixença yn ail hanner y bedwaredd ganrif ar bymtheg. Ailfywiogwyd llenyddiaeth, a sefydlwyd papurau newydd ac yna fudiad gwleidyddol, y Lliga. Roedd ei sylfaenydd, Enric Prat de la Riba, yn drwm o dan ddylanwad Herder.[81] Hanes tebyg fu yng Ngwlad y Basg ar ddiwedd y bedwaredd ganrif ar bymtheg, gyda datblygiad cenedlaetholdeb Basgaidd bwrgais. Ym 1919, sefydlwyd Academi a roes i'r iaith Fasgeg orgraff safonol, gan ddisodli'r ddwy hen orgraff Ffrangeg a Sbaeneg.[82] Yn Galicia hefyd bu dadeni diwylliannol yn y bedwaredd ganrif ar bymtheg, a sefydlwyd academi frenhinol ar ddiwedd y ganrif honno gyda'r nod o safoni Galiseg.[83]

Mae'r prosesau uchod yn syfrdanol o debyg i'r hyn a ddigwyddodd yng Nghymru ar ddiwedd y bedwaredd ganrif ar bymtheg ac yn ystod degawdau cyntaf yr ugeinfed ganrif, yn enwedig felly yr awch ymhlith deallusion i safoni gramadeg, cystrawen, orgraff a hyd yn oed estheteg y Gymraeg, a'r cyd-daro hanesyddol rhwng y broses hon a datblygiad mudiad cenedlaethol yn fuan wedi hynny. Mae Cymru'n dilyn y patrwm o Oleuedigaeth yng ngwledydd anhanesiol eraill Ewrop. Ffaith drawiadol yw i hyn ddigwydd yn ddiweddarach yng Nghymru nag yn odid yr un wlad arall lle y ceid iaith anwladwriaethol a siaredid gan fwyafrif y boblogaeth, ac eithrio efallai Gwlad y Basg a Llydaw.

Efallai fod hwyrddyfodiad yr Oleuedigaeth i'r Cymru Gymraeg yn un rheswm pam y bu i'r Gymraeg edwino'n drychinebus yn ystod y bedwaredd ganrif ar bymtheg a'r ugeinfed ganrif, a hynny ar yr union adeg pryd y llwyddodd cenhedloedd llai, fel y Slofeniaid a'r Estoniaid, i sefydlu cenedl-wladwriaethau lle y byddai'r iaith frodorol yn datblygu i fod yn brif neu unig iaith y wlad. Ni ddadleuodd Cymry'r bedwaredd ganrif ar bymtheg dros annibyniaeth; mudiad 'liberal, not nationalist' oedd Cymru Fydd, y *ginger group* oddi mewn i'r Blaid Ryddfrydol a hyrwyddai ymreolaeth Gymreig yn y 1880au a'r 1890au.[84] Roedd teyrn-garwch y blaid i Brydain yn groes i'r rhesymeg oleuedig-genedlaetholgar a gymhellodd Saunders Lewis i sefydlu Plaid Genedlaethol Cymru. Hyd at John Morris-Jones felly, eithriad – a methiant o eithriad at hynny – fu Cymru yn ieithyddol.

Dywed yr hanesydd o genedlaetholwr Cymreig, Robin Okey, sy'n arbenigo yn hanes dwyrain Ewrop, fod 'tair nodwedd gysylltiedig' ynghlwm â'r ffaith bod gwledydd llai yn nwyrain Ewrop, erbyn y 1840au, yn llwyddo i wrthsefyll dwyieithogi eu cymunedau tra bod y gwledydd llai yng ngorllewin Ewrop yn dechrau cael eu cymathu'n ddiwylliannol gan eu cymdogion. Fel dwy o'r nodweddion hyn, y mae'n enwi 'deffroad cymdeithasol ymhlith grwpiau anoruchafol' a'r 'amlygrwydd cyhoeddus hwn a roddid i ieithoedd anoruchafol dwyrain Ewrop'.[85] Ond mae'n awgrymu bod rheswm arall, llawn bwysiced â'r ddau hyn:

> Yn gyntaf, i raddau helaeth daeth defnyddio safonau rhanbarthol gwahanol wrth ysgrifennu i ben, moderneiddiwyd geirfaoedd ieithoedd lleiafrifol, a chynyddodd cyhoeddiadau yn sylweddol o ran eu nifer ac amrywiaeth eu cynnwys. Ar y llaw arall, parhau heb eu safoni yr oedd yr ieithoedd gorllewinol a oedd yn ansafonedig cyn hynny: er enghraifft, unwyd tair o dafodieithoedd Llydaw ym 1911, ond parhawyd i ysgrifennu'r cyfnodolyn Llydaweg ehangaf ei gylchrediad yn y dafodiaith Lydaweg sy'n cyfateb i'r Wenhwyseg. Yr oedd y maes cyhoeddi yn y Gymraeg erbyn diwedd y ganrif mewn merddwr, a'i ystod yn culhau. O ran swmp y deunydd ysgrifenedig, o'r adeg honno yn unig y goddiweddwyd y Gymraeg gan ieithoedd y Baltig a'r Slofeneg, gan lamu yn eu blaenau wedi hynny.[86]

Mater o well hwyr na hwyrach oedd hi, felly, pan ddechreuodd John Morris-Jones gyflawni'r union dasg honno o safoni a bod yn llawforwyn i'r Oleuedigaeth Gymraeg yn ystod y cyfnod 1890–1930.

Yr Oleuedigaeth Gymraeg

John Morris-Jones yw cychwynnydd yr Oleuedigaeth Gymraeg. Safonodd y Gymraeg, ac wrth wneud hynny fe greodd 'Gymru Gymraeg' safonol, unffurf, fodern. Yn wir, ar y cyd â Saunders Lewis, a'i fenter wleidyddol oleuedig, Plaid Genedlaethol Cymru, bu'n gyfrifol am esgor ar y cysyniad o'r 'Gymru Gymraeg' ei hun, y gorfu iddi frwydro yn awr, nid yn unig yn erbyn gwlad estron, wladychol, sef Lloegr, ond hefyd yn erbyn ei llyschwaer, y gwcw yn y nyth, sef y Gymru ddi-Gymraeg newydd.

Yn ei gyflwyniad i gyfres o adargraffiadau o destunau ieithyddiaeth Geltaidd y ddeunawfed ganrif, *Celtic Linguistics 1700–1850*, mae'r ysgolhaig Daniel R. Davis yn nodi mai barn uniongred haneswyr yw bod ieithyddiaeth Geltaidd y cyfnod hwnnw yn 'almost unrelieved lunatic darkness'.[87] Ni ddeuai golau i'r tywyllwch pygddu nes cyhoeddi *Grammatica Celtica* ym 1853 gan yr ysgolhaig Almaenig Johann Kasper Zeuss, campwaith empeiraidd a ystyrir yn gonglfaen i astudiaethau modern yn y maes. Er hynny, mae Davis yn awyddus i beidio â chondemnio holl gynnyrch y cyfnod cyn Goleuni 1853 i fin sbwriel hanes. Yn hytrach na thrafod ieithyddiaeth Geltaidd cyn ac ar ôl Goleuedigaeth Zeuss yn nhermau gwahaniad syml rhwng y 'gwir' a'r 'gau', mae'n dadlau bod sawl rhan ohoni – gwaith Pezron, er enghraifft – yn 'internally consistent'.[88] Yn ei dyb ef, mae'n rhaid darllen y testunau hyn 'on their own intellectual terms, with an informed understanding of their cultural context'.[89] Bu shifft ystyr ym maes ieithyddiaeth Geltaidd yng nghanol y bedwaredd ganrif ar bymtheg, a chrewyd rheolau epistemegol, neu *episteme*, newydd. Mae Davis yn codi'r syniad hwn o *episteme* o waith y meddyliwr Ffrengig Michel Foucault. Mae'n dyfynnu Foucault yn diffinio *episteme* fel y maes lle 'mae gwybodaeth . . . yn gosod seiliau i'w phositifiaeth',[90] ac yn awgrymu ei hun sut mae *episteme* yn cael ei chreu mewn gwlad fetropolitan:

> Foucault undertakes the archaeology of knowledge by considering the conditions of possibility for a particular episteme. One way of interpreting Foucault's remarks on the episteme is to assign it a discursive nature. The positions in a discourse, through interaction with one another, ultimately give rise to an entirely new and re-defined discourse. The history of a science explains the moves by which the old discursive positions are adopted, defended, and abandoned, until the terms of reference have changed. By this way of thinking, one would expect to see in these texts some sign of argument and response, the give-and-take of discussion which eventually exposes the limitations of the assumptions underpinning the discourse as a whole (as opposed to the weaknesses of a particular position within the discourse). In attempting to move on from these limitations, the participants develop new positions which result in the founding of a new discourse.[91]

Mae'n amlwg bod gwaith Zeuss yn perthyn i *episteme* wahanol i'r gweithiau a gafwyd cyn hynny. Mae'n drawiadol nad yw'r *episteme* oleuedig yn gwawrio ym maes ieithyddiaeth y gwledydd Celtaidd tan y 1850au, a'i bod felly yn 'extreme case in the development of the European linguistic tradition'.[92] Mae hyd yn oed yn fwy trawiadol na chafwyd mewn testunau ieithyddiaeth Geltaidd cyn y 1850au y math o drafodaeth ddeallusol a allai fod wedi arwain at y 'naid wybodaeth' i safbwynt Zeuss. Mae'r newid *episteme* ym 1853 yn sydyn, fel disgyn oddi ar graig, ac yn gyfyngedig i'r *Grammatica Celtica*. Mae Davis yn awgrymu rheswm dros hyn:

The development of Celtic linguistics, past and present, cannot be seen as a continuous internal progression, but is perhaps better described as a series of experiments, in which linguistic terminology and methods developed elsewhere are applied to Celtic languages. Although there is a relationship between the older and more recent experiments, this is not to be found in the development of an episteme immediately within Celtic linguistics, but in the more mainstream currents of the Western philosophical, grammatical and linguistic traditions . . . The imposition of already-formed epistemes on the linguistics of Celtic languages, and the consequent remaking and rewriting of the field, is contingent on the marginal position of Celtic languages and their speakers in the societies of modern Europe.

Marginality also explains the conservatism of Celtic linguistics during this period . . . The conservatism of some of these texts has the effect of exacerbating the contrast between old and new paradigms, which in turn exaggerates the apparent lunacy of those participating in the old paradigm. Dismissing these texts as blind, foolish, or insane is a political act which owes as much to their marginality as it does to the prejudices and agenda of the historian.[93]

Mae safle ymylol y byd Celtaidd, prinder ei ddisgwrs mewnol a'i ddiffyg grym pan y'i wynebir gan ddisgyrsiau hegemonaidd gwledydd gwladwriaethol Ewrop, sydd i gyd yn ymddangos fel pe baent 'un cam ar y blaen', yn achosi'r sefyllfa hon. Pan drosglwyddir *episteme* newydd i'r gwledydd Celtaidd, un sydd wedi ei ffurfio yng ngwledydd mawr y Cyfandir, mae'n anochel y digwydd hynny ar ôl i reolau'r *episteme* gael eu pennu gan drafodaeth genedlaethol gwlad arall. Nid yn unig gall natur yr *episteme* fod yn ddiystyriol o fuddiannau'r wlad ymylol, neu hyd yn oed yn wladychol, ond, ar ôl cyrraedd yn hwyr, bydd yr *episteme* a fewnforiwyd yn aros yn hwy nag a wna yn y wlad wladwriaethol, a chaiff ei ystyried maes o law gan y diwylliant gwladwriaethol yn nodwedd anachronistaidd ar y diwylliant ymylol. Golyga hynny fod *episteme* y wlad ymylol 'ar ei hôl hi' o hyd, a'i bod yn llai abl o ganlyniad i wrthsefyll y disgwrs llywodraethol nesaf pan anfonir hwnnw draw ymhen cenhedlaeth neu ddwy gan y byd Saesneg neu Ffrangeg. Mae hyn yn esbonio pam y gall newid *episteme* yn y byd Cymraeg ddigwydd mor sydyn a disymwth, yn aml heb drafodaeth ymlaen llaw, a hynny flynyddoedd ar ôl i'r broses gael ei ffurfio yn y wlad wladychol. Fe all hyd yn oed gwybodaeth yn y Gymru Gymraeg fod yn gysyniad gwladycholl, gan fod cyfyngiadau a natur yr wybodaeth honno yn amlach na heb wedi eu penderfynu yn Lloegr. Mae'r mewnwelediad hwn yn sylweddoliad hanfodol bwysig o ran hanes deallusol Cymru yn gyffredinol.

John Morris-Jones, wrth gwrs, yw Zeuss Cymru. Mae'n dwyn *episteme* newydd i'r Gymraeg o'r Almaen, megis mewn amrantiad. Mae'r *episteme* newydd, gan ei chryfed, yn medru disodli'r hen *episteme* mewn ychydig flynyddoedd, a hynny'n llwyr. Er bod yr Oleuedigaeth yn cyrraedd y Cymru Gymraeg ddegawdau lawer yn hwyr, mae'n gwneud ei gwaith ar ei hunion. Gwae'r sawl, fel Bardd Newydd y 1890au neu'r hen ysgolheigion cyn-oleuedig, a ddaliwyd yng ngolau llusern John Morris-Jones unwaith bod ei *episteme* wedi gwawrio.

Fel llawer i arloeswr goleuedig arall, cefndir yn y gwyddorau meintonol oedd gan John Morris-Jones. Mathemateg oedd pwnc ei radd ym Mhrifysgol Rhydychen pan oedd yn fyfyriwr yno yn y 1880au. Yn ei amser hamdden yr astudiodd Gelteg. Yn ôl Ifor Williams, arhosodd yn fathemategydd ar hyd ei oes, a daeth egwyddorion mathemategol a gwyddonol yn sail i'w waith ieithyddol.[94]

Ymhlith ei weithiau ysgolheigaidd cyntaf roedd golygiadau o Lyfr Ancr Llanddewibrefi (1894) a *Gweledigaetheu y Bardd Cwsc* (1898). Roedd y math yma o waith archifyddol, yn atgynhyrchu ac yn golygu testunau'r gorffennol, yn gwbl greiddiol i'r Oleuedigaeth yng ngwledydd llai Ewrop, gan fod y gwledydd mawr yn aml wedi gwadu bodolaeth y testunau hyn, neu wedi eu dibrisio. Bu modd i Morris-Jones wneud gwaith arloesol ar ganu Taliesin hefyd, a hynny mewn 'adolygiad' 290 tudalen ym 1918, yn 'cywiro' camdybiaethau'r ysgolhaig cyn-oleuedig Gwenogvryn Evans am y canu cynnar.[95] Byddai cydymaith deallusol Morris-Jones, Ifor Williams, yn parhau â'r gwaith yn y maes hwn yn yr ugeinfed ganrif gyda'i olygiadau o ganu Aneirin, Taliesin a Llywarch Hen ac Armes Prydein a'r Mabinogi, fel y gwnaeth Thomas Parry gyda'i olygiad o waith Dafydd ap Gwilym ym 1952.[96] Roedd y golygiadau hyn i gyd yn rhan hanfodol o'r Oleuedigaeth Gymraeg.

Ar ddechrau ei yrfa yn y 1880au hwyr, cadeiriasai Morris-Jones y pwyllgor a gyhoeddodd *Welsh Orthography* (1893), a bu diddordeb mewn orgraff yn ysfa fyw ganddo ar hyd ei oes. Flwyddyn cyn ei farw, ym 1928, ar gais Bwrdd Gwybodau Celtaidd Prifysgol Cymru, lluniodd yr adroddiad awdurdodol *Orgraff yr Iaith Gymraeg*. Arloesodd hefyd ym maes gramadeg y Gymraeg, a diau mai hwn fu ei brif gyfraniad i'r Gymru Gymraeg oleuedig newydd. Cyhoeddodd ym 1913 ei gampwaith, *A Welsh Grammar, Historical and Comparative*, ei ddilyn gyda'i lyfr *An Elementary Welsh Grammar* (1922) a gweithio wedi hynny ar gystrawen y Gymraeg. Cyhoeddwyd *Welsh Syntax: An Unfinished Draft* ym 1931, ddwy flynedd wedi ei farwolaeth. O ran beirniadaeth lenyddol, bu Morris-Jones yn ymroi i'r weithred oleuedig o drafod estheteg a dosrannu ei nodweddion. Ef, ym 1903, oedd y cyntaf i ddosbarthu'r cynganeddion yn fanwl, a chafwyd astudiaeth ganddo ar gynganeddion Tudur Aled ym 1909. Aeth un arall o'i gampweithiau, *Cerdd Dafod*, a gyhoeddwyd ym 1925, ati i gwblhau'r gwaith o wyddori canu caeth yn oleuedig eithriadol, nid yn unig o ran dosbarthiad y cynganeddion, ond hefyd o ran datblygu damcaniaeth am briodoldeb tybiedig geirfa farddonol.

Anodd bwrw golwg dros y *corpus* anhygoel hwn o weithgarwch a pheidio â rhyfeddu at un o gampweithiau Goleuedigaeth gwledydd llai Ewrop. Dwyseir yr ymdeimlad mai dwyn epistemeg oleuedig i Gymru yr oedd John Morris-Jones yn y sylwadau a wnâi am ei waith ei hun ac am waith ysgolheigion eraill, ac mewn sylwadau a wnâi eraill amdano ef.

Yn ei sylwadau ei hun ceir y dystiolaeth gryfaf fod Morris-Jones yn synio amdano'i hun fel gŵr sy'n dwyn gwerthoedd gweddill Ewrop, yn hwyrfrydig braidd, i Gymru. Mae ei gyfeiriadau mynych at waith meddylwyr yr Almaen ym maes ieitheg gymharol yn cysylltu'n uniongyrchol â'r Oleuedigaeth. Dywed 'mai Herder yn ei draethawd ar "Ddechreuad Iaith", – y traethawd goronwyd gan Athrofa Berlin yn 1772, – oedd y cyntaf i ddangos fod twf neu gyfnewidiad organaidd yn perthyn i iaith; ac efe trwy hynny a wnaeth y fath beth â gwyddoniaeth ieithyddol yn bosibl'. Â yn ei flaen wedyn i ganmol Franz Bopp a'i waith cymharol ar 'Cyfundrefn y Treigliadau' (1816) a *Deutsche Grammatik* Jacob Grimm, astudiaeth gymharol a luniwyd yn y cyfnod 1819–37.[97] Fel rhan o'r traddodiad hwn o Oleuedigaeth Ewropeaidd y mae'n canmol *Grammatica Celtica* Zeuss gyda'i 'wonderfully complete and accurate analysis of the language of the Red Book Mabinogion' a ffynonellau canoloesol eraill.[98] Amsugnwyd y dylanwadau Almaenig hyn gan efrydwyr Athro Celteg cyntaf Prifysgol Rhydychen, Syr John Rhŷs, yn y 1880au – myfyrwyr a ddechreuodd safoni orgraff y Gymraeg yng nghyfarfodydd Cymdeithas Dafydd ap Gwilym.[99] Ceir ymwybyddiaeth hefyd fod y broses hon o ymdrefnu gramadegol ynghlwm wrth weledigaeth deleolegol o'r genedl Gymreig. O'r tywyllwch i'r goleuni, o chwedloniaeth Omeraidd i'r genedl fodern: arwyddeiriau syniadol yw'r rhain sy'n greiddiol i'r Oleuedigaeth Ewropeaidd. Ym 1890, wrth ymosod ar ysgolheigion cyn-oleuedig, ysgrifennodd John Morris-Jones:

> Wrth derfynnu nid oes gennyf ond gobeithio y tewir bellach a sôn am Omer, ac yr arbedir i minnau ac i lawer eraill y boen o ddarllen yn y cylchgronau Cymreig erthyglau a llythyrau o waith crach ieithegwyr a haneswyr pen a phastwn ar bynciau nad aethant hwy erioed i'r drafferth o

edrych barn gwyr blaenaf yr oes arnynt. Fe allai mai camgymeriad mawr yr ysgrifenwyr hyn yw tybied mai hwy eu hunain *yw* gwyr blaenaf yr oes; ond odid na wasgar yr addysg a estynnir i Gymru yn y dyddiau hyn y tywyllwch hwn hefyd oddiar eu meddyliau, ac y distawant rhag cywilydd. Yma, wedi ymddïosg o bob gwag fost ac anwybodaeth, wedi gwisgo goleuni yn lle tywyllwch, gellir disgwyl i lenyddiaeth Gymraeg adfywio ac ymgryfhau, a thyfu'n llenyddiaeth deilwng o'n huchelgais cenedlaethol, ac o'n harwyddair 'Cymru Fydd'.[100]

Mynnai Morris-Jones gymharu canllawiau epistemegol yr Oleuedigaeth Ewropeaidd hon â'r traddodiad brodorol Cymraeg o ramadegu, a'r mynych 'charlatans' fu'n ei drafod, yn enwedig felly William Owen Pughe.[101] Roedd Morris-Jones yn casáu Pughe, gan ei ystyried yn un o'r 'crachieithyddwyr Celtaidd',[102] 'a mad etymologist'[103] ac un yn llawn 'dychmygion gwacsaw'.[104] Yn nhrydedd gyfrol *Y Gwyddoniadur Cymreig* (1891), cyhuddodd Pughe o lunio 'ryw fastardiaith', gan ategu: 'am syniadau grammadegol y Dr. Pughe, nid oeddynt namyn chaos. Yr oedd ganddo allu anghyffredin i wrthsefyll tystiolaeth pob ffaith.'[105] Yn yr erthygl 'Cymraeg Rhydychen' ym 1890, dywed mai 'gwrthryfel ydyw'r mudiad hwn yn erbyn Puwiaeth' a bod yn rhaid 'i lenorion Cymru ddadbuweiddio llawer' os oeddynt am weld dadeni mewn llenyddiaeth Gymraeg.[106] Wrth wneud hyn, roedd yn cyffelybu ei Oleuedigaeth Gymraeg ddiwedd y bedwaredd ganrif ar bymtheg gyda'r Oleuedigaeth na ddigwyddodd ganrif ynghynt. Mae'n wir, wrth gwrs, nad Pughe yn unig fu o dan ei lach. Cyhuddodd William Salesbury o fod wedi cyfieithu 'the New Testament into a language of his own invention in which the words were written according to his idea of their etymology; it was a travesty of Welsh'.[107] Ond at Pughe y dychwelai o hyd, gan ei gymharu'n anffafriol eithriadol ag Edward Lhuyd, dyn a ystyriai'n rhagredegydd ieithg gymharol. Ac wrth iddo ganmol gwaith Lhuyd, un o feddylwyr coll yr Oleuedigaeth Ewropeaidd, a chyffelybu ei fethod a'i resymeg â meddyliau anempeiraidd, ffansïol Pughe, gellir gweld sut y bu i Morris-Jones arddel gwerthoedd yr Oleuedigaeth fel gwerthoedd sy'n ganolog i'w waith ei hun.

Yn hynny o beth, prif sylw Morris-Jones yw nad oedd gan Gymru ddiwedd y bedwaredd ganrif ar bymtheg iaith safonol, ond yn hytrach iaith ysgrifenedig ffug a myrdd o dafodieithoedd. Pe dilynasid etymoleg resymol Lhuyd, yna 'gallasai fod gennym yn awr iaith lenyddol y gallem ei siarad yn gystal a'i hysgrifennu, yn lle sgrifennu rhyw iaith dwyll-hynafol, a siarad, bob un, dafodiaith ei blwyf ei hun'.[108] Mae'r weledigaeth hon o iaith safonedig, yn pontio rhwng llenyddiaeth a'r llafar ac yn uno'r genedl i greu 'cymuned gyfathrebu', yn ganolog i'r Oleuedigaeth a chenedlaetholdeb y bedwaredd ganrif ar bymtheg fel ei gilydd. Nodweddid gwaith Pughe, ar y llaw arall, gan werthoedd sy'n union wrthgyferbyniol i'r Oleuedigaeth, yn symud oddi wrth iaith safonedig tuag at ffugiadau geirfaol ac amrywiaeth tafodieithol, y ddwy ffenomen fel ei gilydd yn tanseilio, yn nhyb Morris-Jones, y gwaith o greu iaith a barddas cenedlaethol.[109] Roedd camp Lhuyd yn bosibl am iddo 'lynu'n dyn wrth y method gwyddonol. Seilia bopeth ar ffeithiau; ac nid yw'n cynnyg unrhyw ddamcaniaeth nad yw'n ymddangos fod ei ffeithiau yn ei chyfiawnhau.'[110] I Pughe, ar y llaw arall, 'truth meant conformity with his theory; facts, perverse enough to disagree, were glossed over to save their character'.[111] Roedd Morris-Jones ei hun, wrth gwrs, yn driw i'r cyplysiad sydd wrth graidd yr Oleuedigaeth, sef cyplysiad gramadeg a gwirionedd.[112]

Gellir gweld, felly, nifer o ragdybiaethau goleuedig ym meddwl Morris-Jones. Yn y lle cyntaf, rhagdybia fod y fath beth yn bod ag iaith safonol, ac mai'r cwbl sydd angen ei wneud yw defnyddio methodoleg empeiraidd i'w chanfod. Ynghlwm wrth hyn y mae'r dybiaeth, sy'n dra chyffredin yng ngwledydd anhanesiol Ewrop, fod iaith safonol ysgrifenedig wedi bodoli unwaith ond bod honno wedi mynd â'i phen iddi o dan ddylanwad grymoedd estron. Yng Nghymru, y Cywyddwyr oedd ceidwaid yr iaith bur honno.[113] Ers hynny, cadwai'r werin enaid y genedl yn fyw trwy barhau i ddefnyddio ffurf fwy 'naturiol' ar y Gymraeg nag a geid yn yr iaith ysgrifenedig ers y Deddfau Uno.[114] Roedd modd defnyddio llenyddiaeth y cyfnod cyn 1536 er mwyn gwahaniaethu rhwng iaith lafar sy'n driw i draddodiad y genedl a 'llygriadau' tafodieithol a achosid gan y diffyg mewn iaith safonol yn ystod y cyfnod pan fu'r genedl o dan orthrwm.[115] Teimlai Morris-Jones yn ddigon hyderus, felly, i 'gywiro' Cymraeg 'gwallus' llenorion o'r unfed ganrif ar bymtheg ymlaen. Mewn golygiad o lyfr emynau'r Eglwys Fethodistaidd ym 1929, er enghraifft, newidiodd gystrawen yr emynyddiaeth er mwyn cael gwared â defnydd 'anghywir' o'r iaith lafar dafodieithol, a gosododd yn ei lle gystrawen Gymraeg anachronistaidd o bedair canrif ynghynt.[116] Ymresymiad tebyg, yn gweld gwerthoedd cynhenid Cymru yn darfod gyda'r Deddfau Uno, oedd wrth wraidd penderfyniad Saunders Lewis i seilio ei fydolwg gwleidyddol ac esthetaidd yntau ar y Cywyddwyr.

Yn yr ymateb academaidd a beirniadol i waith John Morris-Jones, defnyddir cysyniadau goleuedig i sylwebu ar ei waith. Ceir cyfeiriadau at waith Morris-Jones fel gwaith 'rhesymegol', fel yn sylw Thomas Parry fod i'w ysgolheictod 'ei ganonau a'i ddeddfau a'i resymeg'.[117] Mae i'r ddadl resymegol hon elfen o dawtoleg, yn yr ystyr mai'r hyn sy'n cyfiawnhau 'rhesymeg' John Morris-Jones yw'r ffaith ei bod yn rhesymol. Ceir cyfeiriadau byth a beunydd hefyd mewn ymatebion beirniadol i'w waith at y ffaith iddo adfer 'safon', ac wrth safon fe olygir trefn a chysondeb, sef nodweddion diffiniadol epistemeg resymegol. Dywed A. O. H. Jarman fod gwaith John Morris-Jones 'yn waith diogel a safadwy hyd heddiw. Dyma'n wir y disgrifiad safonol o'r Gymraeg fel iaith lenyddol ddiwylliedig o'r Oesoedd Canol hyd yr ugeinfed ganrif.'[118] Dywed Gwyn Thomas mai 'y peth pwysicaf ydi iddo *gael* safon a'i fod o wedi ei gosod hi a bod pobol wedi ymgyrraedd ati hi'.[119]

Ynghlwm wrth y cysyniadau hyn o wirionedd a safon y mae'r syniad o burdeb. Dywed Allan James mewn astudiaeth Saesneg o John Morris-Jones ei fod yn 'ever vigilant to ensure not only that Welsh orthography should become uniform but that the language be cleansed of all inconsistencies, of any unnatural turn of phrase, and of inaccurate and impure diction'.[120] Â yn ei flaen: 'literary reform, however, would have been impossible without linguistic reform . . . nor could progress be made without developing a new style which needed to be enriched by re-establishing contact with the classical writers of the past and purified by a concerted programme of language reform'.[121] Unwaith eto, gwneir yr honiad na fyddai dadeni llenyddol dechrau'r ugeinfed ganrif wedi digwydd oni bai am y diwygio ar orgraff a gramadeg y Gymraeg. Ond yr hyn sy'n barnu bod gwaith llenyddol 'goleuedig' hanner cyntaf yr ugeinfed ganrif yn rhagori ar waith 'an-oleuedig' hanner olaf y bedwaredd ganrif ar bymtheg yw rhesymeg yr Oleuedigaeth Gymraeg ei hun.

Yn gymysg â'r trosiadau hyn i gyd y mae trosiad y genedl, fel yn sylw Thomas Parry am Morris-Jones mai 'ei ddosbarth oedd yr holl genedl, a'i bwnc oedd purdeb iaith',[122] neu yn sylw hunangofiannol Kate Roberts mai 'trwy John Morris-Jones ac Ifor Williams y deuthum i i weld gogoniant a harddwch iaith fy nghartref a bod ei thras yn bendefigaidd, peth na'm gadawodd byth oddi ar hynny. Ar hynyna mae fy nghenedlaetholdeb wedi ei sylfaenu. Efallai y byddai . . . yn syndod i'r ddau athro mawr yma eu bod wedi creu cymaint o genedlaetholwyr ac o aelodau o Blaid Cymru wrth ddadansoddi'r iaith Gymraeg.'[123] Er na fu yn genedlaetholwr politicaidd (un o'r pethau rhyfeddol amdano o safbwynt goleuedig yw iddo ddarlithio ar y Gymraeg trwy gyfrwng y Saesneg), yr oedd Morris-Jones yn cydnabod dilysrwydd syniadau goleuedig am bwysigrwydd y genedl a'i swyddogaeth wrth lunio iaith. Ysgrifennodd yn *Y Traethodydd* ym 1890 mai 'y genedl Gymreig yn ystod oesau a luniodd yr iaith Gymraeg, heb yn wybod iddynt eu hunain, y natur ddynol oedd ynddynt yn eu llywio; fel y gellid dweud mai gwaith natur ei hunan ydyw hi'.[124]

Ond er gwaethaf yr holl dystiolaeth fod 'dadeni' y Gymraeg o dan law John Morris-Jones yn hynod debyg i'r broses a elwid yn Oleuedigaeth mewn gwledydd eraill, cyndyn fu'r beirniaid i gydnabod y tebygrwydd syniadol hwn ac i arddel y ddamcaniaeth mai gwedd ar Oleuedigaeth a gafwyd yng ngwaith Morris-Jones, ac mai cyd-destun deallol a chymdeithasegol yr Oleuedigaeth honno yw'r brif nodwedd ar hanes deallusol y Gymru Gymraeg yn yr ugeinfed ganrif. Yn hytrach na chydnabod gwaith Morris-Jones a'r ysgolheigion a'r ysgrifenwyr a'i dilynai fel damcaniaeth syniadol, ceid y syniad mai ffenomen niwtral, naturiol hyd yn oed, ac un anochel yn sicr, oedd y ddibyniaeth fawr ar reswm a rhesymeg yn ysgolheictod Cymraeg yr ugeinfed ganrif. O ganlyniad, byddid yn osgoi trafodaeth ar rai o'r syniadau mwyaf gwaelodol a ffurfiannol ym mywyd deallusol cyfoes y Gymru Gymraeg.

Goleuedigaeth Gymraeg yn yr ugeinfed ganrif

Mae syniadau meintonol a gwyddorol am natur iaith, estheteg a chenedl wedi llywio hanes syniadol y Gymru Gymraeg yn ystod yr ugeinfed ganrif. Mae modd olrhain y meddylfryd hwn yn ôl i waith John Morris-Jones, a chyn hynny i Oleuedigaeth Ewropeaidd y ddeunawfed ganrif. Ond nid yw prif ddiddordeb y llyfr hwn yn aros gyda John Morris-Jones. Ni thrafodir, er enghraifft, gywirdeb ei waith gramadegol o safbwynt gwahanol ddamcaniaethau ieithyddol. Yn hytrach, caiff dylanwad ei epistemeg ei olrhain o safbwynt cymdeithasegol, fel y'i hamlygir ym meirniadaeth lenyddol yr ugeinfed ganrif.

Mae deddfwriaeth ieithyddol John Morris-Jones yn chwalu anwybod y gorffennol, yn drylwyr ac yn gyfan. Gyda sicrwydd gwybodaeth, chwalodd safbwynt ei ragflaenwyr a'i gyfoeswyr an-oleuedig. Bu shifft sydyn o ran sut y meddylid am iaith, tras a chenedl ymhlith deallusion y Gymru Gymraeg. Cafwyd *episteme* newydd yng Nghymru.

Ond mae pob *episteme* yn cynnwys ei gwrthgyferbyniadau ei hun, ac nid oedd *episteme* oleuedig John Morris-Jones yn eithriad. Un llenor ac ysgolhaig y mae ei waith yn cynnwys olion nifer o'r gwrthgyferbyniadau hyn yw R. T. Jenkins. Am y rheswm hwn, fe'i codir yn ddechreubwynt i'r astudiaeth, a hynny am fod ei waith yn sylwebaeth wych ar y modd y gall *genre*, arddull a metaffor gyd-dynnu er mwyn tanseilio ymdrechion rhesymeg oleuedig i geisio trefn absoliwt. Mae ei ysgrifennu yn neilltuol o ddiddorol oherwydd bod modd ei gyfosod gydag ymdrech llawer o'i gyfoedion i osod cyfeiriad teleolegol i'r cysyniad o Gymru trwy gyfrwng cenedlaetholdeb. Roedd R. T. Jenkins yn awgrymu yn ei waith y gallai'r meddwl goleuedig fod yn feddwl ffaeledig, ac yn rhagweld, yn ddiarwybod o bosibl, lawer o'r feirniadaeth a godai wrth i'r ugeinfed ganrif symud yn ei blaen.

O ran meddylwyr diweddarach yr ugeinfed ganrif a wrthwynebai neu a amheuai Oleuedigaeth, efallai y gellir eu rhannu'n ddau wersyll: meddylwyr an-oleuedig ceidwadol a meddylwyr ôl-oleuedig radical. I'r gwersyll cyntaf fe berthyn R. M. Jones, un o'r meddylwyr mwyaf diddorol yng Nghymru. Fe'i cymhellwyd gan ei ideoleg Galfinaidd gyn-oleuedig ynghylch crefydd a gwirionedd i fabwysiadu safbwyntiau an-oleuedig mewn meysydd disgyblaethol eraill. Er hynny, bu ei sylwadau am genedlaetholdeb yn eithriadol o oleuedig. I'r ail wersyll fe berthyn casgliad eclectig o ryddfrydwyr, haneswyr cymdeithasol, sosialwyr a ffeminyddion y bu i'w harddeliad o ideoleg wrthsefydliadol beri iddynt gwestiynu gwaddol yr Oleuedigaeth a'r rhagdybiaethau 'synnwyr cyffredin' yr esgorodd arnynt.

Heblaw am yr ymdriniaeth ag R. T. Jenkins, astudiaeth o feirniadaeth lenyddol yw'r llyfr hwn at ei gilydd. Nid yw'n hanes naratif o feirniadaeth lenyddol Gymraeg yn yr ugeinfed ganrif, ac mae rhai o feirniaid llenyddol pwysicaf yr ugeinfed ganrif wedi eu heithrio yn gyfan gwbl. Ni honnir ychwaith na chafwyd trafodaethau deallusol yn y Gymraeg mewn meysydd heblaw llenyddiaeth: wedi'r cwbl, mae athroniaeth, diwinyddiaeth, hanesyddiaeth a syniadau gwleidyddol yr ugeinfed ganrif fel y'u mynegwyd trwy gyfrwng y Gymraeg yn hynod o arwyddocaol. Er hynny, diau y gellir honni bod gan feirniadaeth lenyddol le canolog ym mywyd deallusol ac esthetaidd y Gymru Gymraeg. Roedd Cymru'r ugeinfed ganrif yn wlad yr oedd ei chymdeithas sifil yn wan. Nid oedd ganddi na chynulliad na senedd, roedd cylchrediad ei gwasg genedlaethol yn gyfyng, nid oedd cyfreitheg Gymreig yn bodoli a phrin iawn oedd unrhyw sefydliadau economaidd brodorol. Nid yw sefyllfa o'r fath yn anghyffredin mewn gwledydd 'ymylol' fel Cymru. Canlyniad diffyg sefydliadau o'r fath yw cyfyngu ar drafodaeth yn yr iaith genedlaethol am lywodraeth, cyfreitheg, economeg – yn wir, yr holl bethau hynny a gyfrifir yn ddisgwrs swyddogol y gwladwriaethau mawrion. Yr oedd gan Gymru Brifysgol, ond sefydliad Seisnig ydoedd yn y bôn, ac ni ddysgai ond yn ysbeidiol trwy gyfrwng y Gymraeg. Golygai hyn nad oedd gan y Gymru Gymraeg ddeorfa academaidd a gynhyrchai fydysawd deallusol yn y Gymraeg. Yr oedd trafodaethau Cymraeg eu hiaith am y celfyddydau i gyd yn brinnach yn yr ugeinfed ganrif nag y buasent pe bai Prifysgol Gymraeg yn bod. Prin bod bywyd deallusol Cymraeg yn y gwyddorau yn bodoli o gwbl. Oherwydd hyn, dargyfeiriwyd llawer o fywyd deallusol y wlad tuag at lenyddiaeth a gorgynhyrchwyd beirniadaeth lenyddol o ganlyniad. Llenyddiaeth oedd disgwrs swyddogol y Gymru Gymraeg, a beirniadaeth lenyddol oedd y senedd drosiadol lle y cyfarfyddai'r 'werin' i'w thrafod. Mae'r math o resymu a geir mewn beirniadaeth lenyddol Gymraeg yn nodweddiadol o'r modd y syniai carfan bwysig o ddeallusion Cymraeg yr ugeinfed ganrif am Gymru a'r byd.

Nid yr un peth, wrth gwrs, yw beirniadaeth lenyddol a hanes deallusol, ond yng nghyd-destun y Gymru Gymraeg mae cysylltiad agos rhyngddynt. Efallai mai'r ffordd fwyaf hwylus o ddangos hyn fyddai cyfeirio at un cysyniad yn unig, a'i ddefnyddio fel enghraifft. Cymerwn y syniad o burdeb. Mae purdeb yn ganolog i ieithyddiaeth a beirniadaeth lenyddol y Gymru oleuedig fel ei gilydd. Ond, os felly, beth yw arwyddocâd hyn i hanes deallusol Cymru'n fwy cyffredinol?

Yn ganolog i'r metafforau o burdeb a arddelir gan leiafrif ethnoieithyddol megis y Cymry Cymraeg y mae'r ymdeimlad o fod yn 'genedl' dan warchae. Esgorodd hyn ar obsesiwn nid yn unig ag iaith ond ag ansawdd yr iaith honno. Mae fel pe bai iaith yn cael ei gweld fel 'bod' (*being*) y genedl. O ganlyniad câi iaith rhai pobl ei hystyried yn amgen ac yn well nag iaith pobl eraill, a thrwy hynny rai pobl yn well na phobl eraill. Fe ellir gweld dylanwad y gredo honno ym maes tafodieitheg. Mae'r weithred o ffosileiddio tafodiaith er mwyn cael astudiaeth academaidd ohoni yn ffordd o rewi enaid y genedl, a'i gadael yn agored i archwiliad gwyddonol. Yn yr archwiliad hwnnw, y tafodieithoedd y mae bri arnynt yw tafodieithoedd 'pur' cefn gwlad, y rhai sy'n agos at y pridd a'r werin, yn hytrach, er enghraifft, na thafodieithoedd trefol a 'llygredig'. Collfernir bratiaith am ei bod yn anghydryw, gan gymhlethu'r cyswllt rhwng y gymuned Gymraeg a'i 'bod'. Fel gyda phob dewis esthetaidd, mae ideoleg ar waith yma. Wrth gefn y penderfyniad i aruchelu iaith cefn gwlad y mae'r dyb anymwybodol mai dyma iaith hunanbresenoldeb y genedl. Digwydd hyn oherwydd mythau ontolegol y Gymru Gymraeg. Mae'r drefn sydd ynghlwm wrth y weledigaeth hon o genedl ac iaith yn ganolog i genedlaetholdeb yng Nghymru. Digwydd hyn wrth i ramadegaeth

John Morris-Jones gael ei chodi a'i chymhwyso fel gramadeg metaffisegol – rhyw fath o *register* – ar gyfer gweddau eraill ar fywyd y genedl. Yn yr enghraifft o burdeb mae arwyddocâd diwylliannol a deallusol y cysyniad yn berthnasol i faes llawer ehangach na beirniadaeth lenyddol yn unig. Mae'n ymwneud â chymdeithaseg, gwleidyddiaeth a hunanddelwedd y Cymry hefyd.

Dadleuir yn y llyfr hwn i Oleuedigaeth gael ei dwyn i Gymru wrth i ieithyddiaeth ac, i raddau llai, estheteg gael eu sefydlu fel gwyddorau cenedlaethol Cymraeg. Yn ganolog i hyn ceid y dybiaeth fod y gwyddorau'n anffaeledig, gan fod eu hepistemeg yn rhesymegol a geirwir. Roedd y rhesymeg gyfannol a hunangyfeiriadol hon, gan ei bod yn gyfystyr â gwirionedd absoliwt, yn rhesymeg y gellid ei defnyddio'n gynsail i ddisgwrs cenedlaethol. Ymhlith y metanaratifau cydgysylltiedig a seiliwyd arni fe gafwyd Cymreictod, cenedlaetholdeb, llenyddiaeth, iaith, crefydd a phatriarchaeth. Ni fu'n rhaid i'r credoau hyn eu hamddiffyn eu hunain ac fe wnaethant gyd-weu i esgor ar estheteg oleuedig geidwadol Gymraeg.

Nod y llyfr hwn hefyd, fel y dywedwyd eisoes, yw ymdrin â'r gwahanol ysgolion beirniadol Cymraeg sydd wedi arddel safbwynt gwahanol i'r meddwl beirniadol llywodraethol hwnnw a gynhelid gan Oleuedigaeth John Morris-Jones. I raddau helaeth, fe gafodd yr ysgolion hyn i gyd eu gwrthod, neu'u diystyru, oherwydd nad oedd eu hideoleg yn gymwys yng ngŵydd canllawiau cudd epistemeg resymolaidd. Nid yn enw dadl ddeallol y'u hwfftiwyd, ond yn enw 'synnwyr cyffredin'. Nid oeddynt yn perthyn i gylch hunangyfeiriadol y ffordd oleuedig o feddwl. Anodd, felly, oedd herio'r ideoleg honno heb herio'r epistemeg yn ei chyfanrwydd. Y broses hon o herio yw'r digwyddiad hanesyddol a gofnodir yn y llyfr hwn. Y meddylwyr anghonfensiynol hyn a greodd systemau newydd o feddwl. Maent yn peri shifft epistemegol yr un mor ddramatig â'r un a gyflawnwyd gan John Morris-Jones.

Fe ddangosir fel yr oedd pleidwyr ideolegau a oedd yn wahanol i'r norm – rhyddfrydiaeth, Calfiniaeth, cenedlaetholdeb, Marcsiaeth a ffeminyddiaeth – yn gorfod mynd ati i danseilio'r tybiaethau fod yr estheteg Gymraeg yn stasis yn deillio o wirioneddau goleuedig am natur gwybodaeth ac o fythau cenedligol am 'burdeb' y genedl. Yn bennaf oll, roedd yn rhaid iddynt ddadlau bod llenyddiaeth a syniadaeth yn gynnyrch gwrthdaro diwylliannol ac nid yn fathau ar 'synnwyr cyffredin'.

Nodiadau

1. Andrew Dalby, *Language in Danger* (London, 2002), 129: 'L'allemand est pour les soldats et pour les chevaux.'
2. Gw., er enghraifft, William Doyle, *The Oxford History of the French Revolution* (Oxford, 2002), 118–19, 259–64.
3. Jean-François Lyotard, *The Postmodern Condition: A Report on Knowledge* (Manchester, 1984), 14, 31. Fe'i cyhoeddwyd yn ei Ffrangeg gwreiddiol, *La Condition postmoderne: rapport sur le savoir*, ym 1979.
4. Theodor Adorno a Max Horkheimer, *Dialectic of Enlightenment* (London, 1973, argraffiad 1992), 7. Fe'i cyhoeddwyd yn ei Almaeneg gwreiddiol, *Dialektik der Aufklärung*, ym 1944.
5. Ibid., 24–5.
6. Benedict Anderson, *Imagined Communities: Reflections on the Origin and Spread of Nationalism* (London, 1983), 43–6.
7. Doyle, *The Oxford History of the French Revolution*, 193, 252–60. Disodlwyd y cyfarchiad 'Monsieur' gan 'Ddinesydd', newidiodd gwleidyddion eu henwau (aeth Orleans yn Phillipe-Égalité), sefydlwyd calendr 'gwyddonol' newydd ac ailenwi'r misoedd, dilewyd y gair 'Saint' mewn enwau strydoedd ac ailenwyd trefi (daeth Lyons yn 'Ville Affranchie', y 'Dref Rydd', a Marseilles yn 'Sansnom', 'Heb Enw').
8. Anne Judge, 'France: "One State, One Nation, One Language"?', yn Stephen Barbour a Cathie Carmichael (goln), *Language and Nationalism in Europe* (Oxford, 2000), 73–4.
9. Patrice L.-R. Higonnet, 'The Politics of Linguistic Terrorism and Grammatical Hegemony during the French Revolution', *Social History*, 5, 1 (Ionawr 1980), 50.
10. Dyfynedig yn Rhisiart Hincks, *I Gadw Mamiaith Mor Hen (Cyflwyniad i Ddechreuadau Ysgolheictod Llydaweg)* (Llandysul, 1995), 97.
11. Jeremy Evas, 'Rhwystrau ar Lwybr Dwyieithrwydd' (traethawd Ph.D., Prifysgol Cymru, 1999), 32.
12. Higonnet, 'The Politics of Linguistic Terrorism', 51.
13. Judge, 'France: "One State, One Nation, One Language"?', 73.
14. Higonnet, 'The Politics of Linguistic Terrorism', 42.
15. Dyfynedig yn Dalby, *Language in Danger*, 132–3.
16. Higonnet, 'The Politics of Linguistic Terrorism', 55. Syniad goleuedig yw cymell symudiad poblogaeth er mwyn difa iaith leiafrifol.
17. Ibid., 56.
18. Ibid., 64.
19. Pierre Bourdieu, *Language and Symbolic Power* (Cambridge, 1992), 43. Ymddangosodd llawer o ddeunydd y llyfr hwn yn gyntaf yn Pierre Bourdieu, *Ce que parler veut dire: l'économie des échanges linguistiques* (Paris, 1982).
20. Glyn Williams, Peter Nelde a Miquel Strubell, *Euromosaic: The Production and Reproduction of the Minority Language Groups in the European Union* (Brussels, 1996), 3.
21. Lyotard, *The Postmodern Condition*, 30. Mae'n seilio ei sylw damcaniaethol ar Michael de Certeau, Dominique Julia a Jacques Revel, *Une Politique de la langue: la révolution française et les patois* (Paris, 1975).

²² Gw. Robin Okey, 'Concepts of Nationalism: A Survey', papur y Chwith Genedlaethol, 10 (1983), 6. Mae'n dehongli gwaith un o arbenigwyr yr ugeinfed ganrif ar genedlaetholdeb, Ernest Gellner, yn y termau hynny yn union: '[he] sees modern industrial society with its reliance on explicit communication rather than unspoken custom as obliging ethnic cultures to become "High Cultures" or become uncompetitive and die. Nationalism is the process of transforming an ethnic culture into a High Culture, which will become the uniform means of communication in the resurgent polity.'

²³ Bourdieu, *Language and Symbolic Power*, 50: 'One must not forget the contribution which the political will to unification (also evident in other areas, such as law) makes to the *construction* of the language which linguists accept as a natural datum.'

²⁴ Glyn Williams a Delyth Morris, *Language Planning and Language Use: Welsh in a Global Age* (Cardiff, 2000), xiv–xv.

²⁵ Ibid., 163.

²⁶ Mari C. Jones, 'At What Price Language Maintenance?: Standardization in Modern Breton', *French Studies*, XLIX, 4 (Hydref 1995), 435.

²⁷ Ibid., 436.

²⁸ Rhisiart Hincks, *Yr Iaith Lenyddol fel Bwch Dihangol yng Nghymru ac yn Llydaw* (Aberystwyth, 2000), 10.

²⁹ Ibid., 18.

³⁰ Gw. Miroslav Hroch, *Social Preconditions of National Revival in Europe: A Comparative Analysis of the Social Composition of Patriotic Groups among the Smaller European Nations* (New York, 2000). Fe'i cyhoeddwyd yn ei Almaeneg gwreiddiol, *Die Vorkämpfer der Nationalen Bewegung bei den Kleinen Völkern Europas: Eine Vergleichende Analyse zur Gesellschaftlichen Schichtung der Patriotischen Gruppen*, ym 1968. Mae Hroch yn dadlau mai amodau cymdeithasol sy'n pennu pryd y bu 'adfywiad' cenedlaethol mewn gwahanol wledydd di-wladwriaeth. Mae'n diffinio'r cam cyntaf tuag at adfywiad o'r fath fel diddordeb ysgolheigaidd yn yr iaith genedlaethol sydd, at ei gilydd, yn esgor ar y math o weithgarwch goleuedig a drafodir yn y bennod hon.

³¹ Daniel R. Davis, 'Introduction', *Celtic Linguistics 1700–1850: Volume 1: The Antiquities of Nations: Paul Pezron* (London, 2000), vi.

³² Geraint H. Jenkins, 'Adfywiad yr Iaith a'r Diwylliant Cymraeg 1660–1800', yn idem (gol.), *Y Gymraeg yn ei Disgleirdeb: Yr Iaith Gymraeg cyn y Chwyldro Diwydiannol* (Caerdydd, 1997), 374–5.

³³ Garland Cannon, *The Life and Mind of Oriental Jones: Sir William Jones, The Father of Modern Linguistics* (Cambridge, 1990).

³⁴ Caryl Davies, *Adfeilion Babel* (Caerdydd, 2000), 299.

³⁵ Ibid., 303.

³⁶ Caryl Davies, 'Syr William Jones: Hanner Cymro', *Y Traethodydd*, CXLX, 634 (Gorffennaf 1995), 162.

³⁷ Dyfynedig yn idem, *Adfeilion Babel*, 297.

³⁸ Ibid., 296.

³⁹ Davies, 'Syr William Jones', 157.

⁴⁰ Ibid.; hefyd idem, *Adfeilion Babel*, 310–14.

⁴¹ Davies, 'Syr William Jones', 164.

42 Idem, *Adfeilion Babel*, 60–1.
43 Ibid., 65.
44 Ibid., 86.
45 Ibid., 149.
46 Jenkins, 'Adfywiad yr Iaith a'r Diwylliant Cymraeg 1660–1800', 374.
47 Dyfynedig yn Davies, *Adfeilion Babel*, 203.
48 Glenda Carr, *William Owen Pughe* (Caerdydd, 1983), 79.
49 G. J. Williams, 'William Owen [Pughe]', *Llên Cymru*, VIII, 1/2 (Ionawr–Gorffennaf 1962), 11. Darlith oedd hon a draddodwyd gyntaf ym 1948.
50 Ibid., 89.
51 William Owen Pughe yn ddyfynedig yn ibid.
52 Jenkins, 'Adfywiad yr Iaith a'r Diwylliant Cymraeg 1660–1800', 374.
53 Davies, *Adfeilion Babel*, 136.
54 Ibid., 132.
55 Dyfynedig yn ibid., 139.
56 Ibid.
57 Gw. R. J. W. Evans, 'Was there a Welsh Enlightenment?', yn R. R. Davies a Geraint H. Jenkins (goln), *From Medieval to Modern Wales* (Cardiff, 2004), 144–8.
58 Jenkins, 'Adfywiad yr Iaith a'r Diwylliant Cymraeg 1660–1800', 397.
59 Gwyn Alf Williams, 'Romanticism in Wales', yn Roy Porter a Mikuláš Teich (goln), *Romanticism in National Context* (Cambridge, 1988), 16.
60 Ibid., 15.
61 Gwyn Alf Williams, *Artisans and Sans-Culottes: Popular Movements in France and Britain during the French Revolution* (London, 1968), 66. Gw., hefyd, idem, 'Beginnings of Radicalism', yn Trevor Herbert a Gareth Elwyn Jones (goln), *The Remaking of Wales in the Eighteenth Century* (Cardiff, 1988), 126.
62 Williams, *Artisans and Sans-Culottes*, 66.
63 Idem, 'Iolo Morganwg: Bardd Rhamantaidd ar gyfer Cenedl nad oedd yn Cyfrif', yn Geraint H. Jenkins (gol.), *Cof Cenedl V* (Llandysul, 1990), 57–84.
64 Idem, 'Romanticism in Wales', 15.
65 Ibid., 17, 23–4.
66 John Davies, *Hanes Cymru* (Llundain, 1990), 327.
67 Derec Llwyd Morgan, *Y Diwygiad Mawr* (Llandysul, 1981), 229.
68 John James Evans, *Dylanwad y Chwyldro Ffrengig ar Lên Cymru* (Lerpwl, 1928), 121.
69 Saunders Lewis, *A School of Welsh Augustans: Being a Study in English Influences on Welsh Literature during Part of the 18th Century* (Wrexham, 1924), 18.
70 Peter D. G. Thomas, *Politics in Eighteenth-Century Wales* (Cardiff, 1998), 240.
71 J. E. Caerwyn Williams, 'Naws y Ganrif', yn Dyfnallt Morgan (gol.), *Gwŷr Llên y Ddeunawfed Ganrif* (Llandybïe, 1966), 15.
72 Robin Okey, 'Ieithoedd Llai eu Defnydd a Lleiafrifoedd Ieithyddol yn Ewrop oddi ar 1918: Arolwg Cyffredinol', yn Geraint H. Jenkins a Mari A. Williams (goln), *'Eu Hiaith a Gadwant'? Y Gymraeg yn yr Ugeinfed Ganrif* (Caerdydd, 2000), 609.
73 Williams, 'Romanticism in Wales', 23.
74 Colin H. Williams, *Called Unto Liberty! On Language and Nationalism* (Clevedon, 1994), 81.

75 Barbara Törnquist-Plewa, 'Contrasting Ethnic Nationalisms: Eastern Central Europe', yn Barbour a Carmichael (goln), *Language and Nationalism in Europe*, 196.
76 Peter Trudgill, 'Greece and European Turkey: From Religious to Linguistic Identity', yn Barbour a Carmichael (goln), *Language and Nationalism in Europe*, 246–8.
77 Törnquist-Plewa, 'Contrasting Ethnic Nationalisms', 210.
78 Ibid., 187–9.
79 Lars S. Vikør, 'Northern Europe: Languages as Prime Markers of Ethnic and National Identity', yn Barbour a Carmichael (goln), *Language and Nationalism in Europe*, 118–19.
80 Ibid., 111–17.
81 Clare Mar-Molinero, 'The Iberian Peninsula: Conflicting Linguistic Nationalisms', yn Barbour a Carmichael (goln), *Language and Nationalism in Europe*, 90–2.
82 Judge, 'France: "One State, One Nation, One Language"?', 53.
83 Mar-Molinero, 'The Iberian Peninsula', 96.
84 Colin H. Williams, *Called Unto Liberty!*, 118–19.
85 Okey, 'Ieithoedd Llai eu Defnydd a Lleiafrifoedd Ieithyddol yn Ewrop oddi ar 1918', 609–12.
86 Ibid., 609.
87 Davis, *Celtic Linguistics 1700–1850*, vi. Mae'n dyfynnu'r hanesydd Stuart Piggott, *The Druids* (London, 1975), 177.
88 Davis, *Celtic Linguistics 1700–1850*, xiii.
89 Ibid., xxvi.
90 Michel Foucault, yn ddyfynedig yn ibid., viii.
91 Davis, *Celtic Linguistics 1700–1850*, viii.
92 Ibid., vi.
93 Ibid., xxv–xxvi.
94 Gw. Geraint Bowen, *John Morris-Jones: Y Diwygiwr Iaith a Llên* (Llanfair Pwllgwyngyll, 1989), 14.
95 John Morris-Jones, 'Taliesin by Sir John Morris-Jones', *Y Cymmrodor*, XXVIII (1918), 258. Roedd yn ddeifiol: 'I have been largely occupied with the necessary preliminary work of clearing the ground of rubbish.'
96 Cyhoeddodd Ifor Williams *Pedeir Keinc y Mabinogi* ym 1930, *Canu Llywarch Hen* ym 1935, *Canu Aneirin* ym 1938, *Armes Prydein* ym 1955 a *Canu Taliesin* ym 1960, ynghyd â gwahanol destunau rhyddiaith llai, a golygiadau o waith y Cywyddwyr, gan gynnwys Dafydd Nanmor (1923), Iolo Goch (1925, 1937) a Guto'r Glyn (1939) a rhai o destunau Dafydd ap Gwilym (1914, 1921, 1935).
97 John Morris-Jones, 'Edward Llwyd', *Y Traethodydd*, XLVIII (Tachwedd 1893), 467–8.
98 Idem, *A Welsh Grammar, Historical and Comparative* (Oxford, 1913), vi.
99 Idem (Cadeirydd), *Orgraff yr Iaith Gymraeg: Adroddiad Pwyllgor Iaith a Llên Bwrdd Gwybodau Celtaidd Prifysgol Cymru* (Caerdydd, 1928), vii. Dywed am ei genhedlaeth ei hun yn Rhydychen y 1880au eu bod yn credu 'â hyder ieuenctid, eu bod wedi cael goleuni a'u galluogai o'r diwedd i ddwyn trefn o'r tryblith'.

[100] Idem, 'Gomer ap Iapheth', *Y Geninen*, VIII, 1 (Ionawr 1890), 7.
[101] John Morris-Jones a John Rhŷs (goln), *The Elucidarium and Other Tracts in Welsh from Llyvyr Agkyr Llandewivrevi, A.D. 1346 (Jesus College Ms.119)* (Oxford, 1894), xx.
[102] Morris-Jones, 'Edward Llwyd', 474.
[103] Idem, *Syr John Rhŷs* (London, 1926), 13.
[104] Idem (Cadeirydd), *Orgraff yr Iaith Gymraeg*, iv.
[105] Idem, 'Cymraeg [Yr Iaith]', yn John Parry (gol.), *Y Gwyddoniadur Cymreig*, III (1891), 67, 78.
[106] John Morris-Jones, 'Cymraeg Rhydychen', *Y Geninen*, VIII, 4 (Hydref 1890), 214–16.
[107] Idem, *An Elementary Welsh Grammar* (Oxford, 1922), iv.
[108] Idem, 'Edward Llwyd', 469.
[109] Idem, *An Elementary Welsh Grammar*, v. Dywed wrth drafod gwaith William Owen Pughe: 'The written language has been corrupted not only under the influence of false etymological theories, but in the opposite direction by the substitution of dialectical for literary forms . . . The value of the tradition is that it represents the language in a form, which was everywhere recognized as pure, and of which the various dialects represent different corruptions.'
[110] Idem, 'Edward Llwyd', 471
[111] Idem, *A Welsh Grammar, Historical and Comparative*, vi.
[112] Thomas Parry, 'John Morris-Jones, Yr Ysgolhaig', *Barn*, 27 (Ionawr 1965), 69. Dyfynnir Morris-Jones yn dweud 'Nid dros fy mympwy fy hun y dadleuaf; ond pan gaf y gwir, wrth hwnnw y glynaf.'
[113] Morris-Jones (Cadeirydd), *Orgraff yr Iaith Gymraeg*, iii. Wrth drafod gwaith beirdd yr Oesoedd Canol, dywedir: 'Nid oes wahaniaethau tafodieithol yn eu gwaith; yr un yw iaith Gwalchmai yng Ngwynedd, Cynddelw ym Mhowys, a Gwynfardd Brycheiniog yn Neheubarth. Yr oedd gan Gymru eisoes iaith lenyddol, gyffredin i bob rhanbarth, a chyson â hi ei hun.'
[114] Gw., er enghraifft, Morris-Jones, 'Cymraeg Rhydychen', 215: 'Y mae iaith lafar yn dyfiant perffaith naturiol – pob deddf wedi effeithio arni'n hollol ddirwystyr.'
[115] Ibid., 216: 'Rhaid i iaith lenyddol fod yn iaith gyffredinol, ac felly i ryw raddau'n iaith wneud; ond goreu'n y byd po fwyaf naturiol fydd hi hefyd.'
[116] Gw. Parry, 'John Morris-Jones, Yr Ysgolhaig', 69. Mae Thomas Parry yn cynnig dwy enghraifft o'r 'golygu' hwn ar emynyddiaeth gan John Morris-Jones. Aeth 'N'ad fi grwydro/ Draw nac yma o fy lle' Pantycelyn yn 'N'ad im grwydro/ Draw nac yma fyth o'm lle', ac aeth 'Yn gysur i fy nghalon,/ Yn llusern i fy nhroed' David Charles yn 'Yn gysur bônt i'm calon,/ Yn llusern wiw i'm troed.'
[117] Ibid., 68.
[118] A. O. H. Jarman, 'Syr John Morris-Jones fel Ysgolhaig', *Lleufer*, XXI, 1 (Gwanwyn 1965), 3–5.
[119] Gwyn Thomas, *Syr John Morris-Jones* (Castell-nedd, 1994), 9.
[120] Allan James, *John Morris-Jones* (Cardiff, 1987), 17.
[121] Ibid., 2.
[122] Parry, 'John Morris-Jones, Yr Ysgolhaig', 69. Am y trosiad hwn, gw., hefyd, Saunders Lewis, *An Introduction to Contemporary Welsh Literature* (Wrexham,

1926), 5. Dywed am John Morris-Jones: 'He took the whole nation to school.'
123 Kate Roberts, 'Atgofion am Syr John Morris-Jones', *Barn*, 22 (Awst 1964), 279. Arwyddocaol iawn hefyd o safbwynt y ddadl fod gwaith Saunders Lewis yn y Blaid Genedlaethol yn wedd ar waith ieithyddol John Morris-Jones yw bod Saunders Lewis ei hun yn cyfeirio at waith ieithyddol Cymdeithas Dafydd ap Gwilym, a llafur John Morris-Jones yn benodol, fel gwaith cenedlaetholwyr. Gw. Saunders Lewis, 'Owen M. Edwards', yn Gwynedd Pierce (gol.), *Triwyr Penllyn* (Caerdydd, [dim dyddiad]), 29.
124 John Morris-Jones, 'Yr Orgraff', *Y Traethodydd*, XLV (Mai 1890), 240.

Rhan I

Dadleuon Ysgolheigaidd Hanner Cyntaf yr Ugeinfed Ganrif

1
Dyddiau Y Llenor

Er iddo gyhoeddi ei hunangofiant, *Edrych yn Ôl*, ym 1968, flwyddyn cyn ei farwolaeth, go brin y gellid honni bod yr hanesydd R. T. Jenkins yn 'perthyn' i ail hanner yr ugeinfed ganrif, y cyfnod yr ymdrinnir ag ef yn ail ran y llyfr hwn. Fe'i hystyrir, gan amlaf, yn rhyddfrydwr o Sir Feirionnydd a ddaeth i amlygrwydd ar ddechrau'r ugeinfed ganrif, ac yn aelod felly o'r diwylliant dychmygol sydd yn ymestyn o Lanuwchllyn O. M. Edwards i Uwchaled D. Tecwyn Lloyd. Ond dyn amgen oedd R. T. Jenkins. Yn hanner cyntaf yr ugeinfed ganrif, fe lwyddasai i ysigo tipyn ar *savoir absolu* meddylfryd goleuedig newydd y Gymru Gymraeg.

Roedd cyfoedion R. T. Jenkins yn rhan o'u cyfnod, a'u gwaith yn seiliedig ar ffydd mewn ieithyddiaeth wyddonol a gramadegol. Bu hyn yn gyfystyr â phroses o Oleuedigaeth, ac fe orseddwyd disgyblaeth a gwirionedd lle bu gynt, ar ddiwedd y bedwaredd ganrif ar bymtheg, ddyfalu a darfelydd. Yn wleidyddol ac yn gymdeithasol, mynegid y credoau goleuedig hyn trwy'r metaffor o genedlaetholdeb.

Mae modd tynnu sylw at waith R. T. Jenkins er mwyn amlygu 'smotiau deillion' y syniadau hyn. Hyd yn oed yn hanner cyntaf yr ugeinfed ganrif, bwrid amheuaeth ar Oleuedigaeth y sefydliad beirniadol newydd gan ryddfrydwyr, yn aml yn ddiarwybod iddynt hwy eu hunain. Un o'r gwŷr anfoddog hyn oedd R. T. Jenkins. Ond cyn trafod hynny ymhellach, dylid gosod enghreifftiau yn awgrymu sut y datblygodd meddwl beirniadol hanner cyntaf y ganrif.

Yr Oleuedigaeth Gymraeg ar droad yr ugeinfed ganrif

Wrth Oleuedigaeth, fe olygir y gwaith o resymu a gwyddori'r meddwl beirniadol Cymraeg. Cyrhaeddodd Goleuedigaeth y Gymru lenyddol yn hwyr: nid yn y ddeunawfed ganrif, fel y byddid yn disgwyl efallai, ond ar ddiwedd y bedwaredd ganrif ar bymtheg. Cawsai ieitheg Almaenig, gyda'i phwyslais ar ddeddfwriaeth ieithyddol, ddylanwad ar Syr John Rhŷs a'i ddisgyblion. Yn fuan fe estynnwyd egwyddorion y ddysgeidiaeth ramadegol hon i faes estheteg. Wrth i'r ysgolheigion newydd addysgu'r cyhoedd ynglŷn â *logos* a'i fanteision diymwad i lenyddiaeth, dechreuwyd ar broses o annilysu lleisiau 'llaes', megis llais y Bardd Newydd. Yn y bedwaredd ganrif ar bymtheg, bu ymlyniad wrth ystod eang o gyweiriau 'aruchel' a 'phoblyddol' (yr awdl eisteddfodol hirfaith ar y naill law a'r faled bytiog a chras ar y llall: y ddwy fel ei gilydd yn 'afresymol' yn nhyb y gwŷr trefnedig newydd). Yn awr, tawodd eu prepian. Roedd chwyldro gramadegol ac orgraffyddol John Morris-Jones, a yrasai'r Oleuedigaeth hon yn ei blaen, yn cyflym warafun i'r beirdd a'r beirniaid yr hawl i draethu'n haniaethol.

Dywedodd yr ysgolhaig Thomas Parry am y Bardd Newydd, yr ysgol o feirdd haniaethol a ddaeth i'r amlwg ddiwedd y bedwaredd ganrif ar bymtheg, a'r prif bechaduriaid yng ngolwg y mudiad goleuedig, fod y beirdd, oherwydd 'baster barddoniaeth [ac] amleiredd gwyntog', yn methu â 'chyrraedd glan' ystyr.[1] Fe'u beirniadodd yn llym am geisio 'sylweddoli'r annherfynol'.[2] Âi hynny'n gwbl groes i waith ysgolheigaidd mawr troad y ganrif ym maes gramadeg ac orgraff y Gymraeg: cywirdeb ieithyddol 'gwyddonol' a oedd yn esgor ar y posibilrwydd o adlewyrchu ystyr yn berffaith. Cynrychiolai goddrychedd llenyddiaeth y bedwaredd ganrif ar bymtheg, gyda'i horgraff ansafonol, ei chystrawen fympwyol a'i syniadau *sublime,* ffordd gwbl wahanol o synio am wybodaeth.

Gellir amlygu'r gwahaniaeth rhwng meddylfryd cyn-oleuedig y Bardd Newydd a meddwl goleuedig yr ieithegwyr wrth gymharu sylwadau dau o'u lladmeryddion. Mewn erthygl yn *Y Geninen* ym 1884, dywedodd llefarydd y Bardd Newydd, Tafolog, am farddoniaeth: 'Wrth geisio ei gwasgu megys rhwng "bys a bawd" darnodiad, diflanna, fel ysbryd, dan ein dwylaw, i'r niwl a'r tywyllwch sydd mor gydweddol âg anianawd ysbryd.'[3] Ond yn ôl John Morris-Jones, a fynnai yn ei glasur goleuedig *Cerdd Dafod* 'sefydlu trefn a dosbarth eto',[4] 'pa faint gwaeth yn Gymraeg ydyw ymadroddion fel *yr anhraethadwy, yr ysbrydol, y prydferth, y cain,* a'r cyffelyb mewn barddoniaeth?'[5] Yn ôl Tafolog eto:

'Mae y gallu i weled, caru, a chymdeithasu â'r Anweledig, ac i fwrw angor gobaith megis i'r tu fewn i'r llen, yn hanfodol farddonol.'[6] Gwadwyd hyn gan Morris-Jones: 'Nid â syniadau haniaethol y mae a wnelo barddoniaeth, ond â syniadau diriaethol.'[7]

Cyfeiriodd Tafolog at gamwri'r athrawiaeth Fictoraidd o Gynnydd wrth nodi bod seilio gwybodaeth ar ddull 'pobl y "ffeithiau syml" (*matter of fact men*)' wrth 'sefyll ym mhresenoldeb y Niagara', er enghraifft, 'i geisio ei roddi tan "rif a mesur", er cyfleu syniad am ei aruthredd i'r absenolion' yn ffordd anghyflawn o synio am y byd.[8] Ni fedrai hynny, er ei gywired yn dechnegol, gyfleu 'ymruthriad chwyrn-wyllt' y rhaeadr oherwydd 'yn fynych, ceir yr hyn fydd yn *rhifyddol* neu *lythyrennol annghywir*, yn anhebgorol i ffurfio y gwirionedd barddonol mwyaf aruchel'.[9] Roedd Tafolog o'r farn na ddylai rhifyddiaeth a gwyddoniaeth fod yn dduwiau'r oes.

Roedd credo felly'n groes i sail rifyddol y gwyddorau newydd. Fe drefnai John Morris-Jones ei ramadegau yn rhifyddol; yn fwy dadlennol, fe wnâi hynny hefyd mewn sylwadau esthetaidd, gan waddoli'i farn am farddas ag awdurdod gwyddorol.[10] Yn ei dyb ef, nid oedd unpeth na ellid ei ddal yn rhifyddol. Dylai 'mater, iaith a ffurf fod yn anwahanadwy mewn barddoniaeth'.[11] *Raison d'être* y gramadegu hwn oedd rhoi pwyslais mawr ar derfynoldeb a chyfanrwydd. Nid yw'n syndod i Ifor Williams nodi yn ei ragymadrodd i *Welsh Syntax* Morris-Jones: 'Many of these notes are in his best style, clear, compact, and if I may use the word, authoritative: they are complete, and final.'[12]

Ond roedd i Oleuedigaeth fwy na chenadwri ieithyddol yn unig. Oherwydd y dybiaeth ddiwylliannol mai unwedd yw ansawdd y Gymraeg ac ansawdd y Gymru Gymraeg, roedd y mudiad, wrth garthu iaith, hefyd yn carthu cenedl ac yn ei chreu ar wedd fodern. Roedd Goleuedigaeth ym maes gramadeg y Gymraeg yn cyd-fynd â Goleuedigaeth ym maes cymdeithaseg y Gymraeg.

Mae modd gweld hyn wrth gyfeirio at *cause célèbre* enwocaf llenyddiaeth Gymraeg yn y 1920au, sef pryddest arobryn Prosser Rhys, 'Atgof' (1924). Roedd 'Atgof' yn adrodd hanes carwriaeth wrywgydiol, y tro cyntaf i hynny ddigwydd yn y Gymraeg. Ond tybed a ellir ystyried y disgrifiad hwn o berthynas rhwng dau lanc nid fel y mynegiant cyntaf o ryddid rhywiol hoyw yng Nghymru ond fel rhan o'r broses o ddod â rhywioldeb i gyfrif gerbron disgyblaeth ieithyddol? Beth pe dadleuid bod Prosser Rhys yn *goleuo* Cymru wrth ei hysbysu am wrywgydiaeth? Trwy gydnabod hoywder a fu, cyn hynny, yn anweledig, caniataodd i'r ymwybod Cymraeg ei ganfod a thrwy hynny ei ymylu. Wedi'r cwbl, fe gyhoeddid rhywioldeb llawer mwy 'gwyrdroëdig' yng ngwaith y Bardd Newydd, gwaith nad oedd modd ei ffrwyno am nad oedd rhywioldeb 'gwyrdroëdig' o'r fath wedi cael ei ddiffinio a'i wahardd. Ym 1908, cyhoeddasai Trebor Aled (sef y Parchedig Robert Jones, Tal-y-bont, Ceredigion), ei ail gyfrol o brydyddiaeth, *Pleser a Phoen: Sef Cyfrol o Farddoniaeth yn y Llon a'r Lleddf*.[13] Roedd yn gyforiog o rywioldeb a atgynhyrchai rwydwaith erotig o arwyddion masochistaidd yn ymwneud â 'phleser'.[14] Pa syndod felly fod yr hanesydd llenyddol Alun Llywelyn-Williams, yn ei ymateb goleuedig i ramantiaeth Gymraeg dechrau'r ganrif, *Y Nos, Y Niwl, a'r Ynys* (1960), yn beirniadu rhywioldeb amwys ac 'afiach' y cyfnod haniaethol hwn yn hallt?[15]

Dwyn rhesymeg i Gymru wrth enwi, cydnabod ac un ai nacáu neu ganiatáu yw prif briodoleddau Goleuedigaeth yn y byd llenyddol Cymraeg. Dengys y cymariaethau rhwng Tafolog a John Morris-Jones, a rhwng Trebor Aled a Prosser Rhys, fod cyweiriau amwys, amheus ac anghydnabyddedig yn cael eu gwahardd gan ieithwedd resymegol a seilid ar ddehongliad gwyddonol o'r byd. Digwyddai hyn tua throad yr ugeinfed ganrif. Erbyn diwedd y Rhyfel Byd Cyntaf roedd yr hen ffordd o feddwl ymron wedi darfod o'r tir. Nodweddid y 1920au a'r 1930au gan Oleuedigaeth a moderniaeth.

Goblygiadau'r meddwl newydd

Fe ellir nodi'n gryno gonglfeini'r meddwl Cymraeg yn y 1920au a'r 1930au, sef, o'u rhifo yn null goleuedig John Morris-Jones, fod:

i. Iaith yn rhesymegol
Yn ei ramadegau, troes John Morris-Jones iaith yn rhesymeg bur, yn gyfres o arysgrifau anghorfforol ar dudalen, neu, o leiaf, dyna oedd yr effaith a gâi ei ramadegau yn ddiwylliannol.

ii. Rhethreg yn annilys
Codwyd y syniad mai math o fathemateg mewn iaith yw ysgolheictod. Felly, er y byddai modernydd fel Saunders Lewis yn cyfansoddi cerddi astrus fel 'Mair Fadlen' neu 'Llygad y Dydd yn Ebrill', byddai ei feirniadaeth lenyddol yn 'olau'. Fel 'ysgolhaig pur', cyfansoddai'r cwbl o'i waith acadamaidd mewn iaith resymegol. Tybiwyd bod gwaith creadigol a gwaith beirniadol yn meddu ar swyddogaethau gwahanol.

Breiniwyd y gwaith beirniadol gydag ieithwedd y gellid hawlio trefn ac awdurdod ar ei chyfer.

iii. Hyn yn creu episteme *newydd*
Roedd y gogwydd hwn o blaid 'eglurdeb' yn gynneddf y bu'n rhaid i bob ysgolhaig 'proffesiynol' ei harddel. Pan na cheir trafodaeth ar egwyddorion dysg, gellid dweud bod yr athrawiaeth honno yn gwbl dderbyniedig ac yn ffurfio *episteme*. Dyna sy'n digwydd ym myd y Gymraeg wedi diwedd y Rhyfel Byd Cyntaf.

iv. Y cwbl yn effeithio ar gymdeithaseg y gymdeithas Gymraeg
Roedd athrawiaeth ieithyddol ddisgybledig o gymorth i dwf yr adain dde Gymraeg ac i'w dadlau Platonaidd dros ddelfrydiaeth lenyddol a syniadol. Roedd yn hwb neilltuol i raglen fetaffisegol Saunders Lewis. Bu hefyd yn hybu cenedlaetholdeb gan gyfiawnhau gramadeg teleolegol y genedl. Cafwyd mwy o bwyslais ar ddulliau absoliwtaidd o feddwl. Dyna'r union duedd a ofnai Iorwerth Peate wrth ddadlau mai gwir wraidd Pabyddiaeth Saunders Lewis oedd yr angen am 'metaphysical clarity'.[16]

Roedd i Oleuedigaeth ei therfynau. Ond, gan anamled y cyhoeddid testunau nad oeddynt yn oleuedig erbyn y cyfnod rhwng y ddau ryfel byd, prin fu'r angen i fynd ati i gyfiawnhau ei hepistemeg. Er hynny, mae modd gweld nifer o anawsterau damcaniaethol y ffordd newydd o feddwl yn adolygiad hirfaith W. J. Gruffydd o gyfrol gyfeiliornus Timothy Lewis, *Mabinogi Cymru* (1931).[17] Rhagoriaeth yr astudiaeth Fabinogaidd honno (o'n safbwynt ni, beth bynnag) yw ei bod yn gyfan gwbl anghywir. Anwybyddodd safonau gwyddonol ieitheg fodern wrth gynnig bod y Mabinogi yn olrhain hanes gwŷr Llychlyn yn goresgyn Cymru yn yr wythfed a'r nawfed ganrif.

Ond, a derbyn bod ysgolheictod Timothy Lewis yn gwbl wallus, deil yn gyfraniad o bwys yn rhinwedd y ffaith ei fod yn wahanol. Ni fu rhaid i W. J. Gruffydd afradu amser wrth anghytuno â'r astudiaeth ar sail manylion. Yn hytrach, fe allai ymosod ar ei methodoleg anwireddus ac, wrth wneud hynny, ddangos cryfder ei resymeg oleuedig ei hun. Fel yr ymhyfrydai, 'waeth pa mor enfawr bynnag fo'r gagendor rhwng dau ysgolhaig ar bob pwnc arall yn y byd, byddant yn unfryd ar y llyfr hwn, oherwydd y mae'n cynnwys, o angenrheidrwydd, wadiad ar bob egwyddor sy'n gyffredin i bob ysgolheictod.'[18]

Aeth Gruffydd ati wedyn i brofi natur afresymegol astudiaeth

Timothy Lewis wrth godi trosiad o fyd mathemateg, y math 'puraf' a mwyaf 'rhesymegol' o ysgolheictod:

> Nid yn unig y mae'r awdur yn torri pob deddf wybyddus sy'n rheoli tarddiadau'r iaith Gymraeg ac ieithoedd eraill, ond nid yw byth *hyd yn oed ar ddamwain* yn dywedyd dim y gellir ei dderbyn fel tebygrwydd. I ddyfynnu yr Athro Ifor Williams yn y *Cymmrodor*, ffordd Mr. Lewis o ymresymu yw mai yr un peth yw 12 a 21, am fod yr un ffigurau ynddynt. Gallai'r Athro fod wedi myned ymhellach a dywedyd bod Mr. Lewis yn ymresymu mai'r un yw 12 a 37, am fod 1 yn *debyg* i 7 a 2 yn *debyg* i 3![19]

Dywedasai Ifor Williams yn *Y Cymmrodor* wrth adolygu un arall o gyfrolau Timothy Lewis, *Beirdd a Bardd-rin Cymru Fu* (1929), mai 'brasgamu yn ôl i'r cyfnod cyn i ieitheg ddyfod yn wyddoniaeth' a wnâi gwaith Lewis.[20]

Wrth bwysleisio pwysigrwydd rhesymeg yn nhermau absoliwtiaeth rifyddol, nid oedd raid, wrth gwrs, i'r beirniad goleuedig amddiffyn ei safbwynt yn athronyddol. Ni wyddai W. J. Gruffydd am foddau eraill o ddadlau ei achos: yn ei dyb ef, roedd 'ysgolheictod yn dibynnu, ymhlith pethau eraill, ar arfer synnwyr cyffredin, a phan fo traethawd . . . yn gwneuthur arfer synnwyr cyffredin yn beth amhosibl . . . nid gwaith ysgolhaig mohono'.[21] Naceid y posibilrwydd o '[g]ael dadl rhwng *ysgolheigion*' oni cheid amodau lle 'buasai'r ddwyblaid fel ei gilydd yn derbyn y *ffeithiau*; y gwahaniaeth rhyngddynt fuasai'r esboniad ar y ffeithiau'.[22] Yn nhyb Gruffydd, roedd hyn yn hanfodol, oherwydd heb dderbyn y canllawiau hyn, ni ellid cael gwybodaeth: 'Os, yn fyr, y gellir dywedyd 12=21=73=37, yna y mae pob math o gyfrif yn amhosibl. Yn wir, os yw Mr. Lewis yn iawn, y mae pob math o fywyd ar y blaned hon yn amhosibl, canys dibynna bywyd, ymhlith pethau eraill, ar y ffaith *nad* yr un peth yw 12 a 73.'[23]

Wrth droi at arddull y llyfr, dywed Gruffydd fod rhethreg yn andwyol i resymeg, gan ei bod yn cymylu tryloywedd mathemategol iaith:

> I ddechrau, – y peth mwyaf dibwys efallai, – yr arddull. Pan ddown at lyfr ysgolheigiol sy'n myned ati i brofi pwnc newydd syfrdanol, disgwylir y mynegir y ffeithiau ac y rhoddir barn arnynt mewn dull cyn foeled a chyn rhydded oddi wrth retoreg a rhodres a bocsach ag sy'n bosibl.[24]

Un o ragdybiau'r Oleuedigaeth Gymraeg ar ddechrau'r ugeinfed ganrif oedd fod mathemateg ac iaith yn rhannu'r un seiliau epistemolegol.

Nododd Ifor Williams wrth gyfeirio at arddull dywyll *Beirdd a Barddrin* fod 'troi oddiwrth ei lyfr i frawddegau tryloyw, ac ymdriniaeth eglur fy hen athro Syr John Morris-Jones, fel troi o'r gwyll i oleuni dydd'.[25]

Mewn matrics o ddyfaliadau am rwymiadau iaith, rheswm, rhethreg a rhifyddiaeth, daeth dadleuon W. J. Gruffydd ac Ifor Williams i ben mewn tawtoleg. Ond roedd peryglon anghydnabyddedig eraill ynghlwm wrth eu syniadaeth. Pan dderbyniwyd trosiadau mathemategol, daeth dadleuon absoliwt yn *sine qua non* y meddwl beirniadol Cymraeg. Cynigiwyd y posibilrwydd fod cywirdeb ieithyddol mewn efrydiau Cymraeg yn gyfystyr â llesolrwydd rhesymegol, a bod i syniadaeth fath o gywirdeb hefyd. Byddai i hynny effeithiau pellgyrhaeddol yn y Gymru Gymraeg, gan esgor ar feddylfryd ceidwadol.

Diau y dylid nodi hefyd fod y cywirdeb goleuedig hwn yn aml yn cael ei fynegi trwy drosiadau biolegol ('glendid iaith', 'purdeb iaith' ac ati) a fynnai wrthsefyll heintiau orgraffyddol a chystrawennol. Bu tuedd i drafod rhethreg wrth gymysgu trosiadau o fyd mathemateg a bioleg. Mewn gwledydd Ewropeaidd eraill, os nad yng Nghymru, bu cyswllt rhwng y wedd hon ar Oleuedigaeth a 'glendid' hiliaeth Ffasgaidd.[26]

Fodd bynnag, cafwyd yn ystod y 1920au a'r 1930au lenorion a oedd, yn ddiarwybod iddynt hwy eu hunain efallai, yn tanseilio'r rhesymeg 'berffaith' hon. Bydd rhaid gadael y *milieu* ysgolheigaidd er mwyn canfod y metaffisegu o'u heiddo a heriai Oleuedigaeth. Ceir y gweddau mwyaf nodedig ar eu dyneiddiaeth amheugar yn *genre* yr ysgrif, yng ngwaith R. T. Jenkins yn fwyaf penodol, ond hefyd gan T. H. Parry-Williams.

Tanseilio goleuedigaeth: meddwl R. T. Jenkins

i) Hanesyddiaeth

Mae hanesyddiaeth R. T. Jenkins yn ymddangos ar yr olwg gyntaf fel pe bai'n rhan bwysig o Oleuedigaeth yng Nghymru. Derbynia Jenkins gynsail rhesymeg oleuedig, sef ei methodoleg, er ymwrthod â'i chenadwri gymdeithasol, sef troi cenedligrwydd yn genedlaetholdeb. 'Yr wyf fy hunan yn aelod o'r Blaid Lafur,'[27] meddai ar adeg pan oedd y to ifanc o ysgolheigion a fagwyd yng ngwawr gyntaf Goleuedigaeth – gwŷr fel Saunders Lewis, G. J. Williams ac Ambrose Bebb – yn cynllunio yn y dirgel i sefydlu plaid genedlaethol.

Aeth Jenkins yn groes iddynt, gan wadu bod hanes yn wyddor.[28] Nododd fod ei gyfnod ei hun wedi esgor ar ystod o wahanol gyweiriau honedig wyddonol, a beirniadaeth lenyddol yn eu plith.[29] Amheuai ddilysrwydd llawer o'r gwyddorau hyn; yn sicr, nid oedd hanes yn un ohonynt.[30] Yn ei dyb ef, roedd gwyddori'n annigonol fel *rheol*. Wrth drafod 'gwyddor seicoleg', yr wyddor a oedd yn sail i glasur Saunders Lewis, *Williams Pantycelyn* (1927), nododd fel y 'rheoler naw rhan o'n bywyd gan reddfau a chyngreddfau a chymhlethau ac felly ymlaen, eto dyma'r ddegfed ran – y ganfed ran, y filfed ran os mynnwch – y mae gennym ryddid arni, a'r rhyddid hwn *ydyw*'r dyn; hanes gweithrediadau'r rhyddid ydyw Hanes'.[31] Ni ellid, yn ei dyb ef, ddefnyddio hanes er mwyn rhagfynegi tueddiadau cymdeithasol, nac ychwaith i esgor ar reolau deddfol, nac i brofi dim. 'Ni fwriadwyd Hanes i ddangos i ni sut i bleidleisio mewn etholiad nac i ba addoldy i fyned ar y Sul,'[32] meddai, gan ateb ymdrechion rhai cenedlaetholwyr, ac Ambrose Bebb a Saunders Lewis yn benodol, i lunio ideoleg ddethol ar sail athrawiaeth fetaffisegol yr Oesoedd Canol.

Yn wir, dywedasai ym 1924 mai er mwyn rhwyddineb deallusol, yn hytrach na gwirionedd gwrthrychol, y gosodir naratif hanesyddol mewn ffordd drefnus. 'I mi,' meddai, 'ac i lawer iawn heblaw myfi, nad yw ein gallu i dreiddio i mewn i bethau dyrys yn gryf, y mae'n symlhad mawr ar broblem pan drefnir hi o'n blaenau yn nhrefn amser – fel y mae'n haws cyfrif perlau pan ddoder hwy inni'n ddyrnaid. Ond hwylustod i'r deall, i'r amgyffrediad, yw hyn, ac nid yw'n dywedyd dim wrthym am werth na gwirionedd y pethau sydd dan sylw.'[33] Defnyddiodd drosiad sinematig y llun symudol i ddangos hyn: trosiad a oedd, wrth gwrs, yn fodernaidd iawn yn y 1920au, ac yn rhan, gan hynny, o'r *milieu* goleuedig. Gellid chwalu'r llun hwnnw yn ôl y gofyn:

> Un o atyniadau'r cinema ar hyn o bryd yw gwiblun yn portreadu helyntion digrifol cath ddu, o wythnos i wythnos . . . Ymddengys mai'r hyn a wneir ydyw cael arlunydd mwy amyneddgar na'i gilydd i dynnu â'i law gannoedd os nad miloedd o ddarluniau o'r gath ddu, bob un yn gwahaniaethu rhyw fymryn bach oddi wrth yr un o'i flaen – ac yna rhedeg y cwbl yn rhes o flaen y camera, i ymdoddi'n un darlun symudol. Sylwer *nad* un darlun yw wedi'r cwbl, ac nad oes mewn gwirionedd gysylltiad o fath yn y byd rhwng unrhyw ddwy ennyd yn 'hanes' y gath.[34]

ii) Arddull
Roedd R. T. Jenkins yn enwog am ei arddull. Mae ei hoffter o chwarae â'i arddull ei hun yn dangos bod arddull, yn ei farn ef, yn 'ychwanegu'

at wirioneddau. Bu'n bur ddirmygus o'r sawl a geisiai leihau hanes i fod yn ddim rhagor nag adroddiad, ac fe gydnabu nad mater o 'gofnodi' ffeithiau yn unig yw ysgrifennu hanes:

> Aethpwyd yn wir hyd yn oed i ysgrifennu llyfrau hanes yn y dull a ystyrir am ryw reswm yn ddigon da i Wyddoniaeth, sef gwasgu allan y wybodaeth ar y papur, heb ofal am unrhyw apêl heblaw apêl rhesymeg, ac y mae nid ychydig o'r llyfrau hanes nad oes ôl delfryd llenyddol arnynt ond ymgais i efelychu'r *British Pharmacopeia*.[35]

Roedd R. T. Jenkins, felly, yn gosod pwyslais mawr ar gywair, ar 'apêl heblaw apêl rhesymeg'. Magodd arddull gromfachaidd, arafaidd ac amheuol a gymhellai ddarllenwyr i feddwl yn y dull hwnnw.

iii) Yr ysgrif
Dewisodd R. T. Jenkins yr ysgrif yn brif *genre* iddo'i hun, am ei fod yn feddyliwr amheuol. Un o nodweddion yr ysgrif yw ei bod yn tramgwyddo theori enerig geidwadol wrth ddod â nodweddion yr erthygl feirniadol a ffuglen ddiddanol ynghyd.[36] Gwelwyd eisoes mai cadw'r ddau beth hyn, rhesymeg ac estheteg, ar wahân oedd un o brif alwadau John Morris-Jones, Ifor Williams ac eraill.

Gellir bwrw golwg ar ddau destun o eiddo Jenkins – yr ysgrif '*John Inglesant* ac Uwchfeirniadaeth' (1925) a'r nofelig hanesyddiaethol *Orinda* (1943), sydd yn fath estynedig o ysgrif – wrth ddangos hyn. Trafodaeth ar berthynas *pastiche*, rhyngdestunoldeb a geirwiredd hanesyddol yw '*John Inglesant* ac Uwchfeirniadaeth'. Ynddi mae Jenkins yn mynegi syndod nad yw'r nofel hanes *John Inglesant* yn ddim rhagor nag ysgub o ddyfyniadau a godwyd o waith llenorion eraill. Yn wyneb y sefyllfa anarferol hon, ymateb R. T. Jenkins, wrth wisgo ei het fel hanesydd 'proffesiynol', yw collfarnu nofelydd a dybia y gall gyfleu gwirionedd hanesyddol:

> Nid yw *John Inglesant* yntau yn 'myned' lawn cystal heddiw; y mae'n rhy 'drwm' i'r bobl hynny na fynnant ddarllen ond i ladd amser, ac ar y llaw arall y mae'r darllenydd 'difrifol', a fyn astudio'r ail ganrif ar bymtheg, yn tueddu i fyned heibio i'r nofel hanes at lygad y ffynnon ei hun.[37]

Serch hynny, ceir sylw arall gan Jenkins sy'n awgrymu y gellir cael 'dau olygiad' ar y pwnc. Fe synhwyra, a theimla beth euogrwydd o'r herwydd, fod tir canol i'w gael rhwng ffaith a ffuglen a bod cryn gamp ar y llyfr.³⁸ Mae hyn yn ei arwain i ofyn a oes perthynas rhwng y gorchwylion empeiraidd o gofnodi a dilysu:

> Pa fodd y gallodd y dyn di-ddychymig hwn gynhyrchu llyfr sy'n bortread byw o oes yn y gorffennol? ... y mae'r ddadl, yr ymson, y disgrifiad, ac yn aml hyd yn oed y geiriau a ffurf yr ymadrodd wedi eu codi yn eu crynswth o awduron y ganrif honno, yn aml o awduron enwog iawn. Nid yw'r llyfr i gyd ond *mosaic* cywrain, clytwaith o ddyfyniadau: llaw Esau, ond llais Jacob. Nid J. H. Shorthouse sy'n ysgrifennu, ond Henry More a Thomas Hobbes, Robert Burton a Thomas Ellwood. Ni bu Shorthouse erioed yn yr Eidal; naddo, ond bu John Evelyn yno, ac efo biau'r disgrifiadau manwl o'r golygfeydd prydferth ... Ar ôl i ddyn ddyfod ato'i hun wedi clywed peth fel hyn, y mae cwestiwn neu ddau yn ymgodi i'r meddwl. Yn gyntaf, beth am werth *John Inglesant* yn y dyfodol? Wel, mor bell ag y gwelaf, y mae'n llawn mwy gwerthfawr nag o'r blaen. Bydd beth yn haws i mi annog pobl i'w darllen, a minnau'n gwybod fod ynddo fêr athronwyr a diwinyddion yr ail ganrif ar bymtheg, nid yng ngeiriau dehonglydd, ond yng ngeiriau'r awduron eu hunain a hynny mewn cwmpas hylaw, heb orfod chwilota cyfrolau trymion.³⁹

Casgliad R. T. Jenkins yw bod modd symud disgwrs yn ôl y gofyn ac mai goddrychedd y llenor sydd yn gyfrifol am hynny: 'llaw Esau, ond llais Jacob'.⁴⁰ Dengys y ffordd y mewnosodir manylion hanesyddol yn *John Inglesant* pa mor rhwydd ydyw i ymyrryd â naratif hanes. Fe ddengys hefyd pa mor ddibynnol ar amgylchedd diwylliannol yw beirniadaeth. Arwain hyn Jenkins yn ei ysgrif aeddfed, 'A Ellir Gwyddor Hanes?', i fetaffisegu'r broblem. Nid yw creu dadl ar sail 'ffaith' yn gyfystyr â honni bod ffaith yn bod gan mai mater athronyddol yw dilysrwydd y cysyniad o ffaith:

> Pan gais Thucydides symio i fyny gyfnod bore hanes Athen, y mae'n 'rhesymoli' yn ei *esboniad* ar y 'ffeithiau' – ac yn rhesymoli yn hynod fodern. Ond nid yw ei resymoliaeth yn cyrraedd yn ddigon pell i'w arwain i feirniadu'r *'ffeithiau'* eu hunain, i ymofyn a oeddynt yn wir yn ffeithiau; felly, er craffed beirniad oedd ef, y mae ei ymdriniaeth yn colli llawer o'i grym. Problemau fel hyn yw problemau'r hanesydd, ac nid yw galw ei waith yn 'wyddonol' – yn aml ddigon fe elwir Thucydides yn hanesydd gwyddonol, o'i gymharu â Herodotus – yn ddim ond métaffor twyllodrus.⁴¹

Efallai mai oherwydd y sylweddoliad hwnnw y bu i R. T. Jenkins arbrofi ym maes hanesyddiaeth – yn *Orinda* yn enwedig – gan ddangos fel y gall dibyniaeth ar ysgolheictod empeiraidd fod yn sail i gadwyn o fetafforau twyllodrus. Nofel yw *Orinda* a gynigir i'r darllenydd fel dogfen hanesyddol yn adrodd helyntion yng Ngholeg Iesu, Rhydychen ac yn Aberteifi yn ystod rhyfel cartref Lloegr. Mae'n cynnwys rhagymadrodd testunol, mapiau esboniadol ac ôl-nodiadau deidactig. Dug R. T. Jenkins holl aparatws yr ymchwilydd hanesyddol gerbron:

> Ymweliad yr Eisteddfod Genedlaethol ag Aberteifi a'm rhoes ar drywydd y llawysgrif yr wyf yn awr yn ei chyflwyno i'r cyhoedd mewn diwyg Gymraeg. Fe welir mai math o ymson ydyw – myfyrdodau ac atgofion cymysglyd didrefn hen ysgolhaig o'r enw Richard Aubrey . . . Y mae'r hanes a edrydd Aubrey amdano'i hun yn weddol lawn hyd at derfyn ei ymson . . . Sut bynnag, hon yw'r unig ysgrifen o'i eiddo sydd gennym, a hebddi ni chlywsem erioed amdano.
>
> Yn ofer y chwilir cofnodion ei goleg na'i brifysgol am ei enw – nid oes air amdano yn Wood na Foster, nac yn y llyfr diddorol ar hanes Coleg yr Iesu gan y Dr. E. G. Hardy, diweddar brifathro'r coleg. Tybed mai'r eglurhad ar hynny yw'r geiriau canlynol o eiddo'r Dr. Hardy: 'Am hanes y Coleg yn y cyfnod hwn [1630–60], nid oes gennym ond defnyddiau prinion, oblegid cymerwyd y *Register* ymaith o'r Coleg i'w harchwilio gan Ymwelwyr y Weriniaeth, ac ymddengys na ddychwelwyd byth mohoni'n ôl'? Un peth sy'n eglur: nid adferwyd Aubrey i'w Gymrodoliaeth yn y cyfnod ar ôl 1660; onid e, buasai'r cofnodion wedi tystio i hynny.[42]

Fe ellid esgusodi'r darllenydd 'cyffredin' am gamdybio mai hanes 'go iawn' a gynigir yma gan R. T. Jenkins. Ond rhith, er yr allanolion ysgolheigaidd, yw'r cwbl. Gwaith dychmygol o ben a phastwn Jenkins ei hun yw *Orinda*. Mae eironi wedi disodli empeiriaeth.

Ond beth tybed oedd y cymhelliad i ysgrifennu'r campwaith bychan hwn? Gan fod y rhyfel cartref a'r ffoi at Orinda yn Sir Aberteifi yn alegori am ddatblygiadau yn Ail Ryfel Byd 'mythologol' y Cymry, y mae'n bur amlwg i R. T. Jenkins benderfynu y gellid ei defnyddio er mwyn dysgu 'gwersi' hanes. Ni allai wneud hynny mewn erthygl hanes 'go iawn'. Roedd natur 'wyddorol' ysgolheictod Cymraeg y cyfnod yn golygu bod rhaid iddo droi at 'ffuglen' er mwyn cyfleu ei neges. Roedd R. T. Jenkins yn gorfod newid *genre* o awdurdodaeth y llith academaidd i gellwair yr ysgrif er mwyn dianc rhag deddfwriaeth oleuedig. Ar gychwyn ei yrfa yn arbennig, fe deimlai y dylai, fel hanesydd empeiraidd, ymgadw rhag chwarae testunol. Ond fe deimlai hefyd fod mwy i hanes na 'gwirionedd'. Er mwyn gwneud iawn am y paradocs yma, ei ystryw oedd cuddio'i fetafforau fel y byddai modd i'r darllenydd a fynnai wneud hynny eu darllen fel sylwebaeth ymylol.

Roeddynt i fod yn sylwadau chwareus. Llwyddwyd felly i yrru hollt rhwng ei waith empeiraidd solet a throsiadau'r llengarwr.

Roedd i'r strategaeth o ymylu ei waith beirniadol ei manteision yn bendifaddau. Roedd Jenkins o hyd yn ceisio osgoi derbyn cyfrifoldeb am y 'gemau' dibwys hyn. 'Paham y buoch mor ffôl â gwibio fel hyn ar draws gwlad? A phaham y mynnwch chwarae â photel inc, fel plentyn, a chennych yn sicr well gwaith i'w wneud yn eich oedran chwi?' gofynnodd iddo'i hun yn *Y Llenor* ym 1940 ac yntau ar fin trafod damcaniaethau daearyddol a'r map fel metaffor.[43]

Er mwyn hybu radicaliaeth feirniadol yng Nghymru, fe fu'n rhaid i'r beirniad ymddangos fel pe bai o ddifrif. Dyna a wnâi beirniadaeth lenyddol bedagogaidd. Mabwysiadodd Jenkins gynllun ychydig yn wahanol: cadwai'r direidi ond fe'i halltudid.

iv) Y darllenydd a'r hunan

Yn y 1920au mabwysiadodd Saunders Lewis y safbwynt ymosodol o geidwadol a goleuedig mai'r hunan sy'n esgor ar ddisgwrs a bod i'r disgwrs hwnnw ystyr bwriadus y gellid ei drosglwyddo i ddarllenydd. Gellir priodoli unrhyw fethiant i fethiant personol y llefarydd:

> Dywed pobl weithiau fod ganddynt yn eu pennau syniadau dyfnion a mawr, er na allant eu mynegi. Ond pe byddai'r syniadau ganddynt, fe'u rhoddent mewn geiriau. Os tlawd yr ymddengys eu syniadau pan ddywedont eu cynnwys, y rheswm yw mai tlawd yn wir ydynt.[44]

Ond fe ddaliodd R. T. Jenkins fod y 'methiant' hwn i sicrhau cydlynedd rhwng yr hyn y bwriada llefarydd ei gyfleu a'r modd y'i dehonglir gan wrandawr yn fethiant cyfundrefnus. Nid hap yw bod disgwrs yn cael ei golli neu ei gamddehongli. Mae'n anorfod. Tra mynnai Lewis fod methiant cyfathrebol yn arwydd o dwpdra,[45] fe welodd Jenkins fod methiant yn gyffredin i bob llenor, a'i bod yn 'bur amlwg fod "ysmotiau deillion" ynom ni ysgrifenwyr'.[46] Datblygiad sy'n tarddu'n anochel o hyn yw rhoi blaenoriaeth i'r darllenydd. Yn wahanol i W. J. Gruffydd neu Ifor Williams, cred R. T. Jenkins fod arddull, neu rethreg, yn bwysig:

> Bron na chred dyn fod y *ffordd* o ddweud peth yn aml yn bwysicach na'r hyn a ddywedir. Y *darllenydd*, wedi'r cwbl, yw'r llys barn – 'a jest's prosperity lies in the ear of him that *hears* it'; felly hefyd am ddatganiadau hanesyddol.[47]

Defnyddia R. T. Jenkins hefyd y ffigur o *glywed* ysgrifen. Fel Jean-Jacques Rousseau, sy'n trafod y mater yn ei glasur, *Confessions* (1782), fe gymhellir R. T. Jenkins, yn rhannol, gan nam ar ei leferydd: yn llanc cafodd anhawster 'yn herwydd aneglurder fy mharabl; ac i bob golwg yr oedd llawer gyrfa wedi ei chau imi o'r herwydd'.[48] Chwerwodd Rousseau oherwydd ei nam llefaru yntau, a thybio bod ysgrifennu yn fygythiad i bresenoldeb y llais. Dyma farn y gallwn ddyfalu y byddai R. T. Jenkins yn cydymdeimlo â hi. Math o fuddugoliaeth, felly, yw ei glochdar y darfu iddo ennill bywoliaeth 'trwy *siarad*'.[49] Yn ei dyb ef, mae'r llefaru hwnnw yn ei ryddhau rhag gorfod ufuddhau i resymeg *logos*. Yn wir, mae'n drawiadol ei fod yn llunio'i ysgrifau fel pe bai'n ymgomio. Mae ysgrifennu yn y dull hwn yn caniatáu iddo ef (a'r hunan) ffoi rhag llwybr rhagosodedig deddfwriaeth oleuedig ysgrifen. Mae R. T. Jenkins yn amddiffyn yr 'hunan' hwnnw yn ei hunangofiant *Edrych yn Ôl*.[50] Yn wahanol i lawer o'i gyfoedion, mae'n cydnabod ei fodolaeth, gan nodi bod goddrychedd yn dod yn ei sgil. (Rhan bwysig, wrth gwrs, o ymosodiad yr Oleuedigaeth Gymraeg ar y Bardd Newydd oedd yr ymosodiad ar 'yr hunan'.)

Oherwydd bod yr 'hunan' yn ganolog iddo, mae'r hunangofiant yn *genre* y mae Jenkins yn hoff iawn ohono. Er hynny, gwna'r pwynt fod yr hunan yn cael ei amlygu ym mhob math o ysgrifennu, ac nid yw'r hunangofiant yn fwy ffuantus nag unrhyw *genre* arall. 'Ac nid yw ysgrifennu *hunan*-gofiant', meddai, 'yn ddim mwy o *honiad* na sgrifennu ar unrhyw destun arall. Y mae *pob* sgrifennu'n honiad.'[51] Fe ddeil R. T. Jenkins gan hynny fod rhaid i hanes, beirniadaeth lenyddol a mathau eraill o wybodaeth oleuedig fforffedu eu hawl i wybodaeth drosgynnol a diduedd.

v) Ymyl y ddalen: darllen amwys
Mae ysgrifeniadau R. T. Jenkins yn llawn smaldod. Nod y direidi yw bod yn gochl i'r sylwadau ystyrlon. Dechreua ei erthygl enwog 'Ymyl y Ddalen' (1929) â pharagraff cyfareddol:

> Gan fod gennyf ddeuddydd segur rhwng gorffen sbel o waith a chychwyn ar fy ngwyliau, ac nad yw deuddydd yn ddigon i roi gwaith newydd ar y gweill, bûm yn fy nifyrru fy hun gan ddilyn awgrym a roes Golygydd y *Genedl* inni beth amser yn ôl, sef darllen y pethau a ysgrifennwyd ar ymylon dalennau rhai o'm llyfrau, gan y sawl pioedd hwy o'm blaen. Efallai y caniateir imi gymryd ymadrodd 'ymyl y ddalen' mewn ystyr eang, i gynnwys pob rhan o'r llyfr ond y print ei hun; yn wir nid wyf yn addo na themtir fi unwaith neu ddwy i grwydro o'r ymyl i mewn i'r print.[52]

Mae'r ymadrodd 'ymyl y ddalen' ynghlwm wrth y syniad o'r dudalen brintiedig sydd yn cyferbynnu â'r ysgrafellau neu 'farciau' y mae'r darllenydd yn eu gadael 'yn ei hymyl' wrth ddarllen y testun. O'r ymyl, sef ei safle goddrychol, fe ddynesa'r darllenydd at farciau'r awdur ('yn wir nid wyf yn addo na themtir fi unwaith neu ddwy i grwydro o'r ymyl i mewn i'r print') a sylwebu arnynt. Mae hon yn weithred bwysig ac, yn wir, noda Jenkins mai glosau, neu 'ysgriblau', yn ymyl testunau Lladin yw'r enghreifftiau hynaf o'r iaith Gymraeg. Ni fynnai cynberchenogion copi Jenkins o Feibl Saesneg Genefa ymyrryd â chorff y llyfr, yr Ysgrythur Lân, ond yr oeddynt yn fodlon defnyddio ymylon y ddalen i fynegi barn. Honna Jenkins fod sylwebaeth y darllenydd ar 'wirionedd' y testun yn bwysicach yn aml iawn na'r testun ei hun. Â ymlaen i drafod y 'ddalen wen', nid 'ymyl y ddalen' yn unig ond yr holl arwynebedd gwyn lle nad oes print mewn llyfr: 'Gadawn ymyl y ddalen,' meddai, 'yn ystyr gyfyng y gair, a thrown i faes lletach y ddalen wen.'[53] Trosiad yw 'ymyl y ddalen' am y ffaith bod y darllenydd cyffredin yn drech na'r llenor sy'n traethu gwirionedd.

vi) Daearyddiaeth a chenedl

'Fe ŵyr rhai o'm darllenwyr yn rhy dda gymaint o apêl sydd gan ffyrdd at fy nychymyg,' meddai R. T. Jenkins ym 1940.[54] Hollol esoterig, fe ellid meddwl, fuasai ysgrifennu hanes Cymru gan ddefnyddio trosiad deidactig o ffordd – byddai'n 'ffordd' wych, ond eto byddai'n perthyn i oslef academaidd y gellid tybio ei bod yn cydweddu ag ymdrech i danseilio llywodraeth 'ffeithiau'. Hanes ar gyfer plant yw 'Y Ffordd yng Nghymru' (1930) ac, fel gyda *Deian a Loli* (1927) Kate Roberts, mae ysgrifennu ar gyfer plant yn rhyw orfodi'r awdur i arddangos ei *Weltanschauung* ar 'wyneb' y testun:

> I bawb ohonom heddiw, nid oes unpeth mwy cynefin na ffordd. Y mae ffordd yn mynd heibio i'r tŷ, ffordd i'r ysgol, i'r capel neu i'r eglwys, ffordd i'r pentref nesaf, ac i'r dref, ffordd i Lerpwl neu i Lundain. Ar hyd y ffyrdd y mae rhywun byth a hefyd yn mynd i rywle ... Sonnir llawer yn y Beibl am wneuthur ffordd. Chwi gofiwch fod un o'r proffwydi'n sôn am rywun yn llefain yn y diffeithwch, 'paratowch ffordd yr Arglwydd' ... Nid oes, mi gredaf, unrhyw ffigur neu gymhariaeth sy'n digwydd yn amlach ym marddoniaeth a chwedlau a chrefyddau'r hen fyd yma na ffordd ... A heblaw hynny, yr oedd y ffordd megis yn agor y byd.[55]

Dyma ffordd fel metaffor: y ffordd yn ben blaen i *telos* y genedl, yn 'marcio' y dirwedd. Mae'n bur amlwg fod y 'ffordd' hon yn 'oesol', yn

bodoli mewn amser mytholegol. Yr oedd R. T. Jenkins yn argyhoedd-
edig y byddai trigolion yn yr oes gyn-Rufeinig, er enghraifft, cyn y ceid
technoleg gymwys ar gyfer adeiladu ffyrdd, wedi cydio yn y syniad
deallol o ffordd. Roedd ganddynt, wedi'r cwbl, '*lwybrau* neu dram-
wyfeydd'.⁵⁶

Yn y cyd-destun yma, mae 'ffordd' yn arwyddo disgwrs a llwybr
disgwrs. Ond go brin y credai R. T. Jenkins, fel rhyddfrydwr da, y gellid
cael un ffordd yn unig. Yn ei farn ef, byddai rhaid mapio amrywiol
'ffyrdd' hunaniaeth genedlaethol. Efallai mai oherwydd y sylweddoliad
hwnnw y troes at y cysyniad o'r map. Fe nacâi'r map i'r ffordd ei statws
fel 'ffaith syml', gan fod ffordd ar fap yn *gynrychiolaeth*, yn llawn grym
ideolegol a throsiadol. Yr unig fodd i greu map cywir fyddai ei estyn, yn
llythrennol felly, dros y diriogaeth y byddai'n ei mapio. Nid yw
hynny'n bosibl ac felly mae'n anorfod fod pob map yn gwneud dewis-
iadau goddrychol ynghylch sut i gyflwyno gwybodaeth ddaearyddol
'wrthrychol'. Mewn ysgrifau fel 'Casglu Ffyrdd' ac 'Ar Lannau Loire',
dangosodd R. T. Jenkins fod y map yn gweithio ar lefel na all byth fod
yn adlewyrchiad o realiti.

Arfer R. T. Jenkins, fel yr addefai, oedd 'cadw trac' mewn atlas o'i
deithiau gan liwio'r lonydd y bu'n teithio ar eu hyd.⁵⁷ Roedd taith
iddo'n drosiad. Cyflea'r metaffor o'i dramwy corfforol ei dybiaeth fod
cenedligrwydd a phresenoldeb yn dibynnu ar safle cymharol y goddrych
oddi mewn i dirwedd disgyrsaidd neilltuol:

> Tynnais ef allan – *Road Atlas, 3 miles to 1 inch* . . . Gwir fod y llythyren yn
> boenus o fân, eithr nid i'w darllen yr oedd arnaf eisiau'r mapiau, ond i'w
> *marcio* – i nodi'r ffyrdd y bum yn rhodio neu'n cael fy ngharivo ar hyd-
> ddynt. Ni thâl y mapiau cyffredin i hyn; y maent yn rhy lliwgar, yn goch a
> gwyrdd a glas a melyn – amhosibl fyddai cael inc a fedrai dreiddio drwy'r
> enfys honno. Ond bellach, wele bosibilrwydd melys (plentynnaidd, os
> mynnwch), o roi ar gof a chadw holl droeon fy ngyrfa . . . Eisoes gor-
> ffennais oresgyn Cymru, ac nid yw Lloegr ond yn ei haros hi.⁵⁸

Rhodd yw'r map sy'n cynnig i'r llenor gyfle teg i adael ei ôl ar ei
wlad. Ond gan nad gwrthrych mo wlad na bro, a chan nad oes modd eu
dirnad ond yn destunol, y mae R. T. Jenkins, wrth dduo a glasu'r map â
marciau o'i eiddo ei hun, yn ailddiffinio'r genedl: 'Dyma'r mapiau wedi
eu glasu. Diolchgarwch a dedwyddwch sy'n codi wrth syllu ar y
rhwyllwaith glas; bûm yn ffodus dros ben – dyna genadwri'r llyfr.'⁵⁹
Wrth iddo daro cipolwg dros ddalennau'r atlas, gellir synhwyro gwir
ddiddanwch R. T. Jenkins mai Cymru sy'n cael ei glasu: 'Ond yn ôl at

Gymru, oblegid arni hi 'rwyf wedi arllwys y rhan fwyaf o'r botel inc glas.'[60]

Wrth drafod yn ffigurol y trafaelwyr hynny a gynigiai 'lifft' neu 'bàs' iddo ar hyd tramwyfeydd y genedl, mae R. T. Jenkins yn cydnabod y byddant yn esgor ar fersiynau gwahanol o natur y disgwrs Cymreig.[61] Mae tynnu map yn rhan o'r broses o greu cymuned, gan symbylu diffiniad o'r diriogaeth a gynhwysir ynddo.

Yn ôl y theorïwr Benedict Anderson, dychmygir cymunedau 'cenedlaethol' y byd ôl-drefedigaethol gan y pwerau imperialaidd. Fe weithreda'r map, ynghyd â didoliad ethnig y cyfrifiad a grym 'cofio' y gofeb, i greu strwythurau sy'n 'gwyddori' cenedligrwydd.[62] Gellir cael hyd i beth tystiolaeth ar gyfer y dehongliad hwn yng Nghymru. Oherwydd twf mewn symudoledd a olygai ymwybyddiaeth o genedlaetholdeb yn rhagor na brogarwch, a chwymp yng nghyfradd y boblogaeth a fedrai'r Gymraeg tua'r un adeg, fe ddechreuodd y Cymry synio amdanynt hwy eu hunain fel pobl yn trigo yng 'Nghymru' yn hytrach nag fel siaradwyr yr un iaith. Bu hynny hefyd yn rhan o Oleuedigaeth yng Nghymru. Roedd mapio Cymru yn weithred wleidyddol o'i chychwyn, ac nid yn fwy felly nag yn y Gymru Gymraeg. Safbwynt rhyddfrydol R. T. Jenkins, yn wyneb cryn wrthwynebiad o du Saunders Lewis, oedd nad oedd modd mapio disgyrsiau mewnol ein cenedligrwydd. Trwy gydol y 1920au a'r 1930au, codai Lewis enghraifft Ffrainc er mwyn dadlau fel arall. Gyda'i arabedd nodweddiadol, fe fynnodd Jenkins anghytuno ag ef yn *Y Llenor*. Dan gellwair, mae'n cyfeirio at anffawd wrth gysodi un o'i lyfrau ei hun, *Ffrainc a'i Phobl* (1930), cyfrol a adolygwyd gan Saunders Lewis:

> Wedyn, disgynnodd llygaid direidus fy nghyfaill [Saunders Lewis] ar y map druan sydd ar ddechrau fy llyfr. Yr oedd yn fap gweddol barchus pan dynnais i ef, ac yn fap gwir ogoneddus pan adawodd ddwylo celfydd Mr Mitford Davies. Yn anffodus, tybiodd rhywun yng Ngwrecsam y dylid ei dynnu i lawr i faint stamp llythyr, ac y mae golwg unig a diamddiffyn iawn arno ar ganol ehangder ei ddalen wen – y mae rhyw ias o *agoraphobia* yn dyfod dros ddyn wrth edrych arno. Eto, nid yr eangderau gwynion o'i amgylch a dynnodd sylw Mr Lewis gymaint, ond y gwyndra mewnol. Edliw imi'n chwareus fy mod wedi gadael hanner y map allan, a'r hanner hwnnw, medd ef, yw 'y wir Ffrainc'. Heb geisio dadlau ag ef, onid yw'r ymadrodd 'y wir Ffrainc' yn 'begio'r cwestiwn', chwedl y rhesymegwyr, nac yn wir gynnig yr amddiffyniad mwy sylweddol y gallaswn mewn gwirionedd dduo mwy ar y map nag a wneuthum, syrthiais ar unwaith ar fy mai, ac addewais i Mr Lewis ac i mi fy hun y ceisiwn ddiwygio.[63]

Mae'n mynd ati wedyn i wneud hwyl am ben cenedlaetholwyr oherwydd eu hobsesiwn 'rhesymegol' â hanfod cenedligrwydd. Gwyddai ei bod yn arfer gan Saunders Lewis i awgrymu bod hoffter a gwybodaeth o win yn arwydd bod dyn wedi ymgydnabod â diwylliant Lladinaidd. Fe blagiai R. T. Jenkins ef ar gownt hynny, gan awgrymu na allai ymborth wneud y tro fel metaffor am nodweddion cenedlaethol:

> Arwydd arall ein bod yn 'y wir Ffrainc,' neu o leiaf yn y Ffrainc hen-ffasiwn, oedd y gwin ar y byrddau, yn rhad ac am ddim, – hen arfer sydd erbyn hyn wedi mynd yn brin iawn yn y rhan fwyaf o'r wlad.
>   Nid fy mod yn artist mewn gwinoedd. Ni welir byth mohonof yn dyrchafu fy ngwydryn rhyngof a'r goleuni, fel pe bai'n un o ffenestri Chartres neu Bourges. Ni welir byth mohonof yn dodi'r gwin yn dringar wrth fy ffroenau, neu'n ei sipian fel aderyn, gan edrych yn bell-fyfyriol. Nid wyf yn hyddysg yn rhinweddau 1889 neu 1904. Dau fath o win sydd yn fy Rhodd Mam i, gwin coch a gwin gwyn. Y mae braidd yn well gennyf y gwyn – dyna'r cwbl. Rhyw chwecheiniog y peint fyddaf yn ei dalu amdano. Pan ddigwydd iddo fod yn weddol felys, byddaf yn ei yfed yn groyw; pan fo'n sur (hynny yw, y rhan amlaf), byddaf yn ei dymheru â dŵr – sylwaf fod y Ffrancwyr o'm cwmpas yn gwneuthur yr un peth.[64]

A chan barhau â'r chwarae ar y metaffor ffarsaidd hwn o ddiod, fe fyn yfed te, y ddiod Brydeinig honno, nad ystyriai cenedlaetholwyr ei bod yn Ffrengig o gwbl:

> Sut bynnag, llogwyd ystafell, ac allan â ni, *heb* dderbyn cyngor Mr Saunders Lewis y tro hwn, i chwilio am de . . . disgynnodd ein llygaid ar westy bychan gwyn tri-onglog, y 'Royal Hôtel', ar gongl un o'r strydoedd; arno yr oedd geiriau nad ydynt yng ngeiriadur Mr Lewis – Salon de Thé.[65]

Fe barhaodd y drafodaeth hon am ddiodydd Ewrop a'u swyddogaeth fel symbolau ideolegol am flynyddoedd lawer yn *Y Llenor*.[66]

I R. T. Jenkins, mae Cymru hefyd yn wlad sy'n llawn amrywiaeth diwylliannol. Ac unwaith eto, fe ymddengys ei fydolwg yn syfrdanol o debyg, o ran ei agwedd tuag at hunaniaeth, i'r meddylfryd ôl-drefedigaethol ac ôl-strwythurol cyfoes. Cydnebydd fod pobl yn nesáu at wybodaeth yn oddrychol, a bod yr wybodaeth a ganfyddir ganddynt yn cael ei phennu gan ganllawiau epistemolegol yr ymchwil wreiddiol. Gan hynny, mae teithio a mapio er mwyn archwilio cenedligrwydd yn estyniad ar oddrychedd y teithiwr. Er bod gan Ambrose Bebb fap ar gyfer y daith a ddisgrifir yn ei gyfrol *Crwydro'r Cyfandir* (1936), fe'i llongyferchir gan R. T. Jenkins mewn adolygiad, 'Cwpanaid o De gyda Mr Ambrose Bebb', am oedi yn ochrau Tregaron cyn trafod Ffrainc. Nid yw Ffrainc, yn nhyb Jenkins, ar gael fel gwrthrych i'r Ffrancwr, odid llai i'r Cymro:

> Sylwch mewn llyfr o lai na thri chan tudalen, y mae'n rhaid darllen bron hanner can tudalen cyn cyrraedd y Cyfandir o gwbl. Prif destun y tudalennau hynny yw Tregaron, ac y mae Tregaron yn dal i dorri o bryd i bryd drwy gydol y llyfr. Ond Mr. Bebb sy'n iawn. Taith *o'r Bala* i Geneva oedd taith Owen Edwards, nid taith *i Geneva*; fe aeth â llawer iawn o'r Bala yn ei fagiau gydag ef.⁶⁷

Nid oes a wnelo'r weithred o gasglu gwybodaeth am genedligrwydd 'gwrthrychol' gwlad arall fawr ddim ag ymweliad â'r wlad honno. Mae gwybodaeth yn oddrychol ac fe all y sylwebydd profiadol fod yn ffaeledig:

> Mi wn o'r gorau fod yr awdur [Ambrose Bebb] wedi bwrw mwy o flynyddoedd yn Ffrainc nag a fwriais i o fisoedd – ac eto, oni wyddom bawb am Gymry a fu'n byw yn Llundain am flynyddoedd lawer (dal y bws neu'r trên bob bore'n ddiffael o Palmer's Green neu Clapham, cyrraedd Jewin neu King's Cross bob Sul heb feth, gwybod sut i fynd i Wembley heb golli amser, a pha un yw'r 'Lyons' agosaf at raid), ac eto'n *gwybod* llai am Lundain, mewn gwirionedd, nag a ŵyr ambell hogyn ysgol yn Abergwaun neu Lanuwchllyn?⁶⁸

Mae'r hyn sy'n wir am Loegr yn wir am Gymru hefyd. Mae goddrychedd yn peri bod ymdrechion i greu mapiau diwylliannol neu hanes diwylliannol unffurf yn amhosibl. Ar sail ei wybodaeth empeiraidd ei hun, fe all R. T. Jenkins 'brofi' mai Caerdydd yw tref hynaf Cymru, ond fe ŵyr fod 'ymdeimlad' diwylliannol y Cymry Cymraeg mai tref ddieithr ar ei phrifiant ydyw yn 'wirionedd' yn ei ffordd ei hun:

> Beth oedd yn bod? Trown i Gymru am yr ateb. Syniad pobl y Gogledd am Gaerdydd ydyw tref newydd spon, math o gicaion wedi tyfu dros nos. Y ffaith hanesyddol oer ydyw mai Caerdydd efallai yw'r dref hynaf yng Nghymru: yn hŷn na Chaernarfon na Dinbych, yn hŷn yn ôl pob tebig na Chaerfyrddin, nag Aberhonddu. Y mae ganddi holl ddodrefn dinas hanesyddol: gwersyll Rhufeinig, castell, cartrefi Brodyr Llwydion a Brodyr Duon, etc. Ond eto, teimlad y werin sy'n iawn; tref newydd ydyw Caerdydd, ac y mae'n rhaid wrth fath o *ddaeareg* hanesyddol (os caf ddefnyddio'r ffigur)

cyn y gall y dychymig weled odditani hen dref y gorffennol. Nid yw *bod* yn hen yn ddigon (o ran hynny, y mae pobman cyn hyned â'i gilydd, onid ydyw?); y mae'n rhaid i dref deimlo'n hen cyn y gellir ei charu am ei henaint.[69]

Mae'r un 'amrywiaeth' yn wir am gynefin R. T. Jenkins hefyd. Mewn ysgrif frogarol o leol, 'Diwrnod yn Uwchaled', sy'n llawn mân hanesion a seiliwyd ar ddigwyddiadau 'go iawn', mae Jenkins yn ymochel rhag dadlau dros hunaniaeth sefydlog. Wrth drafod enwadaeth, er enghraifft, fe ddengys fod disgwrs daearyddol a diwylliannol y fro yn dibynnu ar y modd y mae capeli'r cylch yn cael eu rhestru a'u cyd-nabod mewn arferion ieithyddol sydd yn amrywio yn ôl enwad y siaradwr. Yn nhermau daearyddiaeth enwol ac enwadol y caiff grym diwylliannol ei ddiffinio:

> Testun y carwn ymhelaethu arno, pe bai amser, yw *Daearyddiaeth Enwadol*. Nid yw'r gangen hon o wybodaeth yn bwysig i'm brodyr yn yr Eglwys Esgobol; wedi ichwi ddywedyd (er enghraifft) 'Llandderfel', nid oes arnynt hwy angen cyfarwyddyd pellach. Ond y mae cryn wahaniaeth rhwng (dyweder) Methodist ac Annibynnwr yn hyn o beth. 'Y Bala a Llanfor' medd y Methodist – ond 'Y Bala a Thyn y bont' a ddywed yr Annibynnwr. 'Llandderfel a Chefnddwysarn' ydyw taith y Methodist; ond myn yr Annibynnwr ieuo Llandderfel a Llandrillo yn anghymarus; pan ofynnwch iddo 'beth am Gefnddwysarn?' fe'i clywir yn murmur 'Bethel, Rhyd y Wernen, a Soar' – Bethel ar yr hen ffordd i Gorwen, Rhyd y Wernen a Soar yn y Cwm Main; gyda llaw a chyda dyledus barch i Olygydd y *Llenor*, hwn, ac nid Llanuwchllyn, yw 'Cwm Annibynia' Mr. Hugh Evans.[70]

Roedd hyd yn oed anghydffurfiaeth Gymreig yn creu gwahanol fapiau, a'r cwbl yn rhan o fydolwg tra ôl-oleuedig R. T. Jenkins, ffaith na sylwai capelwyr arni, o bosibl, wrth frasgamu tuag at un o addoldai Penllyn ar fore Sul.

Nodiadau

[1] Thomas Parry, *Hanes Llenyddiaeth Gymraeg hyd 1900* (Caerdydd, 1944), 284.
[2] Idem, 'Y Bardd Newydd Newydd', *Y Traethodydd*, y drydedd gyfres, VIII (1939), 173.
[3] Tafolog [Richard Davies], 'Barddoniaeth a Beirdd', *Y Geninen*, II, 1 (Ionawr 1884), 48.

4 John Morris-Jones, *Cerdd Dafod: Sef Celfyddyd Barddoniaeth Gymraeg* (Rhydychen, 1925), vi.
5 Ibid., 20.
6 Tafolog, 'Barddoniaeth a Beirdd', 51.
7 Morris-Jones, *Cerdd Dafod*, 20.
8 Tafolog, 'Barddoniaeth a Beirdd', 51.
9 Ibid., 52.
10 Morris-Jones, *Cerdd Dafod*, 18–115.
11 Ibid., vi.
12 Ifor Williams, 'Preface', yn John Morris-Jones, *Welsh Syntax: An Unfinished Draft* (Cardiff, 1931), iv.
13 Trebor Aled, *Pleser a Phoen: sef Cyfrol o Farddoniaeth yn y Llon a'r Lleddf* (Tal-y-bont, 1908).
14 Ibid., 127–37. Gw. fy ymdriniaeth â'r gyfrol yn 'Ysgrif Goffa', *Tu Chwith*, 3 (1995), 8–12.
15 Alun Llywelyn-Williams, *Y Nos, Y Niwl, a'r Ynys: Agweddau ar y Profiad Rhamantaidd yng Nghymru 1890–1914* (Caerdydd, 1960), 66–78.
16 Iorwerth Peate, 'Awdurdod a Thraddodiad', *Y Llenor*, XIII, 4 (Gaeaf 1934), 205.
17 W. J. Gruffydd, 'Mabinogion Mr Timothy Lewis', *Y Llenor*, XI, 1 (Gwanwyn 1932).
18 Ibid., 4.
19 Ibid., 13.
20 Ifor Williams, '"Beirdd a Bardd Rin": Adolygiad', *Y Cymmrodor*, XLII (1931), 270.
21 Gruffydd, 'Mabinogion Mr Timothy Lewis', 4.
22 Ibid., 10.
23 Ibid., 24.
24 Ibid., 13.
25 Williams, '"Beirdd a Bardd Rin": Adolygiad', 295.
26 Gw. gwaith yr athronydd Almaenig Theodor Adorno am ymhelaethiad ar hyn, yn enwedig ei *Dialektik der Aufklärung* (1944).
27 R. T. Jenkins, 'Yr Apêl at Hanes: II', *Y Llenor*, III, 4 (Gaeaf 1924), 209.
28 Idem, 'A Ellir Gwyddor Hanes?', *Efrydiau Athronyddol*, VI (1943), 38–44.
29 Alun Llywelyn-Williams, 'Meddwl y Dau-ddegau', *Nes na'r Hanesydd* (Dinbych, 1968), 34. Dywed mai prif orchwyl beirniadaeth lenyddol yn y 1920au oedd 'sefydlu'i hun fel gwyddor gyffredinol cydnabyddedig'.
30 Gw. Jenkins, 'A Ellir Gwyddor Hanes?', 38–9. Tybiai fod y duedd i 'wyddori' hanes yn rhan o Oleuedigaeth Gymraeg: 'Pan wrthododd yr hanesydd fel hyn rodio megis yng nghyngor y duwiolion ac eistedd yn eisteddfod y beirdd, aeth i ymofyn: "I bwy ynteu yr wyf i'n debyg?" Am y clawdd ag ef, fe welai dylwyth sobr a diwyd y gwyddonwyr; pobl lawn sêl dros chwilota, pobl hynod fanwl, pobl . . . yn gwingo'n ymwybodol, ac yn aml yn bur ffyrnig, yn erbyn llyffetheiriau hen syniadau.'
31 Ibid., 41–2.
32 Jenkins, 'Yr Apêl at Hanes: II', 209–10.
33 Ibid., 205.
34 R. T. Jenkins, 'Yr Apêl at Hanes: I', *Y Llenor*, III, 3 (Hydref 1924), 136–7.

35 Idem, 'A Ellir Gwyddor Hanes?', 40.
36 Gw., e.e., Johan Schimanski, 'Y Fugeilgerdd Delynegol: *Genre* Naturiol', *Y Traethodydd*, CXLIX, 630 (Ionawr 1994), 38–49. Gw. hefyd R. M. Jones, 'Yr Ysgrif', *Llenyddiaeth Gymraeg 1902–1936* (Llandybïe, 1987), 465–74.
37 R. T. Jenkins, '*John Inglesant* ac Uwchfeirniadaeth', *Y Llenor*, IV, 4 (Gaeaf 1925), 211.
38 Ibid., 212.
39 Ibid., 213–15.
40 Ibid., 214.
41 Jenkins, 'A Ellir Gwyddor Hanes?', 44.
42 Idem, *Orinda* (Caerdydd, 1943), 5–6.
43 Idem, 'Casglu Ffyrdd', *Y Llenor*, XIX, 3 (Hydref 1940), 134.
44 Saunders Lewis, *Williams Pantycelyn* (Llundain, 1927), 34.
45 Ibid., 34–5: 'Cred rhai pobl eu bod hwythau'n gweld ac yn dychmygu fel Raphael, ac mai unig fantais Raphael oedd gallu ohono roi a welodd ar ganfas. Ond y gwir yw mai prin a niwlog yw gweledigaeth y mwyafrif mawr.'
46 R. T. Jenkins, *Edrych yn Ôl* (Llundain, 1968), 257.
47 Ibid.
48 Ibid., 11.
49 Ibid.
50 Ibid., 12.
51 Ibid.
52 R. T. Jenkins, 'Ymyl y Ddalen', *Y Llenor*, VIII, 3 (Hydref 1929), 154.
53 Ibid., 158.
54 Jenkins, 'Casglu Ffyrdd', 129.
55 Idem, 'Y Ffordd yng Nghymru (I)', *Cymru'r Plant*, XXXIX, 457 (Ionawr 1930), 29–31.
56 Idem, 'Y Ffordd yng Nghymru (II)', *Cymru'r Plant*, XXXIX, 458 (Chwefror 1930), 67.
57 Gw. hefyd T. H. Parry-Williams, 'Dewis', *Olion* (Aberystwyth, 1935), 29. Diddorol nodi bod Parry-Williams hefyd wedi gwneud defnydd cyffelyb o'r metaffor arbennig hwn: 'Bûm yn meddwl lawer gwaith, petai gennyf un map, ar raddfa aruthrol fawr, o rannau o wyneb y byd yma, a phob un crwydriad, yn fawr a bach, o'm heiddo wedi ei farcio arno, gyda stop am bob aros, y byddai'r patrwm yn un diddorol dros ben i mi. Yn wir, mi allwn dreulio gweddill f'oes i edrych arno a synfyfyrio. Un llinell igam-ogam, ddi-dor fyddai, ond yn estyn ymlaen o stop i stop, o aros i aros, o egwyl i egwyl. Stop am bob seibiant a llinell am bob llwybriad. Y mae i bawb ei batrwm, ac fe all dau gychwyn o'r unfan a'i gorffen hi yn yr unlle, heb droedio cam o'r un llwybr. Croesi weithiau, efallai, ond ar lwybrau gwahanol. Ar bob stop o'r patrwm y mae dewis a phenderfynu cyfeiriad y stop nesaf. Felly, o stop i stop, y symudir ar wyneb y ddaear; a'r un fath, o saib i saib, yr ymwthir ymlaen trwy fywyd.'
58 Jenkins, 'Casglu Ffyrdd', 127–8.
59 Idem, 'Casglu Ffyrdd', *Y Llenor*, XIX, 4 (Gaeaf 1940), 182.
60 Idem, 'Casglu Ffyrdd', *Y Llenor*, XIX, 3 (Hydref 1940), 129.
61 Idem, 'Casglu Ffyrdd', *Y Llenor*, XIX, 4 (Gaeaf 1940), 177.

[62] Benedict Anderson, *Imagined Communities: Reflections on the Origin and Spread of Nationalism* (London, 1983), 163–185.
[63] R. T. Jenkins, 'Ar Lannau Loire: Derbyn Cyngor: I', *Y Llenor*, XI, 1 (Gwanwyn 1932), 29.
[64] Idem, 'Ar Lannau Loire: III: Poitiers, Chinon, Fontevrault', *Y Llenor*, XI, 4 (Gaeaf 1932), 209–210.
[65] Idem, 'Ar Lannau Loire: II: Le Mans ac Angers', *Y Llenor*, XI, 2 (Haf 1932), 113.
[66] Idem, 'Cwpanaid o De gyda Mr Ambrose Bebb', *Y Llenor*, XV, 2 (Haf 1936), 82.
[67] Ibid., 76.
[68] Ibid., 78.
[69] R. T. Jenkins, 'Dinasoedd Meirwon', *Y Llenor*, V, 4 (Gaeaf 1926), 206–7. Mae'n ddiddorol fod R. T. Jenkins yn defnyddio'r ffigur 'daeareg'. Mae'n debyg i'r ffigur 'archaeoleg' a ddefnyddid gan haneswyr ôl-strwythurol yn nhraean olaf yr ugeinfed ganrif i gyfleu'r un syniad.
[70] Idem, 'Diwrnod yn Uwchaled', *Y Traethodydd*, LXXXVII, 385 (Hydref 1932), 207.

Rhan II

Beirniadaeth Lenyddol yn Ail Hanner yr Ugeinfed Ganrif

1
Rhyddfrydiaeth

Wedi Goleuedigaeth ieithyddol John Morris-Jones yn y 1890au estynnwyd yr un rhesymeg i feysydd llenyddol a gwleidyddol yn y Gymru Gymraeg, ac erbyn y 1920au roedd yr Oleuedigaeth yn ei hanterth. Ym 1925, er enghraifft, cyhoeddwyd *Cerdd Dafod*, campwaith esthetaidd Morris-Jones, ac *O Gors y Bryniau*, cyfrol gyntaf yr enwocaf o'r to newydd o lenorion modernaidd, Kate Roberts. Yn yr un flwyddyn hefyd y sefydlwyd y blaid weidyddol newydd, Plaid Genedlaethol Cymru. Roedd y cylchgrawn modernaidd *Y Llenor*, a sefydlwyd dair blynedd ynghynt ym 1922, wedi cael ei draed oddi tano, ac roedd meddylwyr modern fel Saunders Lewis, T. H. Parry-Williams, G. J. Williams ac Ambrose Bebb i gyd wedi dod i amlygrwydd. Eto, er gwaethaf hyn, hyd yn oed yn y 1920au ceid ysgrifenwyr fel R. T. Jenkins a oedd yn tanseilio rhesymeg yr Oleuedigaeth Gymraeg hon. Roedd ysgrifau R. T. Jenkins yn cynnwys sylwadau yr oedd beirniadaeth o resymeg gyfannol ymhlyg ynddynt. Wrth i'r ganrif symud yn ei blaen, daeth y feirniadaeth hon yn fwy allblyg ac amlwg ei chywair. Efallai bod y math o feirniadaeth a gynigiai Jenkins i'w gweld yn datblygu'n fwyaf eglur yn nhwf rhyddfrydiaeth fel ideoleg yn y Gymru Gymraeg lengar yn yr ugeinfed ganrif.

Dysgeidiaeth lednais yw rhyddfrydiaeth, yn osgoi eithafion ac yn seiliedig ar ddyneiddiaeth. Ffenomen ddiwylliannol ydyw. Dadleua rhai ei bod yn brawf o warineb y diwylliant Cymraeg; deil eraill mai ymateb anhyderus y cyrion daearyddol Cymreig i fenter ymosodol canolfannau metropolitan Ewrop ydyw. Serch hynny, fel dysgeidiaeth feirniadol, mae'n ddiddorol oherwydd ei safbwynt amheuol. Yn y bennod hon, trafodir gwaith John Gwilym Jones, gan mai ef, yn anad neb, yw *doyen* beirniadaeth lenyddol ryddfrydol Gymraeg. Yna fe ganolbwyntir ar waith y beirniad llenyddol John Rowlands, a hynny am fod ei ymwneud ag ysgolion eraill o feirniadaeth yn gyfle i weld dylanwad rhyddfrydiaeth mewn modd ymarferol. Wedi hynny, trafodir dadadeiladaeth ac ôl-foderniaeth sydd, gan eu bod yn systemau amheuol o feddwl, yn ymddangos fel pe baent yn defnyddio rhai o ddulliau darllen rhyddfrydiaeth Gymraeg.

Mae sylwebyddion eraill wedi nodi'r tebygrwydd rhwng beirniadaeth lenyddol John Gwilym Jones a'r Feirniadaeth Newydd a fu'n amlwg mewn gwledydd Saesneg eu hiaith yng nghanol yr ugeinfed ganrif. Soniodd J. E. Caerwyn Williams am ddylanwad *Seven Types of Ambiguity* William Empson (1930) ar Jones.[1] Dywedodd Dafydd Glyn Jones iddo fod yn ddibynnol i raddau helaeth ar 'un o fudiadau pwysig beirniadaeth lenyddol Saesneg y ganrif hon, sef y mudiad a gysylltir yn bennaf â Phrifysgol Caergrawnt ac ag enwau fel I. A. Richards, F. R. Leavis a William Empson'.[2] Nodweddion y Feirniadaeth Newydd hon oedd pwysleisio natur gyflawn, unedig a chrwn llenyddiaeth. Roedd i lenyddiaeth ei gwerthoedd cyffredinol, yn annibynnol ar y cyd-destun cymdeithasol neu genedlaethol, ac roedd modd gwerthfawrogi gweithiau o athrylith ymhob oes a chymdeithas. Gan hynny, swydd y beirniad oedd canolbwyntio ar ddechneg, arddull a ffurf y darn o lenyddiaeth dan sylw, gan ddangos, trwy hynny, ei ragoriaeth. Câi'r Feirniadaeth Newydd ei beirniadu am orbwysleisio 'cyfandod' estheteg, ac am ragdybio bod y gwerthoedd dyneiddiol a'i hyrwyddai yn 'gyffredin' i bob cymdeithas. Ond, cyn trafod y dylanwad cydwladol hwnnw yn fanylach, dylid gosod y rhyddfrydiaeth newydd hon yng nghyd-destun ein hanes deallusol cysefin. Dylid ei gosod yn erbyn y cefndir o geidwadaeth fetaffisegol a hybid gan Oleuedigaeth yng Nghymru.

Enghraifft o waith dan ddylanwad y grym metaffisegol ceidwadol hwn yw *Williams Pantycelyn* Saunders Lewis (1927), yr enghraifft fwyaf 'modernaidd' o feirniadaeth lenyddol yn y Gymraeg ac un a ddefnyddiodd wyddor newydd seicoleg. Yn y gyfrol, fe ddywed Saunders Lewis am Bantycelyn na 'pharchai ef eiriau o gwbl, ond eu darnio a'u hanafu', gan awgrymu bod trais syniadol yn anghenraid ar gyfer y sawl a fyn agor 'Drws y Society Profiad'.[3] Ym marn Lewis, metaffisegwr yw'r beirniad llenyddol Cymraeg, sydd yn treisio ffiniau amser a gofod er mwyn cwmpasu a chywasgu testunau, gan eu gorfodi i gyflawni swyddogaeth deleolegol. Yr ymwybod â *telos* sydd yn sicrhau mawredd metaffisegol Saunders Lewis a'i le diymwad yng nghanol traddodiad rhethregol Cymraeg yr ugeinfed ganrif. Mae ei *telos* yn estyniad cenedligol ar resymeg oleuedig John Morris-Jones. Mae'r *telos* hwn yn wahanol i empeiriaeth ysgolheigaidd – ffrwd arall yn deillio o'r Oleuedigaeth hon, ac a geir, er enghraifft, yng ngwaith yr ysgolhaig Thomas Parry.[4] Mae gan yr Oleuedigaeth Gymraeg, felly, ddau amlygiad, y naill yn fetaffisegol a'r llall yn empeiraidd. Efallai mai'r ffordd orau i'w cymharu yw cyffelybu'r ddau hanes llenyddol sy'n seiliedig arnynt. Mae *Braslun o Hanes Llenyddiaeth Gymraeg* (1932) Saunders Lewis yn hanes goleuedig yn yr ystyr metaffisegol ei fod yn 'creu' ac yn 'dychmygu' hanes a 'thraddodiad' y 'genedl'. Mae *Hanes Llenyddiaeth Gymraeg hyd 1900* (1953) Thomas Parry yn hanes goleuedig yn yr ystyr ei fod yn nodi'n 'wrthrychol' ac yn 'ffeithiol', mewn arddull ddeidactig a syber, 'wirionedd' empeiraidd hanes llenyddiaeth Gymraeg. Mae astudiaethau eraill o hanes llenyddiaeth Gymraeg, megis *Y Traddodiad Barddol* (1976) Gwyn Thomas, yn perthyn i'r ysgol feirniadol hon hefyd.

Mae rhyddfrydiaeth yn milwrio yn erbyn y ddau fath hyn o Oleuedigaeth fel ei gilydd. Mae'n wahanol i brosiect esgatolegol Saunders Lewis gan fod ei hamheurwydd yn bygwth y syniad o gymuned lenyddol deleolegol. Mae'n wahanol hefyd i bedantiaeth Thomas Parry oherwydd bod 'darllen agos' a 'darllen i mewn', syniadau sylfaenol haniaethol, yn disodli empeiriaeth. Bu gwaith R. T. Jenkins yn brawf fod ymagweddu amheuol a dyneiddiol wedi bod yn is-ffrwd gyson mewn Goleuedigaeth resymegol yn ystod hanner cyntaf yr ugeinfed ganrif. Ond tua chanol y ganrif daeth yr agwedd hon yn fwy llafar: roedd yn amlwg yng ngwaith beirniaid fel T. J. Morgan a Hugh Bevan.

Cyfunodd T. J. Morgan, awdur y campwaith ieithyddol *Y Treigladau a'u Cystrawen* (1952), ddiddordeb cwbl ramadegol a goleuedig mewn iaith ag agwedd hydeiml at lenyddiaeth. Yn ei ysgrif bwysig 'Rhiniaeth' (1940) heriodd resymeg oleuedig, gan ymosod ar fetaffiseg ddehongliadol o'r math yr ymhyfrydai Saunders Lewis ynddi. Yn ei dyb ef, daethai llenyddiaeth yn fachyn i hongian syniadaethau rhwysgfawr arno, a rhaid oedd iddo fynegi

> gair o brotest yn erbyn beirniadaeth lenyddol, yn erbyn y duedd i wneuthur beirniadaeth lenyddol yn bwnc neu'n wyddor fawr a phwysig fel y mae athroniaeth yn wyddor, a cheisio hawlio i feirniadu llenyddiaeth y pwysfawrogrwydd a'r dyfnderwch difrifol hwnnw a gysylltir â gwyddor athroniaeth.[5]

Nonsens oedd hynny yn ei dyb ef, gan mai

barddoniaeth o ansawdd *Melin Trefin* a *Gorffennaf* yw corff mawr ein barddoniaeth, heb sgôp i ddehongli philosophaidd. Mae cydnabod y diffyg sgôp yn swnio fel cyhuddiad yn ein herbyn fel cenedl; yn hytrach na chydnabod fod hyn yn wir, rhaid straenio i weld philosoffi fawr lle nad oes dim o'r fath, ac olrhain dylanwadau cudd i gyfrif am y peth a'r peth nad yw'n ddim ond tebygrwydd achlysurol.[6]

Roedd yn amlwg nad oedd yn cyd-weld ag ymdrechion archeolegol Saunders Lewis ac eraill i daflunio dadleuon athronyddol y gymuned genedlaetholgar fodern ar estheteg y gorffennol.

Gan fod T. J. Morgan yn ramadegydd wrth ei alwedigaeth, mae'n rhaid ei fod yn ymwybodol o'r berthynas rhwng tueddfryd Saunders Lewis i geisio tystiolaeth esthetaidd a pholiticaidd yn yr Oesoedd Canol a phenderfyniad John Morris-Jones i geisio tystiolaeth ieithyddol yn yr un cyfnod. Yn sicr, roedd ganddo ddigon i'w ddweud am Morris-Jones a 'Chymreigrwydd' llenyddol. Roedd ganddo ddiddordeb eithriadol yn y ffaith bod 'purdeb' yn 'arwyddair' i'r Cymreigwyr hyn, a chyfeiria at Emrys ap Iwan yn honni mai 'purdeb ydyw'r peth blaenaf' a Morris-Jones yn dweud am Ellis Wynne mai 'un o brif ragoriaethau ei arddull yw ei bod yn bur; a phurdeb arddull, fel coethder aur, yw ei bod *heb* yr alcam'.[7] Mae'n llunio rhestr o allweddeiriau Morris-Jones: 'Sylwer ar brif eiriau'r dyfyniad – *pur, coeth, glân, ymgadw rhag . . ., gochel beiau anafus.*'[8] Anghytuna hefyd â'r gyfundrefnedd esthetaidd sy'n deillio o resymeg gwaith John Morris-Jones: 'Peth drwg, yn fy marn i, fyddai troi'n hastudiaeth o ryddiaith yn "ramadeg" o ddiffiniadau deddfol neu'n "gyfansoddiad" o reolau a nodweddion, a "thrioedd" o awgrymiadau.'[9]

Ond at y syniad o 'burdeb' y dychwel o hyd: 'Un o ganlyniadau'r gri am burdeb yw'r hyn a elwir yn "bureiniaeth" gan Emrys ap Iwan, sef Purism; "purdebwyr" yw gair Morris-Jones.'[10] Fe wêl gyswllt rhwng 'Phariseaeth' y buryddiaeth ieithyddol hon, a ddynodai burdeb y llefarydd ac felly ei hunaniaeth, a systemau totalitaraidd o feddwl: 'Nid amhriodol', meddai, 'ei chymharu â'r Gestapo neu'r Ogpu. Ceisio cyfleu'r argraff yr wyf o ddyn yn ysgrifennu gan deimlo bod llygaid ysbïwyr swyddogol yn ei wylio ar y pryd. Nid rhyfedd fod ofnusrwydd yn ei arddull: ofn torri rheol, ofn bod yn esgeulus, ofn gair benthyg, ofni'r orgraff.'[11] Roedd cymhelliad cenedlaetholgar i'r buryddiaeth hon, yn mynnu bod cyswllt rhwng cywirdeb ieithyddol a dilysrwydd (*authenticity*). Dywed Morgan mai yn ansawdd yr iaith a ddefnyddir a'r safon or-gywir wrth farnu iaith ac arddull pobl eraill; a hyd yn oed yn yr idiomgarwch y byddaf yn sôn amdano isod, y mae elfen phariseaidd gan ei fod yn aml yn deillio o'r awydd i roi'r argraff i eraill fod Cymreigrwydd yn y galon drwy fynnu dangos tystiolaeth o hynny yn allanol.[12]

Yn lle'r ideolegau goleuedig hyn i gyd, roedd am arddel symlrwydd pwysleisio'r 'cysylltiad rhwng geiriau a'i gilydd'.[13]

Yn hynny o beth, wrth wneud y cysylltiad deallusol rhwng totalitariaeth a phurdeb goleuedig, efallai nad oedd yn gor-ddweud. Yn *Dialektik der Aufklärung*, roedd y meddylwyr Iddewig Theodor Adorno a Max Horkheimer, wrth ymateb i'r Holocost, wedi honni bod Goleuedigaeth, gyda'i rhesymeg 'gyfannol' a oedd yn puro wrth ddileu gwahanrwydd, wedi arwain at ffasgaeth: 'Beth oedd yn wahanol, fe'i gwnaed yn gyfartal.'[14] Roedd Goleuedigaeth yn 'ofn mytholegol wedi'i radicaleiddio . . . ni all dim byd o gwbl aros ar y tu allan, oherwydd y syniad o gael rhywbeth ar y tu allan yw union ffynhonnell ofn'.[15]

Yng ngwaith Hugh Bevan ceir math newydd o ddarllen gofalus, hydeiml ac an-oleuedig ar waith.[16] Mae'n dadlau y dylai beirniaid llenyddol fod yn 'ddiragfarn', gan fod y gwaith llenyddol yn 'organeb ac nid yn grynhoad' a bod y prosesau a'i creodd yn rhai cudd. Ni ddylid lleihau llenyddiaeth i lefel disgwrs cyffredin, yn llawforwyn i wleidyddiaeth, seicoleg neu foeseg. Yn hytrach, dylid parchu 'gwrthrychau unigoliaethol', arbenigrwydd a chymhlethdod.[17] 'Y peth canolog mewn beirniadaeth lenyddol', meddai, 'yw dadansoddi patrymau arbennig o ystyron. Eithr y mae'n bwysig sylweddoli nad ystyron cyffredinol y geiriaduron nac ychwaith ystyron cyfeiriadol ymadroddion rhesymegol a olygir . . . y mae gofyn i'r dadansoddiad fynd y tu hwnt i'r ysgaffaldwaith geiriadurol a chystrawennol.'[18] Nodai fod llenyddoldeb yn tarddu o'r 'modd hylif y cyflyrir geiriau gan eu cwmni yn y darn' wrth iddynt 'gydweithio' neu 'ymryson â'i gilydd mewn dulliau na ddeddfir yn eu cylch gan na geiriaduraeth na chystrawen'.[19] Yn y bôn, dymunai Bevan wrthwynebu systemau deuol o feddwl, yn enwedig felly '[d]dialectig Hegelaidd y ganrif o'r blaen'.[20]

Dyma'r meddwl a welir ar ffurf fwy datblygedig yng ngwaith John Gwilym Jones a'i ddisgyblion. Ofnai Morgan a Bevan eu bod yn bradychu rhesymeg: dywedodd Bevan, er enghraifft, y dylid tymheru rhywfaint ar hydeimledd rhag ofn ei fod yn '[b]wrw allan bob arwydd o drefn, egwyddor a chysondeb'.[21] Ond mae'r gofid hwnnw'n llai dwys yn y genhedlaeth nesaf. Er y byddai John Gwilym Jones yn glynu wrth egwyddorion Goleuedigaeth ym maes ieitheg a gramadeg, i raddau helaeth iawn fe ymwrthodai â hwy'n esthetaidd.

Rhyddfrydiaeth a thraddodi dysg

Yn anad dim, fe ddywedir am ryddfrydwyr fel John Gwilym Jones a John Rowlands eu bod yn athrawon da. Fe ellid dadlau mai rhinwedd pennaf athrawon rhyddfrydol yw eu bod yn caniatáu i'w disgyblion arbrofi. Yn wahanol i empeiryddion fel Thomas Parry, nid yw eu gwaith yn dwyn trafodaeth i ben ond, yn hytrach, yn creu amheuaeth newydd lle gall y disgybl fentro. Efallai bod dylanwad y gwŷr hyn ar bobl eraill yn bwysicach na gwerth arhosol eu gwaith beirniadol eu hunain. Nid cyfeiriad at eu gallu yw hwn ond sylw am ryddfrydiaeth. Prif gyfraniad rhyddfrydiaeth Gymraeg i hanes deallusol yw ei bod yn caniatáu i foddau eraill o fynegiant fodoli.

Mae rhyddfrydiaeth o'r fath yn peri y gall fod yn anodd trosglwyddo gwerthoedd pendant, ac mae gan hynny, wrth reswm, oblygiadau i Oleuedigaeth. Yn y Gymru Gymraeg, mae dysgu gwerthoedd goleuedig yn golygu dysgu'r efrydydd am rinweddau'r traddodiad barddol, sef dysgu am *logos* y genedl. Mae rhyddfrydiaeth yn her i Oleuedigaeth am nad yw'n rhagdybio bod y cnewyllyn hwnnw o wirionedd ar gael. Roedd John Gwilym Jones yn ddigon hapus i ddatgan yn agored ei fod 'ymysg y criw sy'n methu credu fod y fath beth â gwirionedd absoliwt, yn methu derbyn fod unrhyw ateb pendant diamwys terfynol i esbonio'r bydysawd na chyflwr dyn ynddo'.[22] Yn ei farn ef, 'canlyniad anorfod, er da neu ddrwg, argyhoeddiad o'r fath yw na fedrir tynnu torch rhwng yr hyn sy'n wirionedd i undyn a'r hyn sy'n wirionedd [i] ddyn arall, fod pob gwirionedd yn gyfartal'.[23]

Ceir un awgrym am fethiant mwy cyffredinol Goleuedigaeth i draddodi gwybodaeth yn llawn gan yr athronydd Jacques Derrida yn ei gyfrol *La carte postale: De Socrate à Freud et au-delà* (Y cerdyn post: O Socrates i Freud a thu hwnt) (1980).[24] Mae'n gyfrol ddyrys sy'n trin damcaniaethau cyfathrebu. Mae'n trafod y berthynas fetafforig rhwng y sawl sy'n danfon neges (ar gerdyn post, dyweder) a'r sawl sy'n ei derbyn. A oes sicrwydd y cyrhaedda'r cerdyn post ben y daith? A ddaw ateb yn ôl oddi wrth y darllenydd? A yw dilysrwydd y neges wreiddiol yn ddibynnol ar dderbyn yr ateb hwnnw? Mae atebion cadarnhaol i'r cwestiynau hyn yn ffurfio rhagdybiau sy'n sail i'r meddwl goleuedig.[25]

Mae Derrida yn cwestiynu'r sicrwydd hwnnw. Yn *La carte postale* mae'n gwrthdroi'r berthynas rhwng Socrates a Platon trwy ysgrifennu fel pe bai Platon yn byw cyn Socrates, gan droi'r weithred o draddodi dysgeidiaeth ar ei phen. Mae estheteg amheuol – rhyddfrydiaeth, rhamantiaeth, dadadeiladaeth – yn gosod her i'r dyb oleuedig o gyfathrebu perffaith. Gwir bod yr awdur (neu'r athro) yn gadael ei lofnod ar waelod y cerdyn post er mwyn tystio i'w ddilysrwydd. Ond nid digon hyn, medd Goleuedigaeth, nes i'r darllenydd (neu'r disgybl) ddarllen y testun ar yr ochr draw. Nid oes sicrwydd, medd amheurwydd, y digwydd hynny.

Oherwydd rhesymeg oleuedig, mae ceidwadaeth Gymraeg yn seiliedig ar yr egwyddor o draddodi dysg. Dyna weledigaeth Saunders Lewis o'r meistr-feirniad sy'n darllen yn gywir, neu ffydd Thomas Parry yn y prawf empeiraidd. Dyna'r cysyniad o'r darllenydd yn darllen geiriau y mae gan eu hawdur reolaeth drostynt. Mae hinsawdd geidwadol beirniadaeth lenyddol Gymraeg, gyda'i diffyg trafodaeth a'r sicrwydd haerllug y bydd neges y traddodiad llenyddol yn cyrraedd yn ddiogel ac yn ddiymyrraeth, yn hyrwyddo cyfanrwydd a phurdeb. Honnir bod y traddodiad yn gyflawn cyn iddo gael ei draddodi, ac fe gyfiawnheir gan hynny ei mythos.

Ond, yn baradocsaidd, mae honni bod traddodiad llenyddol yn bodoli cyn iddo gael ei draddodi yn gyfystyr â dadlau nad yw'n bodoli o gwbl. Yn ôl John Rowlands, '*reductio ad absurdum*' dadl Saunders Lewis 'yw mai gorau oll fo traddodiad pan fo'n farw, neu'n wir yn ddim'. Fe ddyfynna Lewis yn dweud mai 'bod yw parhau heb newid, parhau yn ddiamser' a dod i'r casgliad ei hun mai ystyr hynny yw mai 'bod yw peidio â bod'.[26] Mae pob darllenydd yn heintio ac yn newid testunau ei dreftadaeth ddiwylliannol wrth eu darllen. Wrth geisio derbyn treftadaeth ddiwylliannol yn bur ac yn gyflawn, anodd yw ei derbyn o gwbl. Yn y cyd-destun trefedigaethol Cymraeg, un arwydd o'r methiant hwnnw yw '*pietas* boneddigaidd' tuag at athrawon a chydnabod, ac awyrgylch lle na ellir beirniadu pobl yn agored.[27] Os gorberchir yr athro, gan beidio â meddwl am ei waith o'r newydd, yna amhosibl yw darllen ei neges.[28]

Wrth gyfeirio at John Gwilym Jones, soniai amryw o'i ddisgyblion amdano fel athro deidactig a phedagogaidd. Dywed Dafydd Glyn Jones mai 'athro-feirniad' ydoedd, 'gyda'r prif bwyslais ar yr "athro", yn sefydlu yn olyniaeth ei hen athro yntau, John Morris-Jones'.[29] Ceir awgrym felly fod John Gwilym Jones yn ceisio traddodi dysg wrth geisio gan eraill 'weld ei chywirdeb'.[30] Ond mae'r dehongliad hwnnw'n broblematig. Bu Morris-Jones yn traddodi deddfwriaeth ieithyddol ac esthetaidd, ffeithiau diymwad y gellid profi (yn ei dyb ef, beth bynnag) eu bod yn gywir. Ymdrechai John Gwilym Jones i draddodi amheuaeth: gwrthddywediad amlwg. Mae rhyddfrydiaeth yn tanseilio'r ddelwedd oleuedig o swyddogaeth yr athro, ac yn dangos bod dulliau amgen o synio am wybodaeth.

Rhyddfrydiaeth John Gwilym Jones a John Rowlands

Dylid troi yn awr i graffu ar y matrics o syniadau a nodweddai ryddfrydiaeth mewn beirniadaeth lenyddol Gymraeg yn y 1960au a'r 1970au.

Cawn edrych yn gyntaf ar draethawd ymchwil MA John Rowlands, 'Delweddau Dafydd ap Gwilym' (1961). Oherwydd mai gwaith a arholir yw traethawd academaidd, dylid disgwyl ei fod yn ufudd i reolau epistemegol. Er honiad y Brifysgol fod traethawd academaidd llwyddiannus yn gywir o safbwynt gwyddorol, mae'r *genre* yn fwy diddorol fel enghraifft o ddylanwad ffordd o feddwl oleuedig ar fywyd deallusol. Dylanwad rhyddfrydiaeth yw nodwedd bennaf traethawd Rowlands. Mae adran theoretig llyfryddiaeth ei draethawd, lle y rhestrir 37 o destunau Saesneg, prin 12 o rai Cymraeg a dim un mewn iaith gyfandirol, yn awgrymu gogwydd ei syniadau. Alltudiwyd y byd theoretig Ewropeaidd wrth geisio cymod rhwng prifysgolion Saesneg a'r betws Cymraeg.

Er dymuniad modern Rowlands i ddehongli, mae ei ryddfrydiaeth yn golygu bod yn rhaid iddo fynnu bod beirniadaeth yn atebol i estheteg. Wrth drafod John Gwilym Jones am y tro cyntaf ym 1967, dywed mai 'swilio dyn y mae celfyddyd fawr – yn wir, ei ddiarfogi',[31] a bod 'gwirionedd teimlad yn llawer sicrach ei afael a'i effaith na dialectig propaganda a barn ar ei chyfrwysaf'.[32] Dywedasai yn ei draethawd MA chwe mlynedd ynghynt fod estheteg, hyd yn oed os oedd yn cael ei dadansoddi a'i didoli, yn y pen draw yn bodoli y tu allan i Oleuedigaeth wyddonol: 'Yr ydym yn dadelfennu'r proses o greu, ac er nad yw'r elfen analytig hon yn rhan o'r weithred derfynol o werthfawrogi, y mae'n elfen hanfodol yn y proses o ymbaratoi at y gwerthfawrogiad terfynol.'[33] Dyma felly un o brif nodweddion yr adwaith rhyddfrydol yn erbyn Goleuedigaeth. Mae rhyddfrydiaeth yn 'cymryd y ddau olygiad', chwedl R. T. Jenkins, ar Oleuedigaeth: mae'n seiliedig ar ei chanllawiau cudd diwylliannol, ac eto fe honna nad yw'r Oleuedigaeth honno'n bod gan mai 'synnwyr cyffredin', rhan o'r amgylchfyd, ydyw. Mae rhyddfrydiaeth yn groes i wyddorau dadansoddol a hunanymwybodol Goleuedigaeth, er ei bod yn derbyn dylanwad cudd a dilysol y gwyddorau hyn. Mae pwyslais cyson felly ar estheteg yn hytrach na rheswm.

Mae rhyddfrydiaeth yn enghraifft nodweddiadol o'r hyn a alwn yn Oleuedigaeth 'an-oleuedig' y Gymru Gymraeg. Yn ddi-os, mae chwyldro John Morris-Jones yn creu *episteme* newydd yng Nghymru, *episteme* oleuedig. Mae'r *episteme* hon mor llwyddiannus fel bod pobl yn 'anghofio' ei bod yn bodoli. Tybiant (os meddyliant amdani o gwbl) ei bod yn ffenomen naturiol, anorfod a hollgwmpasog. Er i'r *episteme* gael ei llunio gan resymeg oleuedig, mae'r rhesymeg honno mor llywodraethol fel nad yw pobl yn sylwi arni. Un o nodweddion amlycaf hanes deallusol y Gymru Gymraeg yn yr ugeinfed ganrif yw bod gwatwar cyson ar feirniaid llenyddol sy'n rhesymegol, yn ddamcaniaethol, yn ddeallusol neu'n theoretig. Daw y gwatwar hwn o du pobl y mae eu hagwedd yn ffrwyth syniadaeth John Morris-Jones, syniadaeth sy'n gyfan gwbl resymegol, damcaniaethol, deallusol a theoretig. Mae Goleuedigaeth Gymraeg yn ffenomen ddiwylliannol sy'n seiliedig ar resymeg fathemategol berffaith, ond mae beirniaid goleuedig yr ugeinfed ganrif yn anghofio bod y fathemateg sy'n sail i'w tybiaethau yn bodoli. Oherwydd na chydnabyddir bod y canllawiau hyn yn bodoli, ni ellir eu herio. Dyma ffenomen ganolog hanes deallusol y Gymru Gymraeg yn yr ugeinfed ganrif. Mae rhyddfrydiaeth, fel pob un o'r ysgolion beirniadol yr ymdrinnir â hwy yn y gyfrol hon, yn rhan annatod o *episteme* Cymru Gymraeg oleuedig yr ugeinfed ganrif, ac eto mae'n gwadu nifer o'i chyffesion ffydd. Enghraifft nodweddiadol o hyn yw John Rowlands yn honni yn *Barn* ym 1978 fod beirdd ceidwadol a chenedlaetholgar y cylchgrawn *Barddas* yn 'cynnal dwylliant y tu mewn i ganllawiau rhagosodedig'[34] er bod rhyddfrydiaeth ei hun yn derbyn nifer helaeth o'r un canllawiau goleuedig mewn ffordd anymwybodol.

Mae rhyddfrydiaeth yn ymwrthod ag ideoleg oherwydd y dyb (anghywir) fod dyneiddiaeth yn ideolegol niwtral. Mae dyneiddiaeth, o'i chyferbynnu â chyfundrefnau systemaidd, yn pwysleisio unigolyddiaeth neu fympwy yn hytrach na metanaratifau megis cenedligrwydd, crefydd neu dwf economaidd. Byddai dyneiddwyr yn dadlau mai swydd rhyddfrydiaeth yn y maes llenyddol yw trosi'r ymdeimledd unigolyddol hwn yn gelfyddyd. Gellir gweld enghraifft o hyn yng ngwaith John Gwilym Jones pan ddywed am nofelwyr fod rhaid iddynt 'wrth adnabyddiaeth *lwyr* o'r natur ddynol. Nid yw un arwynebol, unllygeidiog, grach, ragfarnllyd yn dda i ddim. Rhaid wrth un sy'n ddiderfyn ei synhwyrusrwydd a'i sylwgarwch. Rhaid hefyd ddangos y natur ddynol yn ei hamrywiaeth.'[35] Mantais y rhyddfrydiaeth hon sydd yn adnabod dyfnderau'r enaid dynol yw ei bod yn gwrthwynebu mathau totalitaraidd o feddwl. Nid teclyn i fynegi ideoleg yw llenyddiaeth iddi hi; yn wir, gorau oll os yw llenyddiaeth yn ymbellhau oddi wrth ideolegau tuag at safbwynt o gymhlethdod ac amrywiaeth.[36] Anfantais rhyddfrydiaeth yw y gall ymddangos yn annemocrataidd wrth awgrymu mai unigolion dethol a breintiedig yn unig a fedd y gallu i fynegi'r unigolyddiaeth hon yn iawn. Dywed Jones fod y 'bardd yn ei natur yn finiocach ei synhwyrau ac yn cael profiadau sydd ymhell y tu draw i amgyffred normal y mwyafrif o'i gyd-ddynion. Dyna pam y mae'n fardd.'[37] Honna, mewn man arall, fod 'pob llenor yn berchen pum synnwyr sy'n finiocach a mwy unigol na'r mwyafrif mawr o'i gyd-ddynion'.[38] Ond, yn ddiarwybod, yn y gred y gall llenyddiaeth fod mor neilltuol o arbennig nes y daw'n fodd i ddehongli holl gymhlethdod y profiad dynol, mae rhyddfrydiaeth yn cynnal systemau cyffredinol a hollgwmpasog o adnabod y byd. Camwedd rhyddfrydiaeth yw'r honiad y gall gwmpasu popeth sy'n digwydd ac nad yw'r hyn nad yw'n gallu ei amgyffred yn bod. Mae'n rhaid i brofiadau, yn ôl y rhesymeg hon, fod yn ddealladwy gan bawb. Mewn astudiaeth o *genre* y nofel, dywed Jones:

> Gwyrth y nofelau mawr yw eu bod yn codi uwch ben lle a chymeriadau unigol. Mae ystyriaethau fel gwlad a chenedl yn peidio â bod a'r thema a'r cymeriadau yn eu gweddnewid eu hunain yn sumbolau sy'n eu haddasu eu hunain i bob gwlad a phob cenedl. Os yw *O Law i Law* yn nofel o bwys rhaid i John Davies o Lanberis fod mor ddealladwy ac arwyddocaol i Ivan Davidovich o'r Wcrain ag ydyw Idiot Dostoevsky i Gymro.[39]

Ac wrth ofyn y cwestiwn 'oesol' hwnnw, 'Beth yw Llenyddiaeth?', mae'n dod i'r casgliad mai'r hyn sy'n diffinio estheteg dda yw nodweddion y gweithiau sy'n rhan o ganon y traddodiad llenyddol, a hynny oherwydd tybiaeth fod canon llenyddol yn ddigyfnewid ac yn gallu apelio at bob chwaeth ymhob oes:

> Y mae unrhyw ymgais i ddiffinio llenyddiaeth, felly, yn anorfod yn ymgais i ddarganfod y nodweddion hynny sy'n gyffredin i bob gwaith sydd wedi ei brofi ei hun yn ddigon gwydn i oroesi pob barn a phob mympwy – y gweithiau hynny sydd mor berthnasol heddiw ag oeddynt yn eu cyfnod eu hunain.[40]

Gellir dadlau bod safbwynt o'r fath yn milwrio yn erbyn gwir unigolyddiaeth, sydd yn anhysbys ac yn annealladwy gan eraill, ac yn beth na ellir ei leihau o ran ei unigrywedd.[41] Nid yw'n syndod felly fod John Gwilym Jones yn tybio mai'r gwahaniaeth mwyaf rhwng ei gyffredinoldeb rhyddfrydol ef a metaffiseg Saunders Lewis yw fod 'Saunders Lewis yn cychwyn gydag argyhoeddiad bob tro, ond dydw i ddim yn cychwyn gydag unrhyw argyhoeddiad'.[42] Nid rhyfedd ychwaith fod Mihangel Morgan yn nodi 'nad oes ganddo [John Gwilym Jones] unrhyw ddamcaniaeth bwrpasol, unrhyw farn bendant, unrhyw athroniaeth na dadl'.[43] Tybed a ellid dadlau felly, yn groes i'r hyn a dybiai llawer, fod rhyddfrydiaeth Gymraeg yn fethiant moesegol? Os nad yw'n parchu unigrywedd yr unigolyn, efallai na ddylid synnu nad yw'n parchu'r genedl unigol ychwaith. Cymhelliad i ddeffroad cenedl yw Goleuedigaeth John Morris-Jones a Saunders Lewis; y mae ei phwyslais ar natur arbennig y genedl Gymraeg. Ond oherwydd ymlyniad rhyddfrydiaeth at gyffredinoldeb fe fethodd John Gwilym Jones â datblygu golwg genedlaethol ar faterion llenyddol. Cwynodd Dafydd Glyn Jones nad oedd wedi dweud nemor ddim am ddatblygiad posibl estheteg cenedl.[44] Nid oedd y ddadl fod llenyddiaeth Cymru yn efelychiad o lenyddiaeth Lloegr yn poeni dim arno: 'petai'n wir', meddai, ni fyddai'n 'ddim byd i boeni'n ormodol yn ei gylch'.[45]

Mae rhyddfrydiaeth yn gosod pwys mawr ar gyfanrwydd. Dyfynna John Gwilym Jones un o ddisgyblion Aristoteles, sef Plotinus, gan nodi'i eiriau mai 'dim ond pethau cyfansawdd a fedr fod yn brydferth ... dim ond y cyfanwaith, undod yr amrywiol rannau, nid y rhannau ynddynt eu hunain, ond y rhannau yn cydweithio a eill roi cyfanwaith prydferth'.[46] Gellir cymharu'r dyfyniad hwnnw â rhai gosodiadau o eiddo Jones ei hun sydd yn aralleirio'r tybiaethau Aristotelaidd hyn braidd yn slafaidd. 'Tybed', gofynnodd, 'na ellir mentro gwneud gosodiad. Mae pob cerdd dda yn drosiad ynddi ei hun yn ei chyfanrwydd ... swydd bob un [o'i rhannau] yw cynnal, gyda pherthnasedd diwyro, drosiad sylfaenol y gerdd gyfan. Mae unrhyw un sydd yno yn addurn neu'n rhodres yn amharu ar undod y weledigaeth.'[47] Ni waeth pa mor anghydryw neu annibynnol neu wrthnysig y bo profiad dynol neilltuol, swyddogaeth llenyddiaeth yw ei gyffredinoli wrth uno a chyfannu'r arwahanrwydd hwnnw mewn gwaith a seiliwyd arno. Yn wir, po fwyaf trawiadol a thrawmatig yr asiad, gorau fo'r cynnyrch. Mae '[g]wir farddoniaeth' yn sicrhau 'ymateb ysgytiol gyffrous' wrth 'uno'r annhebyg, y gwrthwynebus a'r ymddangosiadol anghydnaws', sef, yng ngeiriau Coleridge, '"reconciliation of opposite or discordant qualities"'.[48]

Gellir troi oddi wrth y crynodeb hwnnw o feddwl John Gwilym Jones a nodi pa mor debyg yw meddwl cynnar John Rowlands iddo. Mewn erthygl nodweddiadol ganddo, 'Ein Nofelau Diweddar' (1965), ceir maentumiad y gellir cael 'chwaeth dda' ymhob cymdeithas, teimlad bod profiad arbennig mewn bywyd yn esgor ar lenyddiaeth arbennig, a hyn oll yn pwysleisio natur athrylithgar ac, eto, gyffredinol llenyddiaeth fawr.[49]

Ond, yn bennaf, fe fynnodd John Rowlands efelychu'r Beirniaid Newydd Cymraeg eu hiaith trwy dderbyn y cysyniadau o ddeuoliaeth ac undod. Derbyniodd ddadl y Feirniadaeth Newydd fod trosiadau gwahanol yn wreiddiedig mewn un trosiad gwaelodol. Mae'r ddadl hon yn rhan o'r dybiaeth y bydd deuoliaethau sydd ar wahân yn asio'n endidau organig a chrwn ac yn meddu ar unoliaeth. Dywed Rowlands fod y gair mwys yn 'un o'r dulliau gorau o gyfuno gwahanol ystyron yn yr un man'.[50] Un o'i allweddeiriau wrth drafod estheteg yw'r 'wisg ddiwniad'.[51] Roedd gwaith Dafydd ap Gwilym yn 'dryblith sydd eto'n undod'.[52] Adlewyrchiad yw hwn o'r meddwl Aristotelaidd sy'n tybio canfod lluosogedd ystyr yn gweithredu oddi mewn i ystyr gyfannol sydd, yn y pen draw ac yn y bôn, yn gwreiddio'r lluosogedd hwnnw. Dywed am unrhyw gerdd ei bod yn 'greadigaeth gyfansawdd', a dywed mai 'chwilio a yw'r elfennau unigol yn cyd-weithio tuag at greu cyfanwaith gorffenedig yw un o ddyletswyddau pwysicaf y beirniad llenyddol'.[53]

Yn bennaf oll, diffinnir llenyddiaethau a diwylliannau gwahanol yn nhermau cyffredinedd rhyddfrydol y Cymry Cymraeg. Roedd hyn yn rhwym o fod yn gyfeiliornus. Go brin, er enghraifft, fod modd honni bod Dafydd ap Gwilym yn gyforiog o 'ddynoliaeth radlon', fel y gwnaeth Rowlands mewn ymdriniaeth â'r gerdd 'Hwsmonaeth Cariad'.[54] Annheg hefyd yw bod rhyddfrydwyr yn cyhuddo ceidwadwr fel Saunders Lewis o wthio dehongliad artiffisial, ideolegol ar waith beirdd a gwareiddiad y Cywyddwyr. Mae gan ryddfrydwyr eu rhaglen ideolegol hefyd, sef hyrwyddo continwwm dyneiddiol.

Serch hynny, mae yna 'fanteision' i ryddfrydiaeth John Gwilym Jones a John Rowlands. Wrth gymell darlleniad agos a 'theimladwy' y Feirniadaeth Newydd Gymraeg, bu rhaid iddynt wadu empeiriaeth.[55] Yng nghanol y 1960au, fe ddywedodd Rowlands: 'O safbwynt beirniadaeth lenyddol gall y dychmygol fod yr un mor real, os nad yn fwy real na'r gwirioneddol.'[56] Wrth drafod R. Williams Parry, er enghraifft, mae'n siŵr y byddai'r empeirydd testunol wedi astudio'r bardd fel dyn hanesyddol, gan gasglu ffeithiau am 'darddle' tybiedig yr awen. Ond fe gychwynnodd John Gwilym Jones ei astudiaeth o'r bardd gyda'r gwaith barddonol, a hynny mewn dadl na ellid ei dilysu'n empeiraidd. Yn ôl Rowlands, 'sylweddolodd [Jones] yn fwy na'r un beirniad Cymraeg arall fod y defnydd llenyddol o iaith yn elwa'n arbennig ar yr elfen chwareus sydd ynddi, yr elfen o gêm, yr elfen artiffisial os mynner'.[57] Yn *John Gwilym Jones* (1988), ei astudiaeth o waith ei hen athro, fe ddatgan John Rowlands fod y llenor yn nes at y gwirionedd na'r hanesydd. Mae yna debygrwydd yma, wrth reswm, â rhai ffrydiau o'r meddwl ôl-oleuedig cyfoes.

Rhyddfrydiaeth: llwyddo wrth gymodi

Mewn adolygiad o gasgliad o'i ysgrifau, honnodd M. Wynn Thomas fod John Rowlands yn feistrolgar wrth ysgrifennu beirniadaeth lenyddol ymarferol ond yn llai llwyddiannus wrth drafod theori.[58] Er mwyn ei amddiffyn, fe ellid dadlau mai o fewn terfynau Cymraeg, o fewn terfynau yr hyn sydd yn ddisgyrsaidd bosibl, y dylid tafoli ei waith. Mae amgyffred hyn yn bwysig er mwyn deall rhyddfrydiaeth fel ffenomen gymdeithasol Gymraeg, ac hefyd i ddirnad yr hualau a osodir ar reswm – ar Oleuedigaeth – gan y cyd-destun diwylliannol hwn. Prif nodwedd rhyddfrydiaeth oedd ymagweddu mewn modd deublyg at y gwaddol rhesymolaidd-oleuedig Cymraeg. Ys dywedodd Mihangel Morgan, roedd rhyddfrydwr fel John Gwilym Jones 'yn awyddus i adeiladu'i feirniadaeth ar seiliau pendant, ond, yn reddfol, yr oedd yr un mor awyddus i fod yn rhydd oddi wrth bopeth deddfol'.[59]

Cawn enghraifft o ragdybiaeth ddiwylliannol y gynulleidfa yn pwyso ar y beirniad yng ngolygyddiaeth John Rowlands o gyfnodolyn y Cyngor Llyfrau Cymraeg, *Llais Llyfrau*, ddechrau'r 1980au. Wrth olygu cylchgrawn 'sefydliadol' a fwriadwyd ar gyfer 'pawb' fe'i harweiniwyd yn anochel tuag at gyfaddawdu. Defnyddiai arddull ddiymhongar a didramgwydd gan obeithio bodloni disgwyliadau'r gynulleidfa.[60] Enghraifft o hyn yw cyfweliad gyda Rhiannon a Dafydd Ifans, a Rowlands, fel cyfwelydd, yn awyddus i fodloni gwerthoedd tybiedig ei ddarllenwyr. Caiff ymarweddiad bwrgais y dosbarth canol ei godi'n rhinwedd llenyddol. Esbonnir rhyddiaith alegorïol Dafydd Ifans gan awch i osgoi realaeth oherwydd y 'swildod' sydd yn nodweddiadol o 'bobl y pethe'. Daw holl symbolau semioteg ddiwylliannol math arbennig o lengarwr Cymraeg i'r fei: dymunir tymor o wyliau diddan i Ifans ym Mhatagonia. Honnir na fyddai'n weddus i lyfrgellydd llengar sôn am ryw: 'Fe hoffai [Ifans] . . . fod wedi sgrifennu stori megis "Sun" D. H. Lawrence. Ond pe lluniai storïau felly, byddai'n debyg o gael ei gamddeall gan lawer.'[61] Mae'n ddadlennol mai'r mân ddarnau newyddiadurol hyn sydd wedi procio cyfraniadau mwyaf 'diymhongar' John Rowlands. Nid un i adfer 'Cwrs y Byd' – newyddiaduraeth boliticaidd, oleuedig, genedlaetholgar Saunders Lewis yn *Y Faner* – ar ei newydd wedd mohono. Nid ei 'fai' ef yw hynny: tuedd newyddiaduraeth yw adlewyrchu rhagfarnau diwylliannol cymdeithas. Golygai John Rowlands *Llais Llyfrau* mewn dull rhyddfrydol am fod ei gynulleidfa yn gynulleidfa ryddfrydol. Daeth ei waith yn dderbyniol yng ngolwg ei gyfoedion oherwydd y cywair cyfaddawdus hwn.

Mae ymlyniad y Cymry Cymraeg wrth fuchedd lenyddol ryddfrydol yn rhan annatod o fod yn feirniad llenyddol yng Nghymru. Mae'n golygu bod rhaid defnyddio fersiynau glastwreiddiedig o ddamcaniaethau llenyddol sydd yn llwyddo, serch hynny – ac efallai oherwydd hynny – i ddod yn rhan o brif ffrwd y drafodaeth gyfoes yng Nghymru. Dywed Gruffydd Aled Williams, mewn sylw y gellid bod wedi ei gymhwyso at feirniadaeth lenyddol Gymraeg yn ei chrynswth bron, 'mai fersiwn cymedrol iawn (ac felly nodweddiadol Gymreig?) o'r feirniadaeth newydd yw'r un a geir gan Dr. John Rowlands'.[62] Roedd rhaid i Rowlands, oherwydd fframwaith diwylliannol y Gymraeg, fod yn feirniad esboniadol. Ond fe allai hynny rwystro 'mentro y tu allan i ryw ffiniau arbennig, ie a rhag mentro'n ddyfnach na rhyw ddyfnder arbennig', chwedl Caerwyn Williams am John Gwilym Jones.[63] Yn wir, fe ymddengys weithiau mai'r unig ffordd y gall Rowlands newid ei ddisgwrs beirniadol yw cefnu ar y cyd-destun Cymraeg yn llwyr. Llith Saesneg yw'r unig fan lle y defnyddir y benthyciad *'oeuvre'* yn ei waith.[64] Ac mewn llith Saesneg y mae iaith Rowlands ar ei mwyaf amrwd.[65] Mae fel pe bai terminoleg ac arddull gras neu estron yn rhy ddieithr i'w gosod gerbron cynulleidfa Gymraeg. Mae'r cyfnodolion lle cyhoeddir ei ysgrifau, y ffordd y'u rhennir yn aml yn nifer o fân benodau crwn a deidactig eu naws ac osgo gwerinol ei gystrawen yn cadarnhau'r duedd hon. Traddodiadol eu diwyg a'u trefn yw pob un o'i bapurau. Mae Rowlands yn gwneud hyn yn ddigymell, yn dilyn canllawiau cudd ei ddiwylliant – enghraifft, efallai, o drefn oleuedig y sefydliad academaidd yn sicrhau bod rhyddfrydiaeth yn hyrwyddo 'synnwyr cyffredin'.

Diddorol yn y cyd-destun yma yw ystyried arddull John Rowlands. Dadleuai fod neges wrthsefydliadol mewn ffuglen yn aml yn cael ei mynegi mewn iaith ansafonol, wrth i ffurf llenyddiaeth adlewyrchu ei chynnwys.[66] Ond nid yw'n defnyddio arddull ansafonol i fynegi ei safbwynt beirniadol radicalaidd ei hun. Mae hyd yn oed ei destunau ymrwymedig radicalaidd, fel ei ysgrif '"Atgof" Prosser Rhys' (1990), sydd yn trafod cyfunrywioldeb, yn cyfleu'r teimlad mai'r llith 'ysgolheigaidd' yw *genre* ffurfiannol beirniadaeth lenyddol.[67] Mae'n cydnabod hyn ei hun pan ddywed y '[g]orfodir gan iaith a'i chonfensiynau i feirniaid sy'n cwestiynu'r rhagdybiau dyneiddiol/ ryddfrydol ddefnyddio'i dulliau mynegiant hi'.[68] Codir gwahanfur generig, gan hynny, rhwng y beirniad a'r testun a rhwng beirniadaeth a ffuglen, gan barchu goruchafiaeth y gwaith creadigol.

Yr eithriad amlycaf i'r duedd hon yw llith ymylol a gyhoeddodd Rowlands ganol y 1980au yng nghyfnodolyn Gerwyn Wiliams, *Y Weiren Bigog*, cylchgrawn tebyg ei ddiwyg i ffansîn. Polemig oedd 'Ein Duwiol Brydyddion', yn ymddangosiadol rydd o'r angen i fod yn academaidd ac yn ymosod ar ideoleg honedig adweithiol prydyddiaeth gaeth. Ei brif ergyd oedd bod y diwylliant Cymraeg yn aflan, 'yn haen denau o eising ar deisen wenwynig'.[69] Roedd fel pe bai'r llencyn o Drawsfynydd wedi troi tu min tuag at ei ddiwylliant a'i bobl ei hun. Yng ngolwg sawl sylwebydd, troesai'n bamffletîr. Oherwydd bod y llith hon wedi cael ei chyhoeddi mewn cylchgrawn 'israddol', fe enynnodd 'Ein Duwiol Brydyddion' ymateb ffyrnig o elyniaethus. Ymosodwyd ar yr erthygl yn hallt yn y cylchgrawn *Barddas*.[70] Yn ôl y golygydd, Alan Llwyd, roedd ei chynnwys

> yn anneallus, ac yn anysgolheigaidd, gan e[i] bod wedi e[i] seilio ar ragfarn . . . Nid yw llith John Rowlands yn feirniadaeth lenyddol o gwbl, ond yn hytrach newyddiaduraeth rad, bitw, sur a sbeitlyd ydyw . . . Y gwir yw ein bod yn byw mewn Cymru sadistaidd, anoddefgar, unllygeidiog a chul. Cul ac unllygeidiog yw John Rowlands fel beirniad.[71]

Daethai Rowlands yn ŵr peryglus oherwydd ei ddylanwad ar fyfyrwyr ac oherwydd ei ryfyg yn cynnig beirniadaeth ideolegol ar '[g]erddi perffaith'.[72] Ond pe na bai Rowlands yn feirniad llenyddol cydnabyddedig – yn 'un ohonom ni', fel petai – ni fuasai ei 'frad' diwylliannol wedi gadael briw. Pe cyhoeddasai'n rhy aml mewn cylchgronau 'llencynnaidd', mae'n debyg y'i hanwybyddid.

Ochr arall y geiniog i'r rhagfarn Gymraeg yn erbyn beirniadaeth anacademaidd yw amheuaeth o feirniadaeth oracademaidd. Mae athrawiaethau sydd yn rhy astrus yn bygwth yr ymdeimlad o 'synnwyr cyffredin' sy'n nodweddu gwybodaeth 'hunanamlwg' Goleuedigaeth Gymraeg. Da y gwyddai beirniaid Cymraeg traddodiadol fod disgwyliad iddynt hyrwyddo diwylliant poblogaidd, canol-y-ffordd, didramgwydd a oedd yn mwynhau cefnogaeth 'y werin'. Mae pegynau gwrthgyferbyniol diwylliant poblyddol afreolus a diwylliant elitaidd academaidd yn bygwth y 'synnwyr cyffredin' hwn fel ei gilydd.

Nodweddir beirniadaeth lenyddol ryddfrydol Gymraeg gan lacrwydd terminoleg. Nid felly geidwadaeth, a ymhyfrydai mewn bathu termau beirniadol rhethregol newydd, mewn ymdrech, yn anad dim, i wyddori beirniadaeth lenyddol.[73] Yr anhawster a wynebai rhyddfrydiaeth wrth beidio â gwneud hynny oedd methu â datblygu iaith – ac felly feddylfryd – arbenigol am lenyddiaeth. Heb yr iaith 'gywir', meddai Goleuedigaeth, byddai'n anodd meithrin disgyblaeth a threiddgarwch syniadol. Ond roedd gan ryddfrydwyr resymau dros ymwrthod ag ieithwedd arbenigol, gan y gallai honno 'arwain at astrusrwydd academaidd sy'n anodd iawn ei dreulio ar adegau'.[74] Fe wyddai Rowlands mai anodd, onid amhosibl, fyddai gwneud hynny mewn iaith leiafrifol fel y Gymraeg.

Am yr un rheswm, fe allai Rowlands fod yn amheus iawn o'r *avant-garde*. Mae'n edmygydd mawr o arddull ddarllenadwy Islwyn Ffowc Elis am ei bod wedi ei 'saernïo mor llyfn a di-dolc nes ein bod yn gallu sglefrio arni'.[75] Ond collfarnai waith lle yr oedd esthetiaeth yn peri bod y testun yn rhy 'anodd'. Bu'n arbennig o hallt ei feirniadaeth o *Mae Theomemphus yn Hen* (1977), 'nofel/cerdd' Dafydd Rowlands, yn bennaf am ei bod yn cymysgu nodweddion dwy *genre* dra gwahanol i'w gilydd.[76] Yn hynny o beth, roedd yn adleisio'r rhagfarn ryddfrydol yn erbyn astrusrwydd. Roedd John Gwilym Jones ei hun o'r farn 'fod unrhyw un sy'n fwriadol dywyll nid yn unig yn llenor sâl ond yn ffŵl o lenor hefyd'.[77]

Ond, er gwaethaf natur amodol a phedagogaidd ei radicaliaeth, llwyddai John Rowlands i gyfathrebu â'i gynulleidfa. Gellid dweud amdano, fel y dywedodd Saunders Lewis am Daniel Owen, fod yna 'rywfaint o wir . . . mai trwy dderbyn hualau rhagfarnllyd y gymdeithas Gymraeg y llwyddodd i'w dryllio'.[78] Mae'n cyfaddef ei hun fod peth cymodi yn anochel mewn unrhyw gymdeithas: 'Rydym wedi'n dal yn y rhwyd i ryw raddau, ac rydw i'n ymwybodol mai rhwyd y Gymru Gymraeg anghydffurfiol ryddfrydig ydi fy rhwyd i, ond bod elfennau eraill wedi dod yn rhan ohoni.'[79]

Ôl-foderniaeth ac ôl-oleuedigaeth – y rhyddfrydiaeth newydd?

I raddau helaeth, yn enwedig pan gaiff y cysyniad ei drafod mewn ysgrifau o feirniadaeth lenyddol, gellid dweud mai ôl-foderniaeth yw cangen esthetaidd ôl-oleuedigaeth. Oddeutu canol y 1980au, dechreuodd John Rowlands arddel rhyddfrydiaeth ar wedd newydd, sef fel ôl-foderniaeth. Efallai nad oedd hynny'n gwbl annisgwyl. Peth naturiol i'r sawl a fagwyd ar y Feirniadaeth Newydd, yn enwedig yn yr Amerig, oedd troi at y don o ddadadeiladaeth a ysgubai trwy Brifysgol Iâl yn y 1970au. Ond, yng Nghymru, ystyr radicaliaeth oedd Marcsiaeth, a Marcsiaeth, gan hynny, a oedd yn dra amheus o 'gellwair'. Efallai mai dylanwad y theorïwr Marcsaidd Raymond Williams a fu'n gyfrifol am hynny.

Fodd bynnag, fel y dywedodd Gruffydd Aled Williams, roedd ôl-foderniaeth Gymraeg yn 'gymhedrol'. Bu ymateb Rowlands i ôl-strwythuraeth ac ôl-foderniaeth yn amwys; soniodd unwaith am y credoau hyn fel 'dawns angau'r hen ganrif cyn wynebu'r mileniwm'.[80] Er, yn briodol, fe'u cymeradwyasai hefyd pan ddywedodd ei bod yn dda ganddo 'feirniadaeth fwy ymarferol yr ôl-adeileddwyr a'r dadadeiladwyr . . . Yn wir, yr angen mawr yng Nghymru yw dadadeiladu: tynnu'r llechi a'r brics a'r mortar ymaith, a gweld y trawstiau, codi preniau'r llawr, a mynd at y sylfeini.'[81] Apeliai dadadeiladaeth ato, mae'n debyg, oherwydd ei diffyg pwyslais ar gydrywedd a'i hamheurwydd diamod. Soniodd Rowlands fwy nag unwaith am 'lyffetheiriau ffeithiau' a 'dinodedd ffeithiau'.[82]

Y brif feirniadaeth ar ôl-foderniaeth yng Nghymru yw nad oes iddi, yn ôl y meddwl goleuedig beth bynnag, yr elfen o ymrwymiad cenedligol sydd yn hanfodol er mwyn sicrhau parhad lleiafrif ieithyddol. Mewn byd ôl-fodern, fe all cymhathiad ieithyddol ddod ar warthaf y genedl fechan – os nad ar hap a damwain, yna oherwydd diffyg gwrthwynebiad ymarferol i 'realiti' cyfannol cyfalafiaeth. Os gwir yr honiad fod ôl-foderniaeth yn golygu nad yw'r cysyniad o fetanaratif yn ddilys mwyach, yna fe all goblygiadau hynny fod yn bur niweidiol i'r Cymru Gymraeg lengar, a hynny oherwydd mai'r cysyniad o Gymreictod yw metanaratif *par excellence* y gymuned honno.[83]

Trwy asio ôl-foderniaeth wrth ddehongliad gwrthdrefedigaethol o Oleuedigaeth, llwyddodd John Rowlands i osgoi'r angen i 'ddatrys' y broblem theoretig hon. Cychwynnodd hefyd ar y dasg o fathu math Cymraeg o ôl-foderniaeth fyddai'n atebol i amgylchiadau arbennig Cymru ac yn berchen ar ryw fath o foeseg wrth ysgwyddo baich cymdeithasol y 'genedl'. Gwelir hyn wrth iddo drafod cerddi T. H. Parry-Williams yn eu 'cyd-destun' hanesyddol ac economaidd, a mynd i'r afael â dyrnaid ohonynt fel pe baent yn cefnu ar 'synnwyr cyffredin' goleuedig. Fel arfer, ystyrir Parry-Williams yn fardd ontolegol, bardd y 'mewnolion'. Ond trafododd Rowlands y cerddi gan honni eu bod yn wrthryfel yn erbyn y cysyniad o wirionedd esboniadol:

> Wrth sôn am osodiadau 'disynnwyr' Parry-Williams rhaid ychwanegu mai disynnwyr ydynt o safbwynt y rhesymeg draddodiadol, a bod honno, ers tro bellach, wedi dioddef ymosodiadau o bob tu, hyd yn oed gan wyddonwyr ac athronwyr (yn wir, yn bennaf gan wyddonwyr ac athronwyr).[84]

Mewn erthygl arall, anghytunodd â dehongliad goleuedig o waith Parry-Williams gan un o feirniaid llenyddol traddodiadol y Gymru Gymraeg, R. Geraint Gruffydd. Mae'n amlwg fod ôl-strwythuraeth wedi dylanwadu ar ei ryddfrydiaeth gan beri iddo gefnu ar y weledigaeth oleuedig o estheteg gyffredinol, gyfannol:

> Yr ydym yn hen gyfarwydd â'r cerddi dwyochrog (fel 'Dau Hanner', 'Hon', 'Byw', 'I'm Hynafiaid', ac yn y blaen), lle mae'r ail ran yn croes-ddweud y gyntaf, nes ymddangos bron fel fformiwla mecanyddol ar adegau, ond golwg Fanichenaidd ar fywyd sydd yma, ac yn sicr, nid yw – fel y dywedodd R. Geraint Gruffydd – yn dilyn Dilectid Hegel sy'n synio 'fod y tu hwnt i bob gwrthdaro rhwng gosodiad a gwrthosodiad, rhwng thesis a synthesis, ryw synthesis uwch a gwell'. Na, barddoniaeth anghynyddgar y *stalemate* yw hon.[85]

Cyfiawnhad Rowlands dros y rhesymeg ôl-oleuedig hon yw ei bod yn seiliedig ar unigrywedd a gwahanrwydd diwylliannol, a bod y gwahanrwydd hwnnw yn bwysig i gadw gwahanrwydd Cymru yng nghysgod Lloegr ac hefyd wahaniaeth barn y tu fewn i Gymru. Yng Nghymru, mae'n hanfodol nad yw cenedlaetholdeb yn arwain at ddiffinio 'hanfod' y genedl. Pe gwneid hynny mae'n anochel y câi pobl a buddiannau eu hymylu. Ond, fel y dadleuodd Rowlands yn ei astudiaeth o feirniadaeth lenyddol Saunders Lewis, *Saunders y Beirniad* (1990), mae'n hanfodol hefyd fod cenedlaetholdeb yn wrthwladychol ac yn gwrthsefyll hegemoni Lloegr, a fyddai'n difa ei wahanrwydd.

Dyna yw prif neges 'gymdeithasol' y meddwl ôl-oleuedig Cymraeg. Ceir enghreifftiau ymarferol ohoni yng ngwaith Rowlands. Gellir ystyried ei benderfyniad i gyfranogi o wleidyddiaeth hoywon Cymraeg yn ei ysgrif '"Atgof" Prosser Rhys' yn enghraifft dda o'r foeseg lenyddol ôl-oleuedig hon. Mewn erthygl arall, fe fu'n ddigon powld i gwestiynu rhywioldeb Saunders Lewis.[86] Yn debyg i'r athronydd ôl-oleuedig Michel Foucault, fe honna Rowlands fod rhywioldeb yn ffenomen ddiwylliannol. Fe ddywed am losgach ac arferion rhywiol 'gwyrdroëdig' eraill: 'Wrth gwrs, ynddynt eu hunain nid yw'r "gwyrdroadau" hyn yn *bod*, yn wrthrychol megis: creadigaethau diwylliannol ydynt.'[87] Cymharer hynny gyda gosodiad plaen Saunders Lewis wrth dalu teyrnged ym 1968 i un o'i gydnabod, yr ysgolhaig Ffrangeg P. M. Jones: 'Nid oedd arno arlliw o'r gwrywgydiwr na dim annormal yn rhywiol.'[88]

Tynged y sawl sydd yn 'wyrdroëdig' yw cael ei ymylu gan yr iaith a ddefnyddir i'w ddisgrifio wrth i arwyddion afiechyd meddwl a chorff gael eu priodoli iddo. Caiff ei ddisgwrs ei alw yn 'wallgof' a'i ddibrisio. Dyna a ddadleuodd Foucault yn ei *Histoire de la folie* (Hanes gwallgofrwydd) (1961),[89] a dyna hefyd ergyd Rowlands wrth sôn am y modd y ceisiwyd rhoi taw ar 'awen' E. Prosser Rhys:

> Mae'r adwaith [i 'Atgof'] . . . yn adlewyrchu rhyw anaeddfedrwydd diwylliannol go ddwfn yn y Gymru Gymraeg. Methu dygymod â realaeth y gerdd a wnaed, a syrthio i'r fagl o dybio mai adlewyrchu realiti a wnâi realaeth. Dyna pam y mae cynifer o'r sylwebyddion yn troi'u beirniadaeth yn un bersonol ac yn sôn am y bardd fel *freak* neu am ei ddychymyg fel un trofaus (*pervert*).[90]

Rhan o drosedd Prosser Rhys oedd iddo ddileu'r gwahaniaeth rhwng gofod preifat y weithred rywiol a gofod cyhoeddus y gerdd arobryn. Nid oherwydd rhywioldeb Prosser Rhys y ffromodd beirniaid llenyddol dechrau'r ugeinfed ganrif ond oherwydd bod ei rywioldeb yn cael ei fynegi ar goedd.

Hon, o bosibl, yw ysgrif orau Rowlands. Dadleua nad moesoldeb yw canmol normalrwydd. Mae normalrwydd yn sgil-effaith defnydd neilltuol o ddisgwrs. (Yn ddiddorol iawn, roedd Saunders Lewis wedi cydnabod hynny hefyd.)[91] Ac mae Rowlands ei hun yn dadlau bod modd gweld cyswllt rhwng y traddodiadau anniffiniedig hyn a'r duedd i gefnu ar ddiwygio cymdeithasol. Roedd cerddi R. Williams Parry mor '*wrthchwyldroadol* o ran thema'.[92] Bu E. Tegla Davies yn 'ddiraddiol o ymdrechion pobl i newid cymdeithas'.[93] A dywed mewn trafodaeth am awydd T. Rowland Hughes i ysgrifennu am ymarweddiad 'normal' fod hyn yn 'safbwynt ofnadwy o Gymreig. Safbwynt tawel ac anchwyldroadol ydyw, sy'n ildio i rymusterau cymdeithasol, yn derbyn bod raid i ddyn gael ei fowldio gan ei gymdeithas er mwyn ffitio'n llyfn ynddi. Mae normalrwydd yn cael ei ddyrchafu i lefel safon foesol bron.'[94] Bu 'normalrwydd' fel cysyniad deallusol yn rhan o genadwri Goleuedigaeth Gymraeg, ym meysydd estheteg a chymdeithas fel ei gilydd, ac efallai y gellir gweld ôl y safonau athronyddol derbyniedig hynny ar waith y llenorion hyn.

Wrth ddatblygu radicaliaeth y bu moeseg ac amwysedd yn ganolog iddi, fe wnaeth rhyddfrydiaeth ei chyfraniad. Amheurwydd oedd ei nodwedd ddiffiniadol, a defnyddid yr amheurwydd hwnnw i hyrwyddo un ai gyffredinedd neu wahanrwydd profiad. Roedd dadlau dros gyffredinedd y profiad esthetaidd yn fodd i gyfiawnhau bodolaeth 'synnwyr cyffredin': dehongliad trefnus o'r byd yn deillio o ganllawiau cudd yr Oleuedigaeth Gymraeg. Pwysleisiwyd gwahanrwydd y profiad esthetaidd wrth i ryddfrydiaeth ddatblygu'n fwy hunanfeirniadol o dan ddylanwad theori lenyddol ôl-strwythurol yn chwarter olaf yr ugeinfed ganrif. Fe berthynai'r rhyddfrydiaeth honno, er ei bod yn gymhedrol, i adain radical ac ôl-oleuedig beirniadaeth lenyddol Gymraeg. Diau y'n hatgoffir, gan hynny, o sylw gogleisiol R. M. Jones a wnaed tua diwedd y 1980au mewn erthygl ar wleidyddiaeth lenyddol Cymru. '"Ond beth am John Rowlands?" holais yn chwilfrydig. "Cymrodeddwr yw e – rhwng Tal-y-bont a Mosco."'[95]

Nodiadau

[1] J. E. Caerwyn Williams, 'Beirniadaeth Lenyddol John Gwilym Jones', yn Gwyn Thomas (gol.), *John Gwilym Jones: Cyfrol Deyrnged* (Llandybïe, 1974), 138.
[2] Dafydd Glyn Jones, 'John Gwilym Jones – Yr Athro-Feirniad', *Y Traethodydd*, CXLIV (Ebrill 1989), 85.
[3] Saunders Lewis, *Williams Pantycelyn* (Llundain, 1927), 32.
[4] Gw. Thomas Parry, *Hanes Llenyddiaeth Gymraeg hyd 1900* (Caerdydd, 1953).
[5] T. J. Morgan, 'Rhiniaeth', *Y Llenor*, XIX, 1 (Gwanwyn 1940), 18.
[6] Ibid., 19.
[7] Emrys ap Iwan a John Morris-Jones, yn ddyfynedig yn T. J. Morgan, 'Rhyddiaith Gymraeg', *Ysgrifau Llenyddol* (Llundain, 1951), 150.
[8] Morgan, 'Rhyddiaith Gymraeg', 150.
[9] Ibid., 130.
[10] Ibid., 154.
[11] Ibid., 155.
[12] Ibid.
[13] Morgan, 'Rhiniaeth', 20.
[14] Theodor Adorno a Max Horkheimer, *Dialectic of Enlightenment* (London,

1973; argraffiad 1992), 12. Fe'i cyhoeddwyd yn ei Almaeneg gwreiddiol, *Dialektik der Aufklärung*, ym 1944.

15 Ibid., 16.
16 Gw., e.e., Hugh Bevan, *Beirniadaeth Lenyddol* (Llandybïe, 1962), 8–9: 'Os perthyn y gwaith a astudir i'r gorffennol, rhan o'i arbenigrwydd yw ei fod yn ein hannerch i ryw raddau yn nhermau ei gyfnod . . . Seilir mynegiant llenyddol ar ragdybion iaith, ar y cysylltiadau a'r croesgyfeiriadau y mae'r awdur a'i gynulleidfa'n ymwybodol ohonynt . . . Ymgomia dau arbenigwr, dau löwr neu ddau gerddor, â'i gilydd ynglŷn â'u crefft mewn dull cyfoethog a manwl am eu bod ill dau'n dibynnu ar ragdybion cyffelyb . . . ac yn yr un modd traetha'r llenor wrth ei gyfoeswyr gyda gradd o fanylrwydd nad yw'n ganfyddadwy i ddarllenydd mewn oes ddiweddarach.' Dyn diddorol yw Hugh Bevan. Diau y gellid trafod ei glasur, *Morgan Llwyd y Llenor* (1954), a cheisio gweld cysylltiadau rhyngddo a'r Hanesyddiaeth Newydd.
17 Ibid., 5.
18 Ibid., 13.
19 Ibid., 14.
20 Ibid., 9–10. Yn ôl Hugh Bevan, mae hyn yn esbonio 'defnydd mynych o'r ddau gategori cyferbyniol "Rhamantiaeth" a "Chlasuriaeth", hyd yn oed er bod y ddau derm yn chwim gyfnewidiol eu hystyron, a hyd yn oed er bod angen dogn o'r cyntaf i roi anadl einioes yn yr ail, a dogn o'r ail i roi ffurf i'r cyntaf'.
21 Ibid., 6.
22 John Gwilym Jones, 'Y Nofel', *Taliesin*, 15 (Rhagfyr 1967), 53.
23 Ibid.
24 Jacques Derrida, *La Carte postale: de Socrate à Freud et au-delà* (Paris, 1980). Gw., am gyfieithiad Saesneg, *The Post Card: From Socrates to Freud and Beyond* (Chicago, 1987).
25 Gw., yn y cyswllt hwn, Geoffrey Bennington, 'Postal Politics and the Institution of the Nation', yn Homi K. Bhabha (gol.), *Nation and Narration* (London/New York, 1990), 121–37. Yr un rhagdybiau sy'n sail i'r cysyniad goleuedig o'r genedl hefyd.
26 John Rowlands, *Llên y Llenor: Saunders y Beirniad* (Caernarfon, 1990), 19.
27 Idem, *Cnoi Cil ar Lenyddiaeth* (Llandysul, 1989), 19: 'Mae'r atgofion annwyl y bydd pobl yn eu hadrodd am eu hen athrawon – Syr Ifor, Parry Bach neu Griffith John, dyweder – yn llawn o'r *pietas* boneddigaidd a feithrinwyd ynom fel Cymry.'
28 Idem, 'Wrth Fynd Heibio', *Barn*, 179 (Rhagfyr 1977), 398: 'Y compliment mwyaf y gall awdur ei gael yw ei drafod o ddifrif – hyd yn oed ei falu'n gareiau *o ddifrif*.'
29 Dafydd Glyn Jones, 'John Gwilym Jones – Yr Athro-Feirniad', 89.
30 Ibid.
31 John Rowlands, 'Agweddau ar Waith John Gwilym Jones', yn J. E. Caerwyn Williams (gol.), *Ysgrifau Beirniadol III* (Dinbych, 1967), 218.
32 Ibid., 230.
33 John Rowlands, 'Delweddau Dafydd ap Gwilym' (traethawd MA, Prifysgol Cymru, 1961), 6.
34 Idem, 'Wrth Fynd Heibio', *Barn*, 180 (Ionawr 1978), 6.

35 John Gwilym Jones, 'Y Nofel', 50.
36 Idem, *Swyddogaeth Beirniadaeth* (Rhuthun, 1973), 20.
37 Idem, 'Moderniaeth mewn Barddoniaeth', yn J. E. Caerwyn Williams (gol.), *Ysgrifau Beirniadol V* (Dinbych, 1970), 169.
38 Idem, *Crefft y Llenor* (Dinbych, 1977), 7.
39 Idem, 'Y Nofel', 62.
40 Idem, 'Beth yw Llenyddiaeth?', yn J. E. Caerwyn Williams (gol.), *Ysgrifau Beirniadol VI* (Dinbych, 1971), 285.
41 Fe fyddai athronydd fel Emmanuel Levinas yn honni bod athroniaeth feta-ffisegol wedi hyrwyddo unrhywiaeth wrth ddiarddel arallrwydd. Dadleuodd hefyd fod rhaid ymochel rhag rhagdybiaethau ontolegol er mwyn parchu'r arallrwydd hwnnw. Os felly, gellid honni bod yr hunan-dyb ontolegol fod gwerthoedd Cymreictod yn rhai 'cyffredinol' yn anfoesegol.
42 John Gwilym Jones, 'Tudalen y Portreadau', *Y Dyfodol*, XI, 2 (7 Rhagfyr 1970), 8.
43 Mihangel Morgan, 'Rhai Themâu, Motiffau a Chymeriadau yng Ngwaith John Gwilym Jones' (traethawd Ph.D., Prifysgol Cymru, 1995), 462.
44 Gw. hefyd Dafydd Glyn Jones, 'John Gwilym Jones – Yr Athro-Feirniad', 91. Canlyniad yr 'ymhoffi cwbl gyfartal hwn yn llenyddiaeth y Cymro Cymraeg a llenyddiaeth y Sais, yw i lenyddiaeth Saesneg Cymru gael ei gwasgu rhwng y ddwy a'i thidliwincio allan o gyrraedd ei sylw . . . Rhan o'i wrth-wynebiad iddi oedd iddi ymlafnio'n ormodol i fod yn genhedlig, yn Gymreig.' Tuedd John Gwilym Jones oedd trin diwylliant Lloegr fel norm diwylliannol.
45 John Gwilym Jones, 'Moderniaeth mewn Barddoniaeth', 167.
46 Idem, *Swyddogaeth Beirniadaeth*, 9–10.
47 Ibid., 19.
48 John Gwilym Jones, 'Pryddest: Beirniadaeth J. Gwilym Jones', *Cyfansoddiadau a Beirniadaethau Eisteddfod Genedlaethol Cymru Y Bala 1967* (Llandysul, 1967), 36.
49 John Rowlands, 'Ein Nofelau Diweddar', *Barn*, 37 (Tachwedd 1965), 16.
50 Idem, 'Delweddau Dafydd ap Gwilym', 3.
51 Idem, *Saunders y Beirniad*, 7.
52 Idem, 'Morfudd fel yr Haul', yn J. E. Caerwyn Williams (gol.), *Ysgrifau Beirniadol VI*, 44.
53 Rowlands, 'Delweddau Dafydd ap Gwilym', 6. Dylid nodi bod yr un egwyddor yn cael ei chymhwyso at hanes llenyddiaeth. Gw. idem, 'Llenyddiaeth yn Gymraeg', yn Meic Stephens (gol.), *Y Celfyddydau yng Nghymru 1950–1975* (Caerdydd, 1979), 188: 'Yn y pen draw un corff cyfan yw llenyddiaeth Gymraeg, er cymaint yr amrywiaeth sy'n perthyn iddo.'
54 John Rowlands, 'Delweddau Serch Dafydd ap Gwilym', yn J. E. Caerwyn Williams (gol.), *Ysgrifau Beirniadol II* (Dinbych, 1966), 68.
55 Rowlands, *Cnoi Cil ar Lenyddiaeth*, 23.
56 Idem, 'Delweddau Serch Dafydd ap Gwilym', 60, troednodyn 1.
57 Idem, *Llên y Llenor: John Gwilym Jones* (Caernarfon, 1988), 17.
58 M. Wynn Thomas, [adolygiad o John Rowlands, *Ysgrifau ar y Nofel*], *Llais Llyfrau* (Gaeaf 1992), 17.
59 Morgan, 'Rhai Themâu, Motiffau a Chymeriadau', 426.

60 Gw., e.e., John Rowlands, 'Holi Saunders Lewis', *Llais Llyfrau* (Haf 1980), 4. Ceir cyfweliad od rhyngddo a Saunders Lewis sy'n arddangos ieithwedd ystrydebol y rhyddfrydwr a'r metaffisegwr ceidwadol: 'Gol: Cwestiwn arall ystrydebol a ffôl: pe caech eich bywyd drosodd eto, sut y byddech yn ei fyw? S.L.: Ie, cwestiwn ffôl.'
61 Idem, 'Dau Ddiwyd', *Llais Llyfrau* (Haf 1980), 12.
62 Gruffydd Aled Williams, 'Herio'r Rhagfarnau' [adolygiad o John Rowlands, *Cnoi Cil ar Lenyddiaeth*], *Y Faner*, 5 Ionawr 1990, 16.
63 Williams, 'Beirniadaeth Lenyddol John Gwilym Jones', 147–8.
64 John Rowlands, 'A Straitened Stage: A Study of the Theatre of J. Saunders Lewis' [adolygiad o Ioan Williams, *A Straitened Stage: A Study of the Theatre of J. Saunders Lewis*], *Book News* (Haf 1992), 11. Mae'r sylw hwn am *'oeuvre'* yn wir am y cyfnod hyd at 1992 yn sicr.
65 Idem, 'Flies on a Bullock's Arse' [adolygiad o Wiliam Owen Roberts, *Pestilence*], *Planet*, 90 (Rhagfyr/Ionawr 1991), 92. Dywedir bod *Y Pla* yn llawn 'nose-picking, spitting, masturbating'.
66 Idem, 'Personal Squabble or Serious Debate? A Reaction to a Review', *Poetry Wales*, 24, 4 (Gwanwyn 1989), 60.
67 Idem, '"Atgof" Prosser Rhys', yn J. E. Caerwyn Williams (gol.), *Ysgrifau Beirniadol XVI* (Dinbych, 1990), 141–57.
68 Rowlands, *Cnoi Cil ar Lenyddiaeth*, 31.
69 Idem, 'Ein Duwiol Brydyddion', *Y Weiren Bigog*, 1 (Awst 1985), 15.
70 Gw. *Barddas*, 101 (Medi 1985); hefyd Dafydd Densil Morgan, 'Ein Didduw Sylwebyddion', *Barddas*, 103 (Tachwedd 1985), 9.
71 Alan Llwyd, 'Golygyddol', *Barddas*, 101 (Medi 1985), 4–5.
72 Ibid., 4: 'Nid oes y fath beth â beirniadaeth lenyddol berffaith, dim ond cerddi perffaith.'
73 Gw. Lewis, *Williams Pantycelyn*, x–xi. Mae'r gyfrol yn enghraifft dda o'r duedd hon, a Saunders Lewis yn mynd ati i fathu termau ar gyfer 'gwyddor' newydd seicdreiddio: 'Yng nghydol y gwaith mentrais greu rhai termau newydd. Ni wn i a dderbynnir hwynt gan ysgolheigion na chan lenorion, ac ni ddadleuaf drostynt. Sgrifennais "ffenomen" am "*phenomenon*" y Groegiaid, yn gyson â'r rheol a osodwyd i lawr gan ddau o feirniaid mwyaf Cymru, sef Gruffydd Robert ac Emrys ap Iwan. Gellir hefyd ddefnyddio'r ansoddair "ffenomenaidd", ac am "*noumenon*" Kant, gellir arfer "noemen" a "noemenaidd". Defnyddir "eneideg" yn hytrach na "meddyleg". Gwell gennyf ei sain, ac y mae'n ehangach enw ac yn awgrymu cynnwys yr wyddor yn well.'
74 Rowlands, *Cnoi Cil ar Lenyddiaeth*, 20.
75 Idem, 'Agweddau ar y Nofel Gymraeg Gyfoes', yn J. E. Caerwyn Williams (gol.), *Ysgrifau Beirniadol IX* (Dinbych, 1976), 280.
76 John Rowlands, 'Wrth Fynd Heibio', *Barn*, 180 (Ionawr 1978), 7.
77 John Gwilym Jones, 'Moderniaeth mewn Barddoniaeth', 169.
78 John Rowlands, *Ysgrifau ar y Nofel* (Caerdydd, 1992), 21.
79 Idem, 'Beirniadu'n Groes i'r Graen', *Taliesin*, 71 (Medi 1990), 62–3.
80 Idem, 'Nodiadau Golygyddol', *Taliesin*, 80 (Ionawr/Chwefror 1993), 5.
81 Idem, 'Beirniadu'n Groes i'r Graen', 57–8.
82 Idem, *Saunders y Beirniad*, 31, 46.

[83] Gw. Jean-François Lyotard, *The Postmodern Condition: A Report on Knowledge* (Manchester, 1984), xxiii–xxiv: 'I will use the term *modern* to designate any science that legitimates itself with reference to a metadiscourse of this kind making an explicit appeal to some grand narrative, such as the dialectics of Spirit, the hermeneutics of meaning, the emancipation of the rational or working subject, or the creation of wealth . . . this is the Enlightenment narrative, in which the hero of knowledge works towards a good ethico-political end . . . Simplifying to the extreme, I define *postmodern* as incredulity toward metanarratives.' Fe'i cyhoeddwyd yn ei Ffrangeg gwreiddiol, *La Condition postmoderne: rapport sur le savoir*, ym 1979.

[84] John Rowlands, 'Poesie Cérébrale?', *Y Traethodydd*, CXXX, 557 (Hydref 1975), 327.

[85] Idem, 'T. H. Parry-Williams', *Y Traethodydd*, CXLIV, 613 (Hydref 1989), 183.

[86] Idem, *Saunders y Beirniad*, 42.

[87] Idem, 'Llyfnder a Gerwinder' [adolygiadau o Marion Eames, *Y Ferch Dawel* ac Alun Jones, *Simdde yn y Gwyll*], *Barn*, 357 (Hydref 1992), 38.

[88] Saunders Lewis, 'P. M. Jones', *Taliesin*, 16 (Gorffennaf 1968), 11.

[89] Michel Foucault, *Histoire de la folie à l'âge classique* (Paris, 1961). Gw., am gyfieithiad Saesneg, *Madness and Civilization: A History of Insanity in the Age of Reason* (Cambridge, 1967).

[90] Rowlands, '"Atgof" Prosser Rhys', 141–57.

[91] Saunders Lewis, *Daniel Owen* (Dinbych, 1936), 8: 'Fe welir mai'r hyn sy'n sail i ddychan y paragraff hwn yw bodolaeth cymdeithas ac iddi reolau nas diffiniwyd ond a dderbynnid.'

[92] John Rowlands, 'Bardd y Gaeaf', *Taliesin*, 50 (Rhagfyr 1984), 31.

[93] Idem, 'Tegla y Nofelydd', *Taliesin*, 76 (Mawrth 1992), 91.

[94] Idem, 'T. Rowland Hughes', *Y Traethodydd*, CXI, 595 (Ebrill 1985), 66.

[95] R. M. Jones, 'Wrth Angor (4): Ffurf! Ust!', *Barddas*, 152/3 (Rhagfyr 1989/Ionawr 1990), 22.

2
Gwirionedd

Mae'n amhosibl astudio'r meddwl Cymraeg cyfoes heb olrhain yr ymateb i Oleuedigaeth ramadegol John Morris-Jones. Ymhlith yr ymatebion hynny y mae disgyrsiau sy'n ymwrthod â phwyslais ar oruchafiaeth rheswm. Mae myfyrio ynghylch natur gwybodaeth yn gwbl ganolog i'r disgyrsiau hyn, a changen bwysicaf y myfyrdod hwn yw ymdriniaeth â dilysrwydd gwrthrychedd. Yn wir, mae'r drafodaeth am wrthrychedd a gwybodaeth wedi bod yn echel i hanes deallusol diweddar y Gorllewin. Yng ngwaith R. M. Jones, fe welwn yr unig ymdrech systematig yn y Gymraeg i fynd i'r afael â'r cwestiwn hwn.

Mae dwy nodwedd ar waith R. M. Jones sy'n unigryw. Yn y lle cyntaf, mae'n feddyliwr Calfinaidd gwrth-oleuedig a chanddo'r gallu i ddefnyddio rhesymeg yr Oleuedigaeth i danseilio ei honiadau am wybodaeth berffaith. Diraddiol braidd yw ei sylwadau am Oleuedigaeth y ddeunawfed ganrif, ac fe'i diffinnir yn negyddol: 'nid y *Goleuad* methodistaidd' yw ei farn gwta amdani.[1] Yn ail, mae'n feddyliwr adeileddol sydd wedi gwneud cyfraniad unigryw i astudiaethau adeileddol rhyngwladol. Fodd bynnag, prin yw'r sylw sydd wedi bod i'w waith. O safbwynt y darllenydd Cymraeg, mae'n anghyfleus mai'r prif ddylanwad ar adeileddeg 'seico-mecanaidd' Jones yw Gustave Guillaume, ieithydd anenwog o Québec sy'n ysgrifennu yn Ffrangeg ac na chyfieithwyd ei waith i'r Saesneg. Cyhoeddwyd prif weithiau Guillaume, *Principes de linguistique théorique* (Egwyddorion ieithyddiaeth theoretig) (1973) a'r gyfres *Leçons de linguistique* (Gwersi ieithyddiaeth) (1971–), ar ôl ei farwolaeth, ychydig flynyddoedd wedi i Jones ymweld â'r dalaith. O safbwynt y darllenydd 'rhyngwladol', nid yw o gymorth fod y ddau gampwaith sy'n eglurebu ei theorïau adeileddol Guillaumaidd, *Tafod y Llenor* (1974) a *Seiliau Beirniadaeth* (1984-8) wedi eu hysgrifennu yn y Gymraeg a heb gael eu cyfieithu i'r Ffrangeg nac i'r Saesneg. Nid yw'n syndod felly mai prin iawn fu'r drafodaeth feirniadol am waith y meddyliwr adeileddol pwysig hwn.

Er bod astudiaethau adeileddol R. M. Jones yn ddiddorol, bydd prif ran y drafodaeth hon yn ymwneud â'i waith fel meddyliwr gwrth-oleuedig. Oherwydd mai safbwyntiau diwinyddol cyn-oleuedig sy'n sail i'w feddwl, nid yw Jones yn arddel safbwyntiau gwrth-oleuedig yn y dull confensiynol. Mae dicotomi rhwng dau fath o wrthrychedd yn hollti'i waith: rhwng gwrthrychedd dynol y mae am ddangos ei fod yn ffaeledig a gwrthrychedd goruwchnaturiol sydd, yn ei dyb ef, yn gywir.

Rheswm yn ffaeledig – y rhagymadrodd diwinyddol

Ymateb y Cristion uniongred yw ymateb R. M. Jones i Oleuedigaeth, ac mae'n enghraifft o anghytundeb o safbwynt dadleuon a fodolai cyn yr Oleuedigaeth. Mae hyn yn wahanol i'r anghytundeb ôl-oleuedig a geir gan ryddfrydwyr, Marcsiaid, ffeminyddion ac eraill. Priodol felly yw ein bod yn ystyried yr adwaith hwn i Oleuedigaeth o safbwynt diwinyddol yn y lle cyntaf. Un o ddadleuon sylfaenol Jones yw na ellir cyplysu awdurdod Duw â rheswm daearol. Un o'r pethau sy'n dangos hynny yw ei bwyslais cyson ar rinweddau'r corff. Caiff hwyl ar lunio disgrifiadau o drafodaethau Pantycelyn am y corff a'r testunau hynny, fel *Ductor Nuptiarum: neu, Gyfarwyddwr Priodas* (1777), sy'n ymdrin â'r organau rhywiol.[2] Mae ei gyfrol gyntaf o farddoniaeth, *Y Gân Gyntaf* (1957), yn cynnwys nifer o gerddi serch rhywiol, megis y gerdd i'w wraig, "Rwyt ti f'anwylyd sanctaidd yn llawn o ryw'. Mae'r dathlu hwn ar y corff yn digwydd o fewn fframwaith dysgeidiaeth Gristnogol gadarn. Yn nhyb Jones, gellir olrhain llawer o hanes deallusol y Gorllewin yn ôl i benderfyniad diwinyddol 'cyfeiliornus' Tomos Acwin i ystyried dyn yn rhyw fath o ddeuddyn, wedi'i rannu rhwng corff ac enaid. Craidd y ddadl honno oedd bod 'dyn wedi cwympo ond ei ddeall wedi aros yn ddilychwin' a bod 'o ganlyniad, ddatguddiad gras (Ysgrythur) ochr yn ochr â datguddiad naturiol (Rheswm)'. Bodolai felly 'hunan-lywodraeth y deall', a golygai hynny y gellid cael '"rheswm" di-ras i ddisgrifio bywyd', gan gynnwys datblygiad 'tuag at empeiriaeth'.[3] Oherwydd y datblygiad olaf hwn y cafwyd, maes o law, Oleuedigaeth.

Cyfeiriwyd eisoes yn y llyfr hwn at y cyswllt rhwng Goleuedigaeth, gramadegaeth ac absoliwtiaeth. Dyfynna Jones sylw Friedrich Nietzsche 'nad ydym yn ymwared â Duw gan ein bod yn dal i gredu mewn gramadeg'.⁴ Ond dim ond am feddylwyr sy'n parchu'r gwahaniad Acwinaidd rhwng corff ac enaid y gellir honni bod eu cefnogaeth i awdurdod absoliwt Duw yn golygu cefnogaeth i ddisgyrsiau dynol absoliwt. Nid yw Jones yn un o'r meddylwyr hynny. Wrth adfer y corff o'i alltudiaeth lem fel un o 'bynciau'r ymylon' a'i ystyried yn un o'r 'pynciau canolog', mae o raid yn disodli safle breintiedig rhesymeg.⁵ Mae ei gyfrolau sydd yn datblygu'r ddadl hon, *Llên Cymru a Chrefydd* (1977) a *Cyfriniaeth Gymraeg* (1994), yn weithiau pwysig yn yr adwaith Cymraeg i Oleuedigaeth.

Grym a gwybodaeth

Mae maentumiad R. M. Jones nad yw'r enaid yn 'bur' a bod y corff yn ei 'heintio' yn ei arwain at drafodaeth ar rym. Mae Jones yn credu mai grym sy'n diffinio gwybodaeth seciwlar, ac mai dyna un o'r pethau sy'n annilysu unrhyw honiad ar ei ran ei fod yn 'wrthrychol'. Mae ei ddymuniad i danseilio seciwlariaeth yn ei orfodi i ddefnyddio dadleuon sy'n debyg i ddadleuon Marcsiaid a dadadeiladwyr.

Nid yw Jones yn arddel dehongliad 'syml' o sut y mae grym yn gweithredu. Mae'n pwysleisio bod estheteg a gwerth esthetaidd yn annibynnol ar rymusterau dynol. Mae'n gadarn ei ddadl yn erbyn yr hyn a ystyria yn Farcsiaeth 'amrwd', sef cyfystyriaeth o safle econ-omaidd y llenor a'i gynnyrch. Dywedodd yn *Y Faner* ym 1951 mai 'ffaith hanesyddol, ddaearyddol a damweiniol yw barddoniaeth: ond y mwyaf o'r rhai hyn yw'r damweiniol' ac ni newidiodd ei farn yn sylfaenol oddi ar hynny.⁶ Ond o roi'r ddadl hon am werth esthetaidd o'r neilltu, mae'n amlwg fod Jones yn cydnabod bod y broses o gynhyrchu diwylliant yn digwydd yn agos i fan cyfarfod nerthoedd grym. Mae'n ddamcaniaeth sydd wedi'i gwreiddio yn nealltwriaeth Jones o ieith-yddiaeth, yn enwedig ym maes datblygiad iaith plant, lle y gwnaeth ei *System in Child Language* (1970) gyfraniad rhyngwladol. Wrth nodi amlder rhai geiriau yn iaith plant, mae'n cydnabod bod y geiriau hyn yn cael eu dysgu fel rhan o broses o arwybod cymdeithasol. Mae iaith yn agored i gael ei dylanwadu gan bwysau amgylcheddol, gan gynnwys 'the fact that certain speakers are more important than others'.⁷

Er bod Jones yn credu yng ngoresgyniad gwirionedd ('Gwae inni wybod y geiriau heb adnabod y Gair', chwedl Gwenallt), nid digon yn ei dyb ef yw cynhyrchu gosodiad a gadael iddo lwyddo neu gwympo ar ei liwt ei hun. Nid yw dweud y gwir yn ddigon: mewn amgylchfyd disgyrsaidd, grym y strwythurau sydd yn trosglwyddo iaith a fydd yn penderfynu a fydd disgwrs yn cael ei dderbyn neu'i wrthod. Mae Jones yn profi'r pwynt gyda chyfeiriad at fethiant Emrys ap Iwan i eiriol dros genedlaetholdeb. Yn nhyb Jones, 'y mae gallu gwleidyddol yn gofyn tri pheth: medr i lunio delfryd yn glir, egni i osod yr achos, a gallu i gyddrefnu neu i arwain "plaid" . . . Tybiai ef [Emrys ap Iwan] yn naïf mai digon ydoedd dweud y gwir.'[8] Mae angen grym i gynhyrchu unrhyw farn a ystyrir maes o law yn ffaith wrthrychol.

Heb ddeall natur grym, fe all hyd yn oed genadwri sydd yn wironeddol sefydliadol, megis eiddo'r diwinydd John Elias yn y bedwaredd ganrif ar bymtheg, fethu. Nid mater ydyw, yn achos Elias, o gynulleidfa yn methu ag amgyffred ei neges. Mae'n adlewyrchiad, yn hytrach, o'r ffaith bod neges gref bob amser yn cynhyrchu ymateb gwrthwynebus. Yma mae amlygiad gweledol o rym yn dylanwadu'n negyddol ar dderbyniad cyhoeddus o'r 'gwirionedd'. Dyna sy'n cyfrif am fethiant Elias, y 'Pab o Fôn', i ddisgyblu enwad gyda chyffes ffydd a chyfundrefn drefnus:

> Ond po fwyaf y myfyrier am amgylchiadau arbennig John Elias ei hun . . . mwyaf y sylweddolir mai'r camgymeriad . . . oedd adeiladu gormod o enwad neu o gorff neu o gyfundrefn, a chredu'n ddiniwed mai posibl oedd disgyblu'r fath anghenfil, cadw'r eglwysi lleol eraill i gyd yn bur ac yn deyrngar i'r gwirionedd, a gwylied eu huniongrededd hwy yn barhaus. Dyma'r hyn yn bennaf ac yn y pen draw a gododd wrychyn ei olynwyr. Ei gariad ef at y gwir, bid siŵr, a'i ddymuniad angerddol i fod yn ffyddlon ac i anrhydeddu'r efengyl, dyma'r hyn a'i hysgogai ef, yn ddiau; ond ni sylweddolodd yn ddigonol na ellir cyflawni hynny oll drwy reolau enwadol, drwy bwyllgorau, drwy beirianwaith disgyblaethol eang ac allanol.[9]

Dengys hyn fod grym yn fwyaf effeithlon pan yw'n hylifol, yn amlweddog ac ynghudd. Y fantais o guddio ideoleg mewn disgwrs yw na fydd y darllenydd yn sylwi bod ideoleg yn cael ei gwthio arno. Cyflawni hyn fu camp fawr rhyddfrydwyr llenyddol Cymraeg yr ugeinfed ganrif. Derbyniwyd disgwrs rhyddfrydol yn ganllaw 'naturiol' i'r Gymru Gymraeg. Gellir sôn yma am hegemoni, sef cymell pobl i weithio dros ideoleg nad ydynt yn ymwybodol ohoni ac nad yw'n bleidiol i'w buddiannau hwy eu hunain.

Wrth drafod gwybodaeth hefyd, fe ymddengys Jones fel pe bai'n arddel dadleuon ôl-oleuedig. Mae'n gweld gwybodaeth yn hytrach na chyfalaf fel nwydd canolog cymdeithas. Enghraifft o hyn fu ei ymateb i waith Daniel Owen. Mae nofelau'r awdur hwnnw'n amlygu'n dda y duedd sydd ym mhob beirniad i ddefnyddio testun fel drych i fynegi ei ddaliadau ideolegol ei hun. Dehonglodd Saunders Lewis *Enoc Huws* fel comedi gymdeithasol, gan ensynio bod Daniel Owen yn rhyw fath o Molière Cymraeg, yn cofnodi hynt y *bourgeoisie*.[10] Mae John Gwilym Jones wedi edrych ar y nofelau o safbwynt amheuol,[11] tra y dadleuodd y Marcsydd Wiliam Owen Roberts fod gwaith Owen yn ddadleniad o'r cyswllt rhwng cyfalafiaeth a'r rhagrith sydd yn angenrheidiol i'w chynnal.[12] Nid yw'n syndod felly fod R. M. Jones yn dadlau bod a wnelo'r nofelau â gwareiddiad Calfinaidd a'i argyfyngau. Yn fwy diddorol, mae'n dadlau bod penbleth Calfiniaeth yn cael ei nodweddu gan ansicrwydd ynglŷn â swyddogaeth gwybodaeth:

> Un o'r materion a barai anhawster i Daniel Owen (a'i oes) ac un o'r problemau na lwyddodd i'w ddatrys er ei foddhad ei hun oedd lle 'gwybodaeth' yn hyn oll. Gwelai ef, wrth reswm, y ddyletswydd a'r hyfrydwch o amlhau gwybodaeth; ond fe dybiai, yn gam neu'n gymwys, fod a wnelai hynny â balchder cnawdol ac ymchwyddo ysbrydol.[13]

Grym a gramadeg

Gellir troi yn awr at waith John Morris-Jones, a hynny er mwyn esbonio tipyn ar y berthynas rhwng grym a'r weithred o ddilysu gwybodaeth. Dyma un o gamau diffiniol yr Oleuedigaeth Gymraeg. Fe roes Morris-Jones yr argraff mai endidau i'w canfod, ac y gellid eu canfod, oedd gramadeg a gwybodaeth.[14] Ond yr oedd a wnelo llwyddiant Morris-Jones â grym hefyd. Wrth sôn am y gramadeg newydd, fe ddywed R. M. Jones mai 'clic orgraffyddol'[15] a'i harferai ar ddechrau'r ganrif. Ers hynny mae meistrolaeth ymarferol o gywirdeb gramadegol wedi bod yn gyfyngedig i *coterie* o ddeallusion a llengarwyr. Hynny yw, mae'r sawl sydd yn meddu ar gywirdeb gramadegol yn medru 'stêm-rowlio dros ddarllenwyr y Gymraeg',[16] sef y sawl nad ydynt yn 'wybodus'.

Gan fod Morris-Jones o'r farn fod cyfrinachau gramadegol y Gymraeg wedi'u datgelu yn ei oes ei hun, a chan fod gramadeg yn gyfystyr â gwirionedd, fe roes hynny hawl iddo ddileu'r gorffennol.[17] Hynny yw, roedd gramadegwyr ar ddechrau'r ugeinfed ganrif wedi cael prawf yng ngwybodaeth ideal eu darganfyddiadau fod grym ieithyddol yn drosgynnol, yn dragwyddol ac yn eu meddiant. Roedd meddu ar gywirdeb ieithyddol yn cyfreithloni pob math o draethu – hyd yn oed pan oedd yn 'anghywir'. Dechreuodd yr arfer o sôn am gywirdeb ieithyddol fel arwydd o safon esthetaidd y gwaith ei hun. Daeth Morris-Jones yn awdurdod esthetaidd yn sgil ei arbenigedd ieithyddol, er ei fod, yn ôl R. M. Jones, yn ddyn 'di-ddysg' o safbwynt estheteg ac yn llawn 'taeru awdurdodol yr anwybodusyn'.[18] Pan sefydlwyd swyddi newydd yn y Brifysgol, fe ddaeth yr ysgolheigion a benodwyd iddynt yn unig awdurdodau y Gymraeg. Yn nhyb Jones, 'hwynt-hwy oedd yr *holl* gewri, yr *unig* arwyr – yr oedd ganddynt fonopoli beirniadol'.[19] Roedd eu llwyddiant yn asiad bodlon rhwng grym ymarferol sefydliad academaidd a grym mytholegol y gorffennol.[20] Hynny yw, mythau archaeolegol y Gymraeg fu'n gyfrifol am ddilysu'r grym gramadegol gyda thystiolaeth ddogfennol.[21] Llwyddodd mudiad John Morris-Jones i drechu safbwyntiau gwrthwynebol wrth eu hannilysu. Profwyd bod pobl eraill yn anwyddonol.[22]

Roedd sylfeini ieithyddol Morris-Jones yn sicrach hyd yn oed na gwirionedd crefyddol. Roedd diwinyddiaeth, y disgwrs mwyaf gwireddus a chyfreithlon yng Nghymru, yn seiliedig ar yr egwyddor ei bod yn drafodaeth am y Gair a'i bod felly yn peri i'r Gair wynebu'r posibilrwydd o anghytundeb a chan hynny amheuaeth. Roedd hynt Morris-Jones yn wahanol. Nid ystyrid bod ei ramadeg yn ymdrin â manylion a oedd yn agored i feirniadaeth. Derbyniwyd y damcaniaethau a gynigid ganddo fel ffeithiau diymwad. Tröwyd y 'ffeithiau' wedyn yn ffordd o feddwl. Daeth geiriau yn diriogaeth sacrosant mewn ffordd nad oedd yn wir am y Gair. Daeth cywirdeb iaith yn rhan o faes sanctaidd. Roedd uwchlaw trafodaeth ac ni fu'n agored i ddemocratiaeth. Roedd grym Morris-Jones yn absoliwt.

Theori a Goleuedigaeth 'an-oleuedig'

Gellir gweld yr absoliwtiaeth oleuedig yma ar waith ym maes theori. Yn ei waith gramadegol, fe lwyddasai John Morris-Jones i hyrwyddo cywirdeb ieithyddol, ond ni lwyddodd i ennyn parch at wyddoniaeth a theori fel y cyfryw. Achwyna R. M. Jones na chafwyd 'yr un gyfrol ers *Cerdd Dafod* yn ymdrin â theori llenyddiaeth'.[23] Mae hynny'n arbennig o syfrdanol o ystyried lle canolog canu caeth yn y diwylliant Cymraeg.[24] Collfarna R. M. Jones y duedd i ysgrifennu hanes llenyddiaeth o safbwynt cymdeithasegol gan honni bod yna 'ddiffyg [yn] y dull "hanesyddol" sy'n methu ag amgyffred *canlyniad* hanes, sef cyd-fodolaeth ffurfiau i lunio system'.[25] Yr eithriad i'r diffyg sylw theoretig oedd ei waith ei hun, *Seiliau Beirniadaeth*, a oedd, yn ei dyb ef, yn 'droednodyn anghryno i'r gyfrol fawr honno [*Cerdd Dafod*], neu os mynnir, yn adolygiad go hirwyntog'.[26] Yn lle myfyrdod theoretig, cafwyd tuedd yn y Gymru Gymraeg i efrydu hanes llenyddiaeth o safbwynt 'esthetaidd'. Paradocs mawr beirniadaeth lenyddol yr ugeinfed ganrif yw bod theori'n gwbl ganolog i'r Oleuedigaeth Gymraeg, bod yr Oleuedigaeth honno yn ganolog i efrydiau llenyddol Cymraeg ond bod y Gymru Gymraeg yn casáu theori.

Gan fod Goleuedigaeth yn gweithredu fel set o ganllawiau cudd i estheteg y gymdeithas Gymraeg, ni theimlwyd yr angen – gan mai anffaeledig a therfynol ydoedd – i'w harchwilio wedyn. Yn nwylo'r fydwraig oleuedig, John Morris-Jones, bu theori yn hanfodol i ganfod yr hyn y tybiai cenedlaethau diweddarach ei fod yn 'synnwyr cyffredin'. Ni thybid bod angen theori eto; yn wir, i'r graddau fod theori yn rhwym o danseilio 'synnwyr cyffredin' cymdeithas Gymraeg a oleuwyd eisoes, fe'i gwatwerid. Cyfeiriwyd eisoes at yr Oleuedigaeth Gymraeg hon fel Goleuedigaeth an-oleuedig.

Yn nhyb Goleuedigaeth an-oleuedig yr ugeinfed ganrif, roedd theori lenyddol yn wyddor newydd, anghymreig ac anhanesyddol. Roedd y dybiaeth honno'n eironig iawn. Roedd y beirniad llenyddol M. Wynn Thomas yn gywir wrth ddadlau bod

> the 'suspect' use of theory tends (in spite of Raymond Williams) to be seen not only as 'un-Welsh' but also as 'English'; whereas in fact, of course, those 'accessible' ways of discussing literature that are regarded as 'traditionally' Welsh are deeply embedded in the 'English' common sense/empirical tradition, while the shift to theory in England and America has been part of a belated awakening to continental models of speculative thinking about the arts.[27]

Os yw'r amheuaeth ddofn hon ynghylch theori, sef sylfaen Goleuedigaeth an-oleuedig y Gymru Gymraeg, yn ffenomen Seisnig, yna gellid dadlau bod R. M. Jones yn iawn i dybio bod ei waith yn adfer y cysylltiad ysgolheigaidd rhwng Cymru ac Ewrop (fel y gwnâi Saunders Lewis, Emrys ap Iwan ac eraill yn eu gwaith cenedlgarol hwythau). Mae'n ddadlennol hefyd fod Jones yn dadlau bod diddordeb mewn theori yn wedd ar glasuraeth. Roedd y diddordeb hwn yn wir hanesyddol, ac roedd twf theori, yn ei dyb ef, yn barhad o'r traddodiad 'theoretig a rhethregol Cymraeg' a gynhelid gynt, yn bennaf yn yr Oesoedd Canol a'r cyfnod modern cynnar. Enwa Einion Offeiriad,

Dafydd Ddu o Hiraddug, Siôn Cent, Dafydd ab Edmwnt, Siôn ap Hywel, Gruffudd Hiraethog, Simwnt Fychan, William Salesbury, Edmwnd Prys, Wiliam Cynwal, Henri Perri, Tomos Prys, Siôn Dafydd Rhys, Siôn Tudur, Gruffydd Robert, Wiliam Middleton, Siôn Rhydderch, Lewis Morris, Iolo Morganwg, John Morris-Jones, Saunders Lewis a Thomas Parry fel theorïwyr llenyddol Cymraeg.[28]

Torrwyd ar draws y gwaith hwn yn ystod yr ugeinfed ganrif gan ddulliau rhyddfrydol o feddwl, a gorwedd y prif fai am hynny ar Oleuedigaeth an-oleuedig.[29] Ym marn R. M. Jones, 'peth digon diweddar yw Beirniadaeth Lenyddol ddisgrifiadol yn yr ystyr argraffiadol, ysgrifol, oddrychol a rhamantaidd. Peth digon diweddar hefyd yw'r gymysgfa honno o ddisgyblaethau anarchaidd a adweinir fel Hanes Llenyddiaeth. Ond y mae Theori Llenyddiaeth yn waith parhaol, clasurol a chyson.'[30] Fe gollfarnai ymchwil fwy 'empeiraidd' yr ugeinfed ganrif a gynhyrchai bethau megis 'sachaid o chwiwiau goddrychol, helfeydd gramadegol, cofiannau, llyfryddiaeth, troednodiadau dyddiadol ac orgraff'.[31] Gwnâi hwyl am ben y ffaith bod Goleuedigaeth ieithyddol wedi cymell y beirniad llenyddol i dybio mai rhan o'i waith oedd 'treulio chwarter (heb sôn am hanner, neu'r cwbl) o'i feirniadaeth drwy hel ar ôl cambrintiadau, rhestru treigladau annefodol, a'r gwall orgraff y mae Ef wedi ei ddarganfod'.[32] Ffenomen gyfarwydd ym meirniadaeth lenyddol yr ugeinfed ganrif oedd adolygiad lle na wnâi'r adolygydd ddim ond crynhoi'n 'empeiraidd' brif nodweddion y gyfrol mewn ychydig baragraffau, ac yna fynd ati i restru camargraffiadau teipio, camsillafiadau a mân gamgymeriadau ffeithiol.

Roedd yr 'empeiriaid' hyn, wrth reswm, yn feirniadol o waith y sawl a hyrwyddai theori. Mewn adolygiad damniol ar *Tafod y Llenor* (1974), *magnum opus* R. M. Jones ac astudiaeth arloesol o adeiledddeg a ragflaenodd astudiaethau cyffelyb yn Saesneg, megis *Structuralism in Literature* (1974) Robert Scholes a *Structuralist Poetics* (1975) Jonathan Culler, fe roes Gwyn Thomas ei fys ar wrthwynebiad llawer yn y Gymru Gymraeg:

> Y mae'n amheus gen i a oes pwrpas o'r fath i bob gair a gododd fel cwmwl jargon o ieithydda. At yr eirfa arbenigol y mae'n beth anffodus fod dull mynegiant nifer o'r bobol hyn, sy'n ymdroi cymaint efo iaith, fel cordeddiadau o niwl tywyll ... [Mae] Ieithyddiaeth yn wyddor a chanddi athrylith at hyrddo cabalatsian ieithyddol. Yn y llyfr dan sylw, sef llyfr y Dr. R. M. Jones (Bobi Jones y bardd), fe gefais i adrannau o dreiddgarwch ymdriniaeth ynghyd â thudaleneidiau o fwrllwch.[33]

Roedd y feirniadaeth honno'n seiliedig ar gyflyraeth ddiwylliannol, a cheid sefyllfa ryfedd lle yr oedd arddelwyr Goleuedigaeth y Gymru Gymraeg yn ymosod ar wyddoniaeth, theori a mathemateg, a'r beirniad gwrth-oleuedig R. M. Jones yn eu hamddiffyn. Er mwyn cyfleu ei ddadleuon adeileddol, defnyddiodd Jones ddiagramau. Honnodd ei fod yn dilyn cyngor un o ffigyrau cynnar yr Oleuedigaeth Ewropeaidd, y mathemategydd a'r athronydd Gottfried Wilhelm Leibniz, wrth 'feddwl mewn ffigurau: er mwyn arddangos system o berthnasedd'.[34] Fe'i collfarnwyd gan Gwyn Thomas, a deimlai fod Jones 'dan gamargraff dybryd' os teimlai fod 'deiagramau saethyddol ac algebraidd o help'.[35] Fe alwyd yr un diagramau yn 'glyfar' gan Bedwyr Lewis Jones.[36] Roedd y ddau feirniad 'goleuedig' hyn yn gwadu'r angen am algebra (h.y. rhesymeg) mewn trafodaeth am lenyddiaeth am nad oeddynt am ddatgelu seiliau cudd eu bydolwg beirniadol eu hunain. Roedd Jones, ar y llaw arall, am ddefnyddio 'algebra' am ei fod yn offeryn cymwys i danseilio'r union honiad hwnnw, sef yr haeriad nad oedd gan feirniadaeth Gymraeg 'argraffiadol' yr ugeinfed ganrif ddim seiliau theoretig. Ni olygai hynny ei fod yn derbyn rhesymeg yr Oleuedigaeth parthed lleihau disgwrs yn ramadeg a mathemateg: yn wir, yn ei gampwaith adeileddol, *Seiliau Beirniadaeth*, mae'n beirniadu rhai adeileddwyr am leihau llenyddiaeth yn y dull hwnnw. Effaith Goleuedigaeth yn nhyb Jones yw bod cymeriadau nofelau yn 'rhagenwol fel y rhai yn *Les fruits d'or* gan Sarrante [sic] neu rifau yn *Nombres* Soller, neu labeli megis K yng ngwaith Kafka'.[37]

Yn hytrach na thrwy gyfrwng diagramau mathemategol, roedd Goleuedigaeth an-oleuedig y Gymru Gymraeg yn gofyn am gael ei mynegi mewn rhyddiaith gyffredin, safonol a safonedig. Yma hefyd bu R. M. Jones yn tynnu'n groes. Anghytunodd yn chwyrn â sylw yr hanesydd Prys Morgan fod 'dyn wedi ei gyflyru i ddisgwyl arddull braidd yn amhersonol neu wrthrychol mewn unrhyw lyfr hanes "diogel"'.[38] Yn ei gyfres 'Wrth Angor' yn y cylchgrawn *Barddas*, yn ei ddwy gyfrol yn trafod hanes llenyddiaeth Gymraeg yr ugeinfed ganrif, *Llenyddiaeth Gymraeg 1902–1936* (1987) a *Llenyddiaeth Gymraeg 1936–1972* (1975), ac mewn sawl man arall, ysgrifennai Jones mewn dull chwareus, onid idiosyncratig. Ei nod oedd dieithrio arddull er mwyn dieithrio cynnwys, techneg yr ysgrifennai'n helaeth amdani yn ei astudiaethau adeileddol. Wrth danseilio ieithwedd 'wrthrychol' beirniadaeth lenyddol Gymraeg yr ugeinfed ganrif, gobeithiai danseilio ei chynnwys 'gwrthrychol'. Nid oedd hynny wrth fodd ei gyfoeswyr goleuedig. Sylw nodweddiadol W. J. Gruffydd am waith cynnar Jones oedd ei fod yn 'dangos ei hun'.³⁹ Ond awgrym clir R. M. Jones yn *Seiliau Beirniadaeth* yw bod arddull 'niwtral' yn cyfnerthu'r 'ymwybod hwn â norm', sydd o reidrwydd yn norm goleuedig yng Nghymru Gymraeg yr ugeinfed ganrif, am nad yw'n 'gwrthddweud systemau cyfannol eraill yn ein bywyd yr ydym eisoes yn eu derbyn yn ddigwestiwn'.⁴⁰

Roedd gwrthwynebiad Gwyn Thomas i theori Ewropeaidd yn ffrwyth hegemoni llwyr John Morris-Jones. Fe gawsai sylwadau esthetaidd *Cerdd Dafod* eu cysylltu â deddfwriaeth ieithyddol, ac felly eu breinio ag awdurdod gwyddorol. Ar sail hyn, datblygwyd y syniad ei bod yn anorfod arddel math argraffiadol o feirniadaeth lenyddol yng Nghymru. Yn fuan, daeth y 'synnwyr cyffredin' hwnnw'n sefydliadol, a daeth olyniaeth o feirniaid yn ddibynnol ar y dyb hon: 'Thomas Parry as a traditionalist critic has taken on the cloak of Sir J. Morris-Jones,' chwedl R. M. Jones.⁴¹ Roedd gwaith R. M. Jones, gan ei fod yn archwilio theori yn ystyrlon am y tro cyntaf ers dyddiau John Morris-Jones, yn tanseilio'r bobl yr oedd eu grym a'u statws diwylliannol ynghlwm wrth y 'synnwyr cyffredin' hwnnw.⁴² Am y rheswm hwnnw, prin oedd y croeso iddo.

Os cydnabyddir pwysigrwydd theori, y mae'n dilyn yn rhesymegol fod disgwyl i'r beirniad llenyddol arddel rhyw fath o safbwynt diffiniedig, gan fod theori yn gorfodi hynny. Mae arddel diffiniad yn un o brif strategaethau R. M. Jones wrth wrthwynebu Goleuedigaeth an-oleuedig y Gymru Gymraeg. Fe gred fod pob disgwrs yn dwyn cynodiadau ideolegol, a bod rhaid eu parchu wrth ymateb iddynt, boed hynny'n nacaol neu'n gadarnhaol, ni waeth pa mor 'dila' y bônt. Mae'n 'ymddeiriogi', sef ymrwymo i safbwynt, wrth ddarllen testun.⁴³ Mae'n gwbl agored bod ganddo ei fframwaith syniadol ei hunan, sef 'fy nghenedlaetholdeb, fy ieithyddiaeth a'm Calfiniaeth'.⁴⁴ Mae'n feirniadol iawn o'r duedd ryddfrydol i anwybyddu ideoleg.⁴⁵ Fe gaiff Jones enghraifft o'r duedd hon yn y ffordd y dysgir testunau crefyddol, megis *Gweledigaetheu y Bardd Cwsc* (1703). Yn ei dyb ef, un o drasiedïau addysg gyfoes yw bod Ellis Wynne yn cael ei astudio er mwyn ei iaith a'i arddull yn unig. Dylid ei efrydu oherwydd ei syniadaeth hefyd.⁴⁶ Dyna wraidd gwrthwynebiad R. M. Jones i'r duedd Gymraeg o ddyrchafu esthetiaeth uwch beirniadaeth esthetaidd.⁴⁷ Mae pwyslais ar syniadaeth hefyd yn ei wneud yn elyniaethus i amheuaeth ryddfrydol. Yn *Seiliau Beirniadaeth*, y mae'n olrhain tras etymolegol y gair Saesneg '*doubt*' a'r gair Lladin '*dubitare*' i wreiddyn Indo-Ewropeaidd yn cynnwys yr elfen 'dau'. Mae ei ddehongliad o'r berthynas rhwng gwirionedd a disgwrs, a'r ffordd y cynhelir disgwrs 'cymhedrol' y Gymru Gymraeg gan

Oleuedigaeth, yn ei arwain i ddehongliad clasurol, ceidwadol, cynoleuedig a gwrth-oleuedig o hanes deallusol y Gymru Gymraeg yn yr ugeinfed ganrif.

Gwrthrychedd

Mae gwaith R. M. Jones yn herio'r ddadl oleuedig Gymraeg mai cynnydd mewn swmp a gwerth gwybodaeth yw trefn naturiol pethau, ac mai wrth arfer rheswm y gellir cyflawni a chyfiawnhau hyn.[48] Un maes lle mae'n herio'r dybiaeth hon yw maes hanes. Mewn erthygl ragorol o'i eiddo, 'Athrawiaeth Hanes Charles Edwards' (1972), cymhara hanesyddiaeth oleuedig yr ugeinfed ganrif gyda hanesyddiaeth gynoleuedig Charles Edwards.

Un o gyhuddiadau gwaelodol Jones yw bod 'rhai o'n haneswyr cyfoes yn wridog o swil pan geisir ganddynt drafod eu hepistemoleg',[49] gan eu bod yn tybio bod eu gwaith 'empeiraidd' yn rhagori ar waith 'metaffisegol' cyfnodau eraill.[50] Ac eto, mae rhagor i hanes na ffeithiau. Wrth ddadlau y gall 'rhai manylion ffeithiol yng ngwaith Charles Edwards fod yn anghywir, ond ei safbwynt a'i weledigaeth fod yn gadarn ddiogel, lle y gallai J. E. Lloyd, dyweder, daenu mwy o ffeithiau sicr o'n blaen, eithr ei ddarlun cyfan fod yn gwbl anfoddhaol',[51] mae Jones yn honni mai ffenomen ddiwylliannol yw gwybodaeth.

Ond nid hanesydd ôl-oleuedig 'arferol' mo Jones. Pe bai hynny'n wir, fe ellid disgwyl i'w waith hyrwyddo pob math o ddisgyrsiau ôl-oleuedig. I'r gwrthwyneb, fe nodweddir ei safbwynt gan sicrwydd epistemegol.[52] Nid yw'n gosod ei fryd ar luosogi hanes yn 'hanesion', gan ymwared â'r prosiect goleuedig er mwyn dadlau dros lu o wirioneddau. Nid yw Jones yn ôl-oleuedig yn yr ystyr ei fod yn cyfreithloni amrywiaeth o safbwyntiau. Yn wir, yn y weithred o ymwrthod ag amrywiaeth, mae'n ymadael â Goleuedigaeth. Mae empeiriaeth ysgolheigaidd a pherthynoldeb academaidd yn ddibynnol ar ddilysu ffeithiau a gweld cyswllt rhyngddynt. Ond fe rydd Jones bwyslais ar yr hyn sydd yn ddilys ynddo'i hun. Dyna pam y dywed mai 'gwrthrychol yw'r gwirionedd' – hynny yw, gwrthrychol yn yr ystyr Galfinaidd – ond bod yr 'hanesydd ei hun', y dehonglydd gyda gwybodaeth ddynol, 'pa ffurf bynnag a wêl ac a rydd ar y gwirionedd hwnnw, yn oddrychol'.[53]

Dadleua mai amhosibl yw creu *simulacrum* disgyrsaidd ac fe danseilir gan hynny ddymuniadau goleuedig i gynrychioli digwyddiadau.

Cyfrwng yw'r hanesydd na all 'ei ddileu ei hun. Nid yw byd yr hanesydd – na byd yr athronydd na'r gwyddonydd chwaith – yn atgynhyrchiad llythrennol o'r byd a fu nac o'r byd sydd o'i gwmpas.'[54] Gan hynny, mae Jones yn gofyn beth yw digwyddiad. Fel ateb i'w gwestiwn ei hun, fe gyfeirir yn 'Athrawiaeth Hanes Charles Edwards' at y broses o gyfieithu'r Ysgrythurau i'r Gymraeg, gan nodi bod hyn yn 'gnewyllyn-ddigwyddiad'.[55] Mae'n gnewyllyn am fod ganddo'r potensial i fod yn ddigwyddiad, ond ni ddaw yn ddigwyddiad hyd bod Charles Edwards yn sôn amdano yn *Y Ffydd Ddi-ffuant*. Dim ond yn y weithred o'i destunoli y daw'n ddigwyddiad. Yr hyn a olygir gan hynny yw ei fod yn 'ennyd' sydd wedi ennill arwyddocâd diwylliannol:

> Gwrthrych dethol yw hyd a lled y digwyddiad hwn, yn ogystal â dethol unigoliaeth y digwyddiad ei hun, gan fod iddo agweddau biolegol a chemegol ac esthetig a meteorolegol ochr yn ochr â'r rhai cyfreithiol, ieithyddol, economaidd a moesol ... Sut y bydd yn gwahaniaethu rhwng y digwyddiad a'i amgylchfyd, ac ym mha le y mae'r digwyddiad yn mynd i gael ffin?
>
> Nid digwyddiadau crai sydd mewn hanes, eithr gwybodaeth neu feddwl amdanynt, ac ni ellir meddwl am ddigwyddiadau crai heb roi iddynt neu gael ynddynt adeiledd mewnol. Y maent hefyd yn ddigwyddiadau arwyddocaol, hynny yw y maent yn Hanes, am iddynt effeithio ar fodau dynol mewn ffordd a gyfrifir yn nodedig.[56]

Felly, er bod achlysur yn dod yn ddigwyddiad wrth gael ei arwyddocáu, ni all fod yn rhan o lif hanes, sef yr adroddiad am y gorffennol, nes iddo gael ei gyplysu â digwyddiadau arwyddocaol eraill. Mae'r ffordd yr ysgrifennir hanes seciwlar yn amrywio yn ôl tybiaethau syniadol ac epistemegol y cyfnod. Fel y dywed Jones, 'Drwy'r meddwl y rhoir i ffaith ei ffurf. Dydi ffaith ddim yn ymffurfio drosti ei hun.'[57] Mae rhagor rhwng ffaith a'r mynegiant o'r ffaith honno:

> Erbyn hyn, sut bynnag, mae fy sylweddoliad o'r hyn yw FFAITH wedi newid; a chyda hynny, gallaf amgyffred gwerth pwrpasol ceisiadau Charles Edwards a Theophilus Evans i fynegi digwyddiadau'r gorffennol; a gwelaf hefyd mor ddiwerth ac yn wir anghywir yw'r 'mastwrbiaid' meddyliol a gyflwynir dan gochl Hanes fel arfer bellach.[58]

Mae'r dadleuon hyn ynglŷn â dilysrwydd hanesyddiaeth a disgwrs yn berthnasol i wyddoniaeth hefyd. Maentumiad trawiadol gan R. M. Jones, a gosodiad a ddaeth maes o law yn bur ffasiynol ymhlith academwyr yn rhyngwladol, yw'r ddadl fod gwyddoniaeth hefyd yn gysyniad diwylliannol. Canlyniad hyn yw tanseilio tuedd Goleuedigaeth i gyfreithloni disgyrsiau trwy broses o wyddori. Yn ôl dadl Jones, mae gwyddoniaeth yn ddibynnol ar amlygu trefn, ond mae'n rhaid rhagdybio'r drefn honno cyn y gellir ei datgelu. Mewn dadl rhyngddo ef a Dewi Z. Phillips yn *Y Traethodydd*, daeth y gwrthgyferbyniad theoretig hwn i'r amlwg wrth i Jones ddatgan: 'Seiliwyd y syniad o hunanlywodraeth gwyddoniaeth hithau ar ffydd, ac felly mae'n wrthddywedol.'[59] Fe ategodd y pwynt yn *Golwg*: 'Mi ellid dal yn erbyn unrhywun sydd yn chwilio am drefn, dywedwch ym myd gwyddoniaeth, ei fod e'n dyfeisio'r drefn ei hun.'[60]

Fe ddengys gwaith R. M. Jones ei hun ar ieithyddiaeth plant, yn y gyfrol *System in Child Language* er enghraifft, ei fod yn arddel empeiriaeth, yn ymarferol o leiaf. Swyddogaeth pob gwir wyddor yw treiddio 'beyond the infinite list of external perceivabilities to the limited kernel of conceivabilities'.[61] Yn *Seiliau Beirniadaeth* hefyd, fe dynn wahaniaeth clir rhwng swyddogaeth y ddamcaniaeth (sef rhoi cynnig ar wybodaeth) a theori (casgliad o ddeddfau).[62] Mae'n pwysleisio mai'r prif berygl y mae'n rhaid i'r gwyddonydd ymochel rhagddo yw bod yn ansystematig.[63] Yn *System in Child Language*, er enghraifft, fe ddadleuir bod defnyddio'r gair 'prifiant' wrth ddisgrifio twf ieithyddol plentyn yn anaddas gan ei fod yn peryglu seiliau gwyddonol yr ymchwil. Rhaid ymochel rhag trosiadau: 'Growth is such a useful metaphor, it must be watched . . . But growth belongs to organism; and language . . . is not an organism, but a system.'[64]

Er hyn i gyd, mae Jones yn dangos mai amodol yw ei sylwadau o blaid gwrthrychedd gwyddonol. Mae ei ymdriniaeth â cherdd Waldo Williams, 'Eirlysiau', yn enghraifft o'i safbwynt. Cymherir blodau'r gerdd â'r enfys, 'â'r gwynder golau mewn prism sy'n torri sawl lliw (h.y., yn bob math o flodau)'.[65] Mae'n enghraifft o sut y crëir gwybodaeth newydd gan newidiadau technolegol. Hyd nes y dyfeisiwyd teclynnau gwyddonol i'w cynorthwyo, fe ddibynnai pobl ar eu synhwyrau corfforol i arsylwi ar liwiau. Ond wrth i ffyrdd newydd o ddehongli'r bydysawd gael eu dyfeisio, fe esgorwyd ar ddulliau newydd o ddosrannu gwybodaeth. Wrth gyfeirio at y gerdd 'Eirlysiau', fe ddadleua Jones fod dull Newton o rannu'r sbectrwm yn saith lliw yn ddibynnol ar gyfyngiadau empeiraidd a gwyddonol ei gyfnod. Mewn cyfnod gwahanol, fe ellid bod wedi'i ddosrannu'n faint bynnag o liwiau ag y mynnid. Ymhellach, felly, fe all y ffordd y mae unigolyn yn adnabod ei amgylchfyd fod yn wahanol i ddull ei gyfoeswyr. Rhydd Jones liwddallineb yn enghraifft o hyn, gan nodi nad 'afiechyd ydyw, ac nid rhywbeth y gellir cael gwared ag ef drwy hyfforddiant, ond nodwedd gynhenid'.[66] Y mae pobl yn wahanol i'w gilydd, a hyn, yn anad dim fe ymddengys, sy'n annilysu haeriadau empeiriaeth.

Yr amrywiadau sydd yn cael eu cynhyrchu oddi mewn i'r gyfundrefn empeiraidd sydd yn tanseilio'r aparatws yn ei grynswth. Ymddengys yr amrywiadau hyn yn amrywiadau mympwyol, ond ni olyga hynny nad ydynt o bwys. Mae mympwy yn rhan systematig o'r gyfundrefn empeiraidd sy'n rhwym yn y pen draw o esgor ar ystod o ffeithiau gwrthgyferbyniol.

Y dyb yn y Gymru Gymraeg oleuedig oedd bod gwyddoniaeth wedi goresgyn problemau o'r fath. Ni fu gwrthwynebwyr Jones yn araf i fanteisio ar ddatblygiadau technolegol y 1960au i ddadlau bod angen prawf empeiraidd o gasgliadau'r meddwl athronyddol a diwinyddol. Mewn cyfres o ymosodiadau yn *Y Cymro* ym 1966, fe ddadleuodd Gwilym O. Roberts fod y newid byd o ran gwybodaeth wyddonol yn gorfodi diwinyddiaeth empeiraidd ar y Cristion: 'Trwy ddiwinyddiaeth empirig yn unig y mae achub gwirionedd Cristnogaeth i effeithioli bywyd yn yr oes dechnegol hon'.[67] Ond, i feddyliwr an-oleuedig fel Jones, nid oedd y ddadl naïf honno'n dal dŵr. Bu Jones yn gwatwar yr hyn a alwasai unwaith yn '[b]eiriant rhifo'[68] gwybodaeth ystadegol. Yn ei dyb ef, nid yw casglu ystadegau yn ddigonol ynddo'i hun. Mewn erthygl ar Williams Pantycelyn ym 1966, dadleuodd Jones fod dolen gyswllt rhwng twf yr Oleuedigaeth Ewropeaidd ac ymreolaeth y gwyddorau gwyddonol: 'Mae gwyddoniaeth wedi syrthio fel y syrthiodd celfyddyd dyn; a daeth yn ddiben ynddi ei hun, wedi ei hysgar oddi wrth grefydd, fel y daeth dyn (drwy *hunan* fynegiant) yn frenin iddo'i hun.'[69] Wrth amau seiliau theoretig disgyblaeth oleuedig fel gwyddoniaeth, y nod oedd adfer cysyniadau Cristnogol o wybodaeth.

Ym more ei yrfa, fe honnodd R. M. Jones mai 'cangen bwysig o athroniaeth yw beirniadaeth lenyddol, a chyfunir ynddi lawer o ganghennau eraill athroniaeth'.[70] Priodol felly yw mynd i'r afael â rhai o'i sylwadau athronyddol ef ei hun. Un o'r rhai pwysicaf yw ei drafodaeth ar 'yr Arall'. Dechreuodd ddadl â Dewi Z. Phillips ar ôl i'r athronydd hwnnw gyhoeddi llith yn *Y Traethodydd* yn mynnu y gellid cael didueddrwydd athronyddol. Credai Phillips mewn eangfrydedd rhyddfrydol, ac ymhyfrydai yng ngemau iaith yr athronydd Ludwig Wittgenstein.[71] Yn ei dyb ef, nid gwiw i'r athronydd fod yn 'aelod o gymunedau o syniadau',[72] oherwydd o fod yn aelod o gymuned felly ceisiai hollgynhwysedd athronyddol ar gyfer ei faes theoretig ei hun, a'i wneud, gan hynny, yn anabl i dderbyn amrywiaeth:

Mae dilynwr Freud, y Marcsydd a'r Calfinydd am undod *damcaniaethol* i weithgareddau dyn. Methant weld nad oes rhaid iddynt wrthod disgrifiadau o safbwyntiau eraill sydd wrth fodd y rhai sy'n arddel y fath safbwyntiau. Gellir anghytuno â'r safbwyntiau heb eu hail-ddisgrifio. Gellir barnu'r safbwyntiau yn nhermau gwerthoedd gwahanol – sydd yn ddigonol.[73]

Dadl Phillips yw bod dilysrwydd yn perthyn i gylchoedd ieithyddol sydd yn annibynnol ar ei gilydd. Ni raid iddynt fod yn berthynol ac ni raid ychwaith i'r naill gylch ymyrryd â chylch priodol y llall. Gallant feddu ar ddilysrwydd cyfartal ond gwahanol.

Dengys ateb R. M. Jones yn wyneb y soffistigeiddrwydd hwn derfynau ei ddadl theoretig.[74] Dywed yn blwmp ac yn blaen mai mater diwinyddol yw athroniaeth. Ar ei wedd symlaf, fel yn y gyfrol *Cyfriniaeth Gymraeg*, ei ateb i gwestiwn athronyddol Phillips yw honni mai 'Didueddrwydd yw peidio â chyfrif Duw yn bwysig.'[75] Ond gall fod yn fwy treiddgar na hynny. Mae'n nodi nad oes modd dychmygu cylchoedd disgyrsaidd annibynnol heb gydnabod presenoldeb y tir cyffredin sydd rhyngddynt. Adleisia ef rai o'r dadleuon a ddefnyddid gan ysgolheigion eraill wrth gollfarnu rhesymeg Wittgenstein. Yn *Seiliau Beirniadaeth*, wrth honni bod adeileddeg ynghlwm wrth 'ragdybiaeth o gyfundrefn gydberthynol', mae'n dyfynnu Jacques Derrida yn gofyn yn *L'écriture et la différence* (Ysgrifennu a gwahaniaeth) (1967), 'Sut y gellir canfod cyfanwaith trefnedig ond drwy gychwyn yn y diben neu'r pwrpas?'[76] Mae amlygu gwahaniaeth metaffisegol yn ddibynnol ar gysondeb llywodraethol y tu ôl i'r gwahaniaeth hwnnw. Er y ceir gwrthdaro damcaniaethol rhwng gwahanol gyfundrefnau syniadol, y mae'r dybiaeth na ellir diddymu unrhyw gylch disgyrsaidd er gwaethaf pob gwrthdaro (a phob perthynas rym) yn nacáu'r gwrthdaro hwnnw. Gan hynny, fe ddadleuodd Jones mai perthynoldeb sydd wrth wraidd casgliadau Phillips pan yw'n holi a yw amherthynoldeb yn ddilys ai peidio.

Dyma ddadl a ddefnyddid gan Jones wrth iddo ymosod ar empeiriaeth hefyd. Wrth ddychwelyd at ddyfalu rhesymolaidd a goleuedig wedi'i seilio ar ymchwil empeiraidd, fe ddengys bod seiliau ymchwil wedi'u caethiwo gan gyfyngiadau'r cysyniad o reswm. Gan fod rheswm yn beth na ellir mo'i amgyffred oddi allan i'w gylch ei hunan, 'y mae'n hunanganibalaidd wrth natur'.[77]

Yn rhifyn yr Eisteddfod o'r *Faner* ym 1978, fe gyhoeddwyd erthygl-adolygiad gan Euros Bowen ar *Llên Cymru a Chrefydd*. Cyhuddwyd

Jones o gyhoeddi ffuglen ddiwinyddol wrth ragdybio bod traddodiad diwinyddol Awstinaidd-Galfinaidd yn greiddiol i'r traddodiad Cristnogol Cymraeg. Dyfynnodd Bowen eiriau un o'i diwtoriaid yn Rhydychen, a ddywedodd: 'We theologians are always in danger of substituting fiction for fact in our thought of God.'[78] Ymhellach, yr oedd methodoleg Jones wedi ei arwain ar gyfeiliorn:

> Ond nid dadlau'n anwythol, fel y byddid yn disgwyl o'r datganiad hwn o amcan y gyfrol a wneir, er mwyn sefydlu a chadarnhau thesis, a hynny ar sail tystiolaeth y llenyddiaeth ei hun, ond dadlau'n hytrach yn ddidwythol oddi wrth awdurdod diamod penarglwyddiaeth.[79]

Yr oedd trafodaeth ar rethreg yn ganolog i'r ddadl hefyd. Dywed Bowen mai 'beirniadaeth lenyddol homiletig' oedd cynnwys *Llên Cymru a Chrefydd* ac mai dyna'i ffaeledd mawr. Ceir ensyniad yma fod rhethreg yn peryglu egwyddorion sylfaenol dysg. Ni ellir ei chysoni ag ysgolheictod anwythol, gan mai dyfais broselytig ydyw. Ymhellach fyth, cyhuddir Jones, oherwydd ei safbwynt adeileddol, o hybu 'mathemateg ddiwinyddol' (cyhuddiad sy'n wadiad, wrth gwrs, o'r cyswllt agos rhwng meddwl mwy 'goleuedig' Bowen ei hun a mathemateg).

Wrth ymateb i'r erthygl, fe ddadleuodd Jones fod pob defnydd o iaith yn rhethregol yn ei hanfod, yn chwarae cast â'r darllenydd, a bod hyn yn anochel er mwyn dwyn perswâd. Ymhellach, honnodd fod anwythedd yn gwbl ddibynnol ar dderbyn dilysrwydd didwythol y rhagdybiaeth a bennai gyd-destun yr ymchwil. Hynny yw, mae anwythedd hefyd yn ddibynnol ar dderbyn bodolaeth a phresenoldeb didwythol yr economi berthynol: 'Pan fo athronydd yn hawlio nad yw am gymryd ond rheswm pur a diragdyb yn fan cychwyn i'w athroniaeth am fywyd, y mae ef eisoes wedi dechrau gyda dogma rhagdyb sy'n gyn-resymol.'[80] Mae'r rhagdybiaeth *a priori* sy'n sail i resymeg yn rhagdybiaeth na ellir ei phrofi. Mae Jones yn bleidiol i'r mewnwelediad hwn, ac yn collfarnu'n gyson ddarfelydd empeiraidd y traddodiad athronyddol Eingl-Americanaidd. Bu A. J. Ayer, er enghraifft, 'yn gweithio oddi ar egwyddor nad oedd dim oll ystyrlon oni ellid ei wireddu'n empeiraidd â'r synhwyrau, cyn sylwi na ellid gwireddu'r rhagosodiad cyntaf hwnnw ei hunan â'r synhwyrau'.[81] A dyna, wrth gwrs, brif ogwydd y meddwl goleuedig Cymraeg yn yr ugeinfed ganrif.

Tybia Jones fod honiadau Dewi Z. Phillips hefyd yn ddibynnol ar drefn gudd o berthynoldeb. Y peth mwyaf y gellid ei honni ar ei ran ef, a dyneiddwyr eraill, yw eu bod 'o ryw fudd drwy orfodi'r Ceidwadwyr i glirio'u meddyliau a llymhau eu harfau nes diffinio'u safle'n gadarnach'.[82] Dywed am ddyneiddiwr arall nad 'osgoi'r pwnc yw dweud nad oes dim diben dadlau ag ef, gan nad oes dim tir cyffredin rhyngom. Yr unig bwrpas sy gennyf yw datgan yr achos, a gadael iddi.'[83] Mae Jones am nacáu'r broses ddilechdidol – sydd, wrth gwrs, yn broses berthynol – fel dull dilys o ymresymu, ac mae'n amheus o Hegeliaeth. Mewn nodyn pwysig ar y dull cyfannol dilechdidol o feddwl yn *Seiliau Beirniadaeth*, dywed ei fod yn esgor ar 'relatifiaeth brennaidd, eclectigiaeth heb egwyddor ganolog na phwrpas . . . Bai'r ddialechteg gyfosodol yw ei bod yn gyfyngedig driol ac yn anwybyddu'r fframwaith gwrthgyferbyniol deuol: cyfaddawd yw heb werthoedd absoliwt.'[84]

Ni cheir yng ngwaith R. M. Jones fawr o gydnabyddiaeth o bwysigrwydd dilechdid i'r meddwl gorllewinol. Honnir i Hegel agor 'y drws i relatifiaeth ysbrydol',[85] ac, yn ddigon twt, fe osodir y bai am gamre y dirywiad diwinyddol Cymraeg ar hyrwyddwyr perthynoldeb. Trwy gyfrwng dylanwad cynyddol athroniaeth ac ieitheg Almaenig yn ystod ail hanner y bedwaredd ganrif ar bymtheg, fe ddaethai athrawiaethau Hegelaidd i fennu ar lenyddiaeth Gymraeg. Roedd yn rhan o'r newid deallusol a arweiniodd maes o law at Oleuedigaeth ieithyddol John Morris-Jones.

Gwybodaeth 'newydd'

Yn gwbl ganolog i'r drafodaeth hon am ystyr gwrthrychedd y mae theorïau Cristnogol am wybodaeth. Fe gofir bod dealltwriaeth R. M. Jones o natur gwybodaeth yn seiliedig ar y rhagdybiaeth nad yw gwybodaeth yn bod fel y cyfryw, ond bod y cyfyngiadau sydd arni – ac sydd o raid yn ei diffinio – yn tarddu o reolau sydd eisoes wedi eu gosod (rheolau *a priori*). Mae'n honni bod 'siâp gwybodaeth wedi ei phenderfynu gan ragdybiaeth ynghylch ei natur. *Nid gwybodaeth, gwybodaeth heb ragdybiaeth.*'[86] Ond ni ellir haeru yn sgil hynny fod modd dilysu gwahanol achyddiaethau o wybodaeth. Yn hytrach, fe ddadleuir bod gwybodaeth yn trosgynnu pob ffin am ei bod yn tarddu o awdurdod Duw. Mae'r Duwdod hefyd yn llunio'r modd y byddir yn synio am wybodaeth: 'Mae Duw'n ben-arglwydd ar y digwyddiadau hanesyddol; ond ymhellach, *y mae'n ben-arglwydd ar ein gwybodaeth ohonynt.*'[87] Yn yr ystyr hwn y mae gwybodaeth yn bod cyn ei chanfod.

Mae gwybodaeth o'r fath yn 'wybodaeth newydd'. Yn ei erthygl 'Beth yw'ch Rheswm?', sydd yn ymdrech i danseilio dysgeidiaeth oleuedig, fe gyfeiria R. M. Jones at y rheswm Cristnogol newydd fel cynneddf sydd 'wedi ei [g]oleuo a'i [g]osod mewn fframwaith cywir a llawnach. Yr oedd ganddynt [sef ei harddelwyr] *wybodaeth* newydd.'[88] Mae'n 'wybodaeth berffaith', fel yr esbonia yn *Cyfriniaeth Gymraeg*, ac yn 'gyflawn er gwaethaf llawer camddealltwriaeth'.[89] Mae gwybodaeth fel hyn yn geidwadol gan ei bod yn ddiffiniedig. Nid yw'n hylifol ac ni fydd y dehongliadau y gellir eu priodoli iddi yn rhai y gellid eu hamau. Mae'n anorfod felly ei bod yn wrth-ddyneiddiol.

I ba raddau, felly, y gellid dweud bod yr adwaith i Oleuedigaeth y Gymru Gymraeg yn geidwadol? Yn ôl Jones, 'yr her ofnadwy i ryddfrydiaeth amheugar ac i empeiriaeth arwynebol y dwthwn, yw'r cyfanrwydd a ddadlennir bellach gan y Cristnogion ceidwadol'.[90] Mae'n deg gofyn i ba raddau y mae'r geidwadaeth ddamcaniaethol hon yn gyfystyr â cheidwadaeth wleidyddol, ac i ba raddau y mae achlesu gwerthoedd cyn-oleuedig yn golygu cefnu ar gyfiawnder cymdeithasol. Dyna un o'r rhesymau pwysicaf, wedi'r cwbl, pam nad oedd nifer o feddylwyr rhyddfreiniol yn derbyn bod gwaith Jones yn rhan o ganon radicaliaeth Gymraeg.

Ysgrif bwysig o eiddo R. M. Jones o ran cysoni 'gwybodaeth newydd' a gwleidyddiaeth yw 'Beirdd yr Uchelwyr a'r Byd' (1974). Un o'r cyfeiriadau mwyaf diddorol ynddi yw cyfeiriad at Dafydd Nanmor. Yn achyddiaeth beirniadaeth lenyddol Gymraeg, mae agwedd beirniaid o fri deallol, a Saunders Lewis yn neilltuol,[91] at Dafydd Nanmor yn fodd i ddatgelu eu rhagdybiaethau beirniadol. Dywed Jones am y bardd:

> Gweld ei fyd y mae Dafydd Nanmor, fel y gwnaeth Dafydd ap Gwilym o'i flaen, mewn goleuni cosmig eglurhaol. Analóg yw dyn, ac yntau'n greadur diwylliannol, o Bendefig dwyfol y bydysawd ... Hynny yw, y mae llafur a threfniadaeth yr uchelwr ynghlwm wrth achosion sy'n trosgynnu bodolaeth ddynol.[92]

Mae'r pwyslais ar ddyn fel bod diwylliannol yn greiddiol i'r sylwadaeth. Mae ieithwedd o'r fath yn adleisio, mewn ffordd ryfedd, waith Marcsiaid fel Raymond Williams. Ond mae diwylliant yn ôl dehongliad y Cristion yn tarddu o'r ysbrydol, nid o'r materol.

Nid yw dyn yn bod ond fel bod diwylliannol. Mae dwy ffrwd bosibl i'r math yna o feddwl gwleidyddol. Yn gyntaf, mae modd nodi bod pob math o wleidyddiaeth 'ddaearol' yn weithred ddiwylliannol. Gall

fod i hyn oblygiadau radical. Ni ellir dweud bod y naill ddull o feddwl
– boed yn radicalaidd neu'n adweithiol – yn fwy breintiedig na'r llall
yng ngolwg Duw. Ni ellir honni bod rhai mathau ar lywodraeth yn fwy
'naturiol' nag eraill. Fe ellid barnu sylwebydd ceidwadol am 'apelio at y
"naturiol" pan fydd yn gyfleus iddo – heb sylweddoli fod popeth yn
naturiol ond y bodau goruwchnaturiol'.[93] Ond fe all theorïau gwleid-
yddol a seilir ar drosgynoldeb uwch-ddynol fod yn adweithiol hefyd.
Yn 'Beirdd yr Uchelwyr a'r Byd', mae R. M. Jones yn ymosod ar Jean-
Jacques Rousseau ac yn gwadu dilysrwydd y *contrat social*, sef cytundeb
a dynnwyd rhwng dynion. Mae grym Duw yn golygu nad oes hawl gan
ddyn i gipio gwybodaeth a'i defnyddio i hyrwyddo newid gwleid-
yddol:

> Mae'r athrawiaeth Gristnogol am awdurdod dinesig ac am wleidyddiaeth
> wedi'i seilio ar Benarglwyddiaeth Duw, a'i awdurdod Ef dros yr holl
> gosmos, gweledig ac anweledig ...
> Cynrychiolydd Duw yw'r sawl sydd mewn awdurdod, ac y mae'n
> dwyn urddas Duw ('Ac urddas gan y gwir Dduw', VII, 51): nid
> anarchiaeth ddi-ffrwyn yw ewyllys y Duwdod ...
> Nid gan ddynion eraill y cafwyd yr hawl yna: Nid 'Contrat Social' a
> wnaeth rhywun o'n hynafiaid gyda'i gyd-ddynion: nid oes gan yr un dyn
> ynddo'i hun yr hawl i reoli dyn arall. Fel hyn y mae'r Apostol yn ei
> ddweud, 'Nid oes awdurdod ond oddi wrth Dduw; a'r awdurdodau
> ysydd, gan Dduw y maent wedi eu hordeinio.'[94]

Mae Jones yn nodi y gall fod adegau pryd na chaniateir i ddyn 'fyw'n
gymharol ffyniannus',[95] ond mae'n gochel rhag ymhelaethu ar beth y
dylid ei wneud mewn sefyllfaoedd felly. Ymhellach fyth, y mae'n galw
ar ddinasyddion i ffrwythloni, ac i beidio â nacáu, y drefn gymdeithasol
sydd ohoni. Wrth drafod cyfrifoldebau dinesig Wiliam Llŷn, y mae'n
cyfeirio at y modd y bu'r bardd yn parhau i eplesu bywyd diwylliannol
cymdeithas hyd yn oed pan oedd y gymdeithas honno yn llygredig ac
yn gwadu hawliau dinesig ei haelodau:

> Yr hyn sy'n ddiddorol wrth archwilio gwaith Wiliam Llŷn yw bod yma
> fardd o Gristion, mewn cymdeithas heb fod yn ddemocrataidd o gwbl, a
> welai fod iddo ran weithredol a chreadigol yn y gwaith o gynnal a
> chanmol yr hyn a oedd yn werthfawr ac yn ddwyfol yn y gymdeithas
> honno ...
> Nid dweud yr ydys mai pendefigaeth ydyw'r drefn Gristnogol briodol,
> eithr, wyneb yn wyneb â'r sefyllfa ddiriaethol hon, dyma'r meddwl
> Cristnogol a ddatblygwyd ymhlith y beirdd i'w dehongli.[96]

Hynny yw, yn hytrach na chymell chwyldroi cymdeithas o'r fath, mae Jones am ddatblygu athrawiaeth Gristnogol sydd yn ei 'chyfoethogi'. Dylid ystyried y ddadl hon yn gyfnither i'r theorïau Catholig ynglŷn â pherchentyaeth a hybwyd gan Saunders Lewis. Ni honnai Lewis fod cymdeithas yr Oesoedd Canol yn ddi-fai, ond, yn hytrach, fod presenoldeb mawl a threfn yn y gymdeithas yn ei llesáu. Yn athronyddol, mae dylanwad Platoniaeth yn drwm ar y ddamcaniaeth hon. Cam bach yw symud oddi wrth y ddadl foesegol hon am farddoniaeth yr Oesoedd Canol tuag at dawelyddiaeth wleidyddol heddiw. Gwelir felly fod Jones yn gwbl gefnogol i weithgareddau cadarnhaol ac ymarferol mudiad fel Cymdeithas y Dysgwyr, ond mae'n amheus o, os nad yn agored elyniaethus i, 'anarchiaeth' Cymdeithas yr Iaith. Mae hyn yn rhwym o beri anesmwythyd i feirniaid goleuedig.

Er hynny, fe fu Jones yn ymwybodol o'r ffaith bod arddel awdurdod Duw yn ymddangos fel pe bai'n bygwth awtonomi estheteg ym maes llenyddiaeth yn ogystal â hawliau'r dinesydd ym maes gwleidyddiaeth. Er mwyn goresgyn y broblem yma, fe geisiodd ddatblygu theori a fyddai'n diffinio'n fwy cynnil ac yn fwy hylaw gyfyngiadau sofraniaeth Duw a sofraniaeth dyn. Seiliodd ddadleuon y gyfrol sydd yn datblygu'r ddamcaniaeth hon, *Llên Cymru a Chrefydd*, ar dybiaeth fod gwybodaeth seciwlar yn meddu ar ddilysrwydd oddi mewn i'w thiriogaeth leol. Rhoddwyd yr enw 'cylchoedd', neu 'sfferau', ar y tiriogaethau hyn. Mae i'r cylchoedd reolaeth dros wahanol feysydd o weithgarwch neu wybodaeth. Nid ydynt yn 'hollol *an-nibynnol* a digyswllt . . . ar ei gilydd'.⁹⁷ Ond y maent, ar lefel ddisgyrsaidd, ar wahân. Noda Jones mai 'Propaganda yw'r hyn a geir pan fydd cylch y wladwriaeth neu gylch yr eglwys "leol" (nid Crist) yn *ymyrryd* â hawliau cylch y llenor.'⁹⁸ Mae i bob mynegiant o ddiwylliant ei swyddogaeth neilltuol ac, er y gall cylchoedd ddylanwadu ar ei gilydd, ni all y naill gylch ddileu'r llall. Fe all 'un cylch wasanaethu cylch arall, ond ni all ei ddisodli a'i dra-awdurdodi'n ddi-amod: hynny yw, ni all (heb ladd) fabwysiadu nod a nodweddion y cylch arall.'⁹⁹ Er hynny, gan fod Jones yn dadlau bod gwybodaeth yn bodoli *a priori*, mae 'gwybodaeth newydd' yn pennu ffiniau'r cylchoedd. Nid yw'n syndod fod y rhain yn geidwadol. Dywed:

> (rhag inni gamddeall cydberthynas y patrwm), gellir dal, fel y mae pob un wedi'i eni o fewn i'r cylch mawr o dan Grist, y mae pawb wedi'i eni i ddau arall, sef i'r teulu ac i'r wladwriaeth: hynny yw, o ran cynwysoldeb y mae'r tri hyn yn ymddangos yn gymesur.¹⁰⁰

Mae'r ddamcaniaeth yn gymharol syml ac mae swmp helaethaf *Llên Cymru a Chrefydd* yn ei heglurebu mewn ffordd weddol ddeidactig. Mae gwybodaeth Gristnogol yn cwmpasu popeth. Mae gwybodaeth a diwylliant yn lleol ac yn meddu ar awtonomi, ond rhaid iddynt, yn y pen draw, fod yn atebol i Dduw.

Nodiadau

[1] R. M. Jones, *Seiliau Beirniadaeth: Cyfrol 3: Ffurfiau Ystyrol* (Aberystwyth, 1987), 286.
[2] Idem, 'Wrth Angor (17): Rhagor o Garu', *Barddas*, 169 (Mai 1991), 10.
[3] Idem, *Llên Cymru a Chrefydd: Diben y Llenor* (Abertawe, 1977), 310.
[4] Friedrich Nietzsche yn ddyfynedig yn Jones, *Seiliau Beirniadaeth: Cyfrol 4: Cyfanweithiau Llenyddol* (Aberystwyth, 1988), 427.
[5] R. M. Jones, *Llên Cymru a Chrefydd*, 182.
[6] Idem, 'Anerchiad Bobi Jones: Y Newydd ym Marddoniaeth Cymru', *Baner ac Amserau Cymru*, 5 Medi 1951, 5.
[7] Idem, *Welsh Studies in Education: Volume 2: System in Child Language* (Cardiff, 1970), 230.
[8] Idem, 'Y Pastwn Llenyddol', *Llenyddiaeth Gymraeg 1902–1936* (Llandybïe, 1987), 25.
[9] Idem, *Llên Cymru a Chrefydd*, 426.
[10] Saunders Lewis, *Daniel Owen* (Aberystwyth, 1936), 33–47.
[11] John Gwilym Jones, *Daniel Owen: Astudiaeth* (Dinbych, 1970).
[12] Wiliam Owen Roberts, 'Nes Na'r Hanesydd neu Y Nofel Hanes', yn John Rowlands (gol.), *Sglefrio ar Eiriau* (Llandysul, 1992), 84–9.
[13] R. M. Jones, *Llên Cymru a Chrefydd*, 502.
[14] Gw. idem, *Seiliau Beirniadaeth: Ffurfiau Ystyrol*, 286.
[15] Idem, 'Cerddi Hir T. Gwynn Jones', *Y Traethodydd*, CXXVI, 538 (Ionawr 1971), 49.
[16] Idem, 'Rhagymadrodd i'r Ganrif Hon', *Barn*, 106 (Awst 1971), 282.
[17] Idem, 'Cyfres Erthyglau'r Canmlwyddiant: Canrif o'n Llenyddiaeth', *Baner ac Amserau Cymru*, 27 Mehefin 1957, 3.
[18] Idem, 'Rhagymadrodd i'r Ganrif Hon', 287.
[19] Idem, 'Cerddi Hir T. Gwynn Jones', 49.
[20] Idem, 'Y Pastwn Llenyddol', 22.
[21] Ibid., 27.
[22] R. M. Jones, *Tafod y Llenor: Gwersi ar Theori Llenyddiaeth* (Caerdydd, 1974), 262–3. Gydol yr ugeinfed ganrif, fe ddefnyddid dadleuon am 'gywirdeb' i gyfiawnhau gweithgarwch llenyddol carfan sydd yn pleidio dehongliad arbennig o estheteg. Yn y llyfr hwn, mae R. M. Jones yn ymosod ar y syniad fod 'yr iaith lenyddol fel awdurdod deddfol sy'n caniatáu rhyw fath o ymddygiad . . . Yr iaith lenyddol fel llestr sefydlog, cadwedigol a digyfnewid [a'r] myth o iaith bur a delfrydol.'

²³ Gwilym Rees Hughes, 'Gwilym Rees yn holi Bobi Jones', *Barn*, 128 (Mehefin 1973), 345.
²⁴ R. M. Jones, 'Beirniadaeth Lenyddol Gyfoes', *Lleufer*, XXV, 3 (1973), 4.
²⁵ Idem, *Tafod y Llenor*, 130.
²⁶ Idem, *Seiliau Beirniadaeth: Cyfrol 2: Ffurfiau Seiniol* (Aberystwyth, 1986), 69.
²⁷ M. Wynn Thomas, [adolygiad o Belinda Humfrey (gol.), *Fire Green as Grass: Studies of the Creative Impulse in Anglo-Welsh Poetry & Short Stories of the 20th Century*], *New Welsh Review*, VIII/I, 29 (Haf 1995), 93.
²⁸ R. M. Jones, *Seiliau Beirniadaeth: Cyfrol 1: Rhagarweiniad* (Aberystwyth, 1984), 50, troednodyn 25. Gw., hefyd, idem, 'Hidlon o Lanidloes: IV: Y Traddodiad Uchelwrol Eto', *Baner ac Amserau Cymru*, 22 Ebrill 1953, 6.
²⁹ Gw., e.e., idem, 'Tegla a Phlant', *Llenyddiaeth Gymraeg 1902–1936*, 431. Roedd y syniad fod 'synnwyr cyffredin' rhyddfrydol yr Oleuedigaeth an-oleuedig wedi torri ar draws ceidwadaeth gyn-oleuedig yn wir am bob math o wyddorau, a diwinyddiaeth yn amlwg yn eu plith.
³⁰ Idem, *Seiliau Beirniadaeth: Cyfanweithiau Llenyddol*, 433.
³¹ Idem, 'Pab ein Llên', *Llenyddiaeth Gymraeg 1936–1972* (Llandybïe, 1975), 334. Gw., am enghraifft arall, idem, 'Dau Gyfraniad Cymru i Ewrob', *I'r Arch: Dau o Bob Rhyw: Ysgrifau Llên a Hanes* (Llandybïe, 1959), 11.
³² Idem, 'Beirniadu Llên', *Barn*, 34 (Awst 1965), 273.
³³ Gwyn Thomas, 'Iaith o Fewn Iaith' [adolygiad o R. M. Jones, *Tafod y Llenor*], *Baner ac Amserau Cymru*, 21 Chwefror 1975, 3.
³⁴ R. M. Jones, *Seiliau Beirniadaeth: Rhagarweiniad*, 28.
³⁵ Thomas, 'Iaith o Fewn Iaith', 3.
³⁶ Bedwyr Lewis Jones, [adolygiad o Geraint Bowen (gol.), *Ysgrifennu Creadigol (Darlithoedd Taliesin)*], *Y Genhinen*, 23, 4 (Hydref 1973), 195.
³⁷ R. M. Jones, *Seiliau Beirniadaeth: Cyfanweithiau Llenyddol*, 477.
³⁸ Prys Morgan yn ddyfynedig yn R. M. Jones, 'Athrawiaeth Hanes Charles Edwards', yn J. E. Caerwyn Williams (gol.), *Ysgrifau Beirniadol VII* (Dinbych, 1972), 76.
³⁹ W. J. Gruffydd, 'Cystadleuaeth Barddoniaeth Gŵyl Brydain', *Baner ac Amserau Cymru*, 4 Gorffennaf 1951, 7.
⁴⁰ R. M. Jones, *Seiliau Beirniadaeth: Rhagarweiniad*, 42.
⁴¹ Idem, 'The Anglo-Welsh', *Dock Leaves*, 4, 10 (Gwanwyn 1953), 25.
⁴² Idem, 'Hanes Llenyddiaeth', yn J. E. Caerwyn Williams (gol.), *Ysgrifau Beirniadol X* (Dinbych, 1977), 402–3.
⁴³ R. M. Jones, 'Wrth Angor (9): Geiriau Arafaidd Gerallt', *Barddas*, 158 (Mehefin 1990), 10.
⁴⁴ Idem, 'Bobi Jones yn Ateb Cwestiynau'r Golygydd', yn J. E. Caerwyn Williams (gol.), *Ysgrifau Beirniadol IX* (Dinbych, 1976), 393.
⁴⁵ R. M. Jones, *Llên Cymru a Chrefydd*, 63.
⁴⁶ Idem, 'Llenor Uffernol' [adolygiad o Gwyn Thomas, *Ellis Wynne*], *Cristion* (Tachwedd / Rhagfyr 1984), 10.
⁴⁷ Idem, *Seiliau Beirniadaeth: Rhagarweiniad*, 7.
⁴⁸ Idem, 'Athrawiaeth Hanes Charles Edwards', 88.
⁴⁹ Idem, 'Grym Hanes O. M. Edwards', *Llenyddiaeth Gymraeg 1902–1936*, 60.
⁵⁰ Gw. idem, 'Hen Wyneb D. J.', *Llenyddiaeth Gymraeg 1902–1936*, 341.
⁵¹ Idem, 'Athrawiaeth Hanes Charles Edwards', 87. Hanesydd goleuedig yn

cyflawni'r un swyddogaeth ym maes hanes ag y gwnaeth John Morris-Jones ym maes iaith oedd John Edward Lloyd. Yn ei farwnad iddo, 'Marwnad Syr John Edward Lloyd' (1948), cyfeiria Saunders Lewis ato fel '[l]lusernwr y canrifoedd coll'. Yn wir, mae'r farwnad yn llawn trosiadau yn cymharu tywyllwch ('ogof', 'cysgodion', 'liw nos', 'lloer an-sad', 'gwyll', 'rhithiau geirwon') â goleuni ('traddodi'r gangen aur', 'agor dôl', 'daeth golau a ffurf fel gwawr a wenai', 'clirio llain', 'paladr fflam goleudy', 'lamp').

52 Idem, 'Dau Fyfyriwr Annifyr', *Llenyddiaeth Gymraeg 1902–1936*, 415–16.
53 Idem, 'Athrawiaeth Hanes Charles Edwards', 77, troednodyn 13.
54 Idem, 'Dychwelyd at y Diduedd', *Y Traethodydd*, CXL, 594 (Ionawr 1985), 44.
55 Idem, 'Athrawiaeth Hanes Charles Edwards', 84.
56 Ibid.
57 R. M. Jones, 'Hanes Seciwlar a Hanes Go Iawn', *Barn*, 35 (Medi 1965), 313.
58 Ibid., 312.
59 R. M. Jones, 'Myth y Diduedd', *Y Traethodydd*, CXXXIX, 590 (Ionawr 1984), 50.
60 Idem, 'Byd o Eithafion', *Golwg*, 13 Mehefin 1991, 21.
61 Idem, *System in Child Language*, 19.
62 Idem, *Seiliau Beirniadaeth: Rhagarweiniad*, 11, troednodyn 5.
63 Idem, *Seiliau Beirniadaeth: Cyfanweithiau Llenyddol*, 429.
64 Idem, *System in Child Language*, 76, troednodyn 17.
65 Idem, 'O Gylch y Retina', *Llenyddiaeth Gymraeg 1936–1972*, 42.
66 Ibid., 43–4.
67 Gwilym O. Roberts, 'Yn y Plygu Hwn 'Rydym Ill Dau yn Un Trwy Ras', *Y Cymro*, 7 Ebrill 1966, 2.
68 R. M. Jones, 'Cwrs y Byd: Beirniadu Bangor', *Baner ac Amserau Cymru*, 15 Chwefror 1956, 8. Gw., am ymosodiad tebyg ar wyddoniaeth, empeiriaeth a mathemateg, Brinley Rees, '"Darfod y Myfyrdod Mawr"', *Yr Einion*, II (Awst 1950), 82–9. Mae Brinley Rees yn cyferbynnu gwybodaeth ysgrifenedig yn anffafriol â gwybodaeth lafar a chyfrin. Dadleua fod cyswllt rhwng *logos* a gwyddoniaeth, a bod y gallu i ysgrifennu yn rhag-amod i wyddoniaeth, ac yn difa gwahanrwydd: 'Y llythyren sy'n lladd.' Dywed fod gwyddori ar rifolion 'wedi eu hysbeilio o bob rhithyn o'r ystyr gyfrin a oedd iddynt gynt' gan mai mathemateg bellach 'yw'r unig wyddor fanwl gywir', ond un sydd, er hynny, yn anaddas i ddisgrifio amrywiaeth diderfyn y byd.
69 R. M. Jones, '"Byd" Pantycelyn', yn J. E. Caerwyn Williams (gol.), *Ysgrifau Beirniadol II* (Dinbych, 1966), 89.
70 R. M. Jones, 'Saunders Lewis y Dramodydd', *Baner ac Amserau Cymru*, 29 Rhagfyr 1954, 3.
71 Gw. Ludwig Wittgenstein, *Philosophical Investigations* (Oxford, 1953), 11. Gw., am ddatblygiad o'r syniad o gemau iaith, Jean-François Lyotard, *The Postmodern Condition: A Report on Knowledge* (Manchester, 1984), 9–11.
72 Dewi Z. Phillips, 'Ai Bod yn Naïf yw Ceisio Bod yn Ddi-duedd?', *Y Traethodydd*, CXXXVIII, 589 (Hydref 1983), 203.
73 Ibid., 204.
74 R. M. Jones, 'Dychwelyd at y Diduedd', 45.
75 Idem, 'Waldo – Y Cyfrinydd Ymarferol', *Cyfriniaeth Gymraeg* (Caerdydd, 1994), 223. Y safbwynt efengylaidd hwn sydd wedi arwain at ddiraddio gwaith R. M. Jones yn y Gymru seciwlar.

[76] Jacques Derrida yn R. M. Jones, *Seiliau Beirniadaeth: Rhagarweiniad*, 47.
[77] R. M. Jones, *Llên Cymru a Chrefydd*, 31.
[78] Euros Bowen, 'Beirniadaeth Lenyddol Homiletig – (1)' [adolygiad o R. M. Jones, *Llên Cymru a Chrefydd*], *Y Faner*, 4 Awst 1978, 12.
[79] Ibid.
[80] R. M. Jones, 'Myth y Diduedd', 49.
[81] Idem, *Llên Cymru a Chrefydd*, 14, troednodyn 1.
[82] Idem, 'Yn Bersonol Rwy'n Credu . . .', *Byw* (Chwefror 1965), 28.
[83] Idem, 'Y Ffydd nas Adweinir' [llythyr at y Golygydd], *Y Cymro*, 2 Mehefin 1966, 3.
[84] Idem, *Seiliau Beirniadaeth: Ffurfiau Ystyrol*, 337, troednodyn 33.
[85] Idem, 'Sgandal 1919', *Llenyddiaeth Gymraeg 1902–1936*, 289.
[86] Idem, 'Hanes Seciwlar a Hanes Go Iawn', 312.
[87] Ibid.
[88] R. M. Jones, 'Beth yw'ch Rheswm?', yn Noel Gibbard (gol.), *Ysgrifau Diwinyddol 1* (Pen-y-bont ar Ogwr, 1979), 87.
[89] R. M. Jones, 'Pantycelyn – Y Cyfrinydd Athrawiaethol', *Cyfriniaeth Gymraeg*, 88.
[90] Idem, 'Chwarteri Saunders Lewis', *Llenyddiaeth Gymraeg 1936–1972*, 147.
[91] Saunders Lewis, 'Dafydd Nanmor', *Y Llenor*, IV, 3 (Hydref 1925), 135–48.
[92] R. M. Jones, 'Beirdd yr Uchelwyr a'r Byd', yn J. E. Caerwyn Williams (gol.), *Ysgrifau Beirniadol VIII* (Dinbych, 1974), 34–5.
[93] R. M. Jones, 'Enaid Iwerddon Rydd', *Baner ac Amserau Cymru*, 6 Mehefin 1951, 3.
[94] Idem, 'Beirdd yr Uchelwyr a'r Byd', 36–7.
[95] Ibid.
[96] Ibid., 42.
[97] R. M. Jones, *Llên Cymru a Chrefydd*, 44.
[98] Ibid., 43.
[99] Ibid., 41.
[100] Ibid., 43.

3
Cenedlaetholdeb

Cynnyrch Goleuedigaeth yw'r cysyniad o genedl. Roedd yr Oleuedigaeth am orseddu rheswm yn lle teimlad a mathemategwyr yn lle offeiriaid: roedd ei rhesymeg hollgwmpasog yn gofyn am sefydlu cydrywiaeth ddiwylliannol fyd-eang ac am anwybyddu cenhedloedd. Ond ni ddigwyddodd hynny. Nid oedd Goleuedigaeth y ddeunawfed ganrif yn ddigon grymus i ddifodi gwahaniaethau diwylliannol y byd i gyd. Yn hytrach, gorfu iddi fodloni ar ddileu gwahaniaethau diwylliannol oddi mewn i ardaloedd llai, gan greu yn eu lle hunaniaethau rhanbarthol. Yn Ewrop, oherwydd gwahaniaethau iaith ac ethnigrwydd, cafwyd y mynegiant rhanbarthol hwn ar ffurf Goleuedigaethau mewn cenhedloedd unigol, a lle nad oedd nodweddion cenhedlig ar gael fe aethpwyd ati i'w creu. Yn lle'r hunaniaethau bro dirifedi a nodweddai'r Gorllewin cyn y Chwyldro Diwydiannol, gyda thafodieithoedd yn newid mymryn o fro i fro heb 'safon' i'w huno, crëwyd nifer 'cyfyngedig' o ddiwylliannau 'uchel', cenedlaethol, gyda phob diwylliant 'cenedlaethol' yn wahanol i'w gilydd a phob un yn 'unffurf' (yn ôl yr ideoleg, beth bynnag) oddi mewn i'w diriogaeth ei hun.[1]

Roedd y cenhedloedd newydd hyn yn 'fytholegol' yn eu hapêl at eu gorffennol organaidd, eu gwerin wreiddiedig, a'u dilysrwydd oesol, ond roeddynt yn rhesymegol yn y ffordd y bu iddynt fathemateiddio'r gwreiddiau hyn, gan greu 'cenhedloedd' nad oedd modd i'w trigolion goleuedig ddianc rhagddynt. Yn oes cyfathrebu democrataidd, roedd yn rhaid i bob grŵp ieithyddol ymffurfio'n genedl-wladwriaeth fel y gallai ei iaith fod yn gyfrwng i'r ddemocratiaeth ddinesig, gynhwysol, gyfartal honno. Oni wnâi hynny, fe ddeddfid bod iaith a bodolaeth y grŵp di-wladwriaeth yn llestair ar lwybr cyfartaledd, yn arwahanrwydd a ddynodai elitiaeth neu wrthryfel ac yn arwydd o gulni ethnig a âi'n groes i gyffredinolrwydd ac eangfrydedd 'digenedl' grŵp ethnig ffurfiannol y wladwriaeth. Yr awch am ddileu 'anghyfartaledd', gwaredu arwahanrwydd elitaidd, rhesymoli, mathemateiddio a pherffeithio'r genedl-wladwriaeth ar sail ei hethnigrwydd ffurfiannol cudd – hyn, wrth gwrs, yw'r rhesymeg 'lanhaol' a yrrodd Oleuedigaeth tuag at hil-laddiad, y rheswm trosiadol pam y gellid honni, fel y gwnaeth T. J. Morgan, fod ufuddhau i ramadegaeth buryddol fel llafurio 'o dan lygaid y Gestapo'.

Mae'r llyfr hwn yn astudiaeth o un elfen o'r Oleuedigaeth Gymraeg. Mae'n astudiaeth o gydblethiad gramadegaeth, purdeb, cenedlaetholdeb, mathemateg ac iaith fel y'u hamlygwyd mewn beirniadaeth lenyddol, un o ddisgyrsiau pwysicaf y Gymraeg, iaith ddi-wladwriaeth ar gwr eithaf gorllewin Ewrop. Dengys bod awelon yr Oleuedigaeth wedi cyrraedd y Gymru Gymraeg, gan ymorol ar ran y 'genedl', a bod i'r Oleuedigaeth hon ei rhesymeg 'lanhaol' yn yr un modd â Goleuedigaethau mewn cenhedloedd eraill yn Ewrop.

Mae'n hanfodol nodi, er hynny, mai un yn unig o ddwy Oleuedigaeth yng Nghymru yw'r Oleuedigaeth Gymraeg, ac mai'r Oleuedigaeth Gymraeg yw'r wannaf o bell ffordd o'r ddwy. Mae i'r genedl-wladwriaeth 'Brydeinig' hefyd ei Goleuedigaeth, ac nid yw hanes deallusol yr Oleuedigaeth Brydeinig-Seisnig honno wedi ei ysgrifennu eto o safbwynt ei hagwedd at ieithoedd, diwylliannau a phobloedd 'eraill' yr ynysoedd hyn. Camgymeriad fyddai synio am yr Oleuedigaeth Gymraeg fel syniad gormesol yn unig (er, yn sicr, bod elfennau o ormes yn perthyn iddi), a thybio bod y disgwrs, y llenyddiaeth, y blaid a'r sefydliadau a seiliwyd arni'n rhagdybiaethau 'ethnig' yn erbyn norm dinesig, diethnig, diormes y Gymru Brydeinig 'anghenedlaetholgar'. Fel arall y bu pethau yn y byd go iawn. Mae'r Oleuedigaeth Brydeinig-Seisnig sy'n sail i bolisi cenedlaethol ac ieithyddol y wladwriaeth Brydeinig yn enghraifft fyw o dueddfryd 'glanhaol' Goleuedigaeth. Mae'r Oleuedigaeth Brydeinig yn hyrwyddo'r iaith Saesneg (a'i diwylliant 'hygyrch') fel cyfrwng teg, cytbwys, cyfartal a chynhwysol ar gyfer hollgwmpasrwydd dinasyddiaeth Brydeinig, ac y mae pob dinesydd yn gyfartal yn rhinwedd ei Brydeindod.[2] Mae popeth y tu allan i'r cynwysoldeb hwn yn wahanol, yn annemocrataidd ac yn rhwystr i gyfle cyfartal. Yn union fel y ceir dolenni cyswllt rhwng Goleuedigaeth Gymraeg a'r mudiad cenedlaethol Cymreig, felly hefyd y ceir cysylltiad cryf rhwng Goleuedigaeth Brydeinig-Seisnig a gwleidyddiaeth Brydeinig. Yr hyn y mae'r Oleuedigaeth yn ei ofni yw gwahanrwydd, yr hyn sydd ar y tu allan ac, yn bennaf oll, yr hyn sy'n anghyfiaith a chan hynny'n annirnad. Mae'n ddiddorol gweld dadleuon goleuedig sy'n ofni'r anghyfiaith, ac yn rhagfarnu o'r herwydd yn erbyn cymunedau Cymraeg, yn cael eu defnyddio ar ddiwedd yr ugeinfed ganrif gan do newydd o ddeallusion di-Gymraeg yng Nghymru, ac yn rhan bwysig o syniadau craidd Llafur Newydd, megis 'cynwysoldeb'.

Goleuedigaeth a chanddi rym gwladwriaethol, gweithredol yw'r Oleuedigaeth Brydeinig-Seisnig yng Nghymru; Goleuedigaeth 'wladychol' yn ôl rhai meddylwyr Cymraeg. Goleuedigaeth leol, ranbarthol sy'n gwrthsefyll yr Oleuedigaeth hegemonaidd, wladwriaethol Brydeinig-Seisnig yw'r Oleuedigaeth Gymraeg. Os oes gwahaniaeth 'moesol' rhwng y ddwy Oleuedigaeth hyn, gorwedd y tir uchel moesol gyda'r Oleuedigaeth Gymraeg, nid oherwydd rhagoriaeth 'foesegol' ei seiliau syniadol ond oherwydd bod ganddi lai o rym, a'i bod yn frwydr yn ei ffordd ei hun yn erbyn tueddfryd Goleuedigaeth Brydeinig i 'lanhau' gwahaniaethau diwylliant, iaith a chenedl oddi mewn i Brydain.

Dau feirniad llenyddol a Goleuedigaeth Gymraeg

Er mwyn troi'n fwy penodol at y cyswllt rhwng cenedlgarwch Cymreig a'r Oleuedigaeth Gymraeg, rhaid gofyn yn gyntaf beth yw gwladychiaeth neu drefedigaethedd, gan mai'r profiad hwnnw, yn anad dim, a ddiffiniodd ymateb y Cymry i'w cenedligrwydd. Tuedda'r ddau feirniad yr edrychir ar eu gwaith yn y cyd-destun hwn, Hywel Teifi Edwards ac R. M. Jones, i ddadlau mai perthynas grym anghymharus rhwng Cymru a rhywbeth y tu allan iddi, sef Lloegr, ydyw. Yn ôl R. M. Jones,

> [A colony] is a grouping, usually possessing some geographical contrast, often too identified in relationship to two languages (even though the relationship may be chronological rather than in space) which has been historically, as the Act of 'Union' between England and Wales succinctly puts it, 'reduced'.[3]

Gwlad yw trefedigaeth sydd wedi'i difwyno; tiriogaeth sydd wedi'i lleihau, nid o ran maint yn bennaf, ond o ran ei phriod nodweddion, a hynny o ganlyniad i ymyrraeth anghyfreithlon a threisgar.[4] Ond wedi'r cytundeb sylfaenol hwnnw am hanfod gwladychiaeth, ceir anghytundeb.

Mae dealltwriaeth y ddau feirniad o drefedigaethedd Cymru yn seiliedig ar eu dealltwriaeth o'r hyn sydd yn gynhenid i Gymru. Ond nid oes fawr yn gyffredin yn eu dehongliad o hynny.

Tuedd R. M. Jones yw dadlau mai traddodiad ysbrydol hanfodaidd yw'r traddodiad cynhenid Cymraeg. Dadl Hywel Teifi Edwards yw bod y cynhenid ynghlwm wrth weithgarwch 'naturiol' a diriaethol y genedl. Yn nhyb R. M. Jones, gwarth mwyaf trefedigaethedd yw peri bod pobl yn cywilyddio bod eu treftadaeth Gristnogol 'ar ôl yr oes', tra bo holl bwyslais gwaith Hywel Teifi Edwards ar esbonio'r rhesymau hanesyddol dros gyfyngu'r Gymraeg a llenyddiaeth Gymraeg i rai peuoedd o weithgarwch cymdeithasol yn unig. Mae Hywel Teifi Edwards o'r farn mai myth y Gymru ysbrydol yw un o'r prif resymau pam y cyfyngwyd ar y defnydd o'r Gymraeg, ac mae'n ymosod ar safbwynt R. M. Jones yn chwyrn.

Mae rhai o sylwadau mwyaf treiddgar beirniadaeth ôl-drefedigaethol Gymraeg yn seiliedig ar ffenomen y cyfeiriodd M. Wynn Thomas ati fel 'gwahaniaeth mewnol' y genedl.[5] Mae gan R. M. Jones a Hywel Teifi Edwards wahanol farnau am hyn hefyd. At ei gilydd, mae Hywel Teifi Edwards o blaid gwahaniaethau mewnol. Mae'n taranu yn erbyn ymdrechion i gadw'r Gymraeg yn iaith '[f]oesol, llednais a rheolus'.[6] Mae'n bendant ei wrthwynebiad i unrhyw ymgais i ddefnyddio'r Gymraeg er mwyn diarddel ac annilysu agweddau ar y profiad dynol. Yn ei dyb ef, dylai diwylliant Cymraeg gael ei nodweddu gan eclectiaeth fel na ddaw un math o fynegiant diwylliannol yn ffon fesur i genedligrwydd. Mae R. M. Jones, er ei fod yn seilio'r ddadl dros genedligrwydd ar yr egwyddor o amrywiaeth oddi mewn i undod, yn dal bod rhaid i genedl gael cenadwri i'w dwyn gerbron y byd. Mae'r genedl yn uned na ellir mo'i dosrannu – hynny yw, mae'n fath o hanfod Platonaidd – ac ni oddefir ideolegau anghenedligol oddi mewn iddi:

> The final response to colonialism is usually culturally revivalist and implies a sense of pattern of world unity containing diversity, each part contributing its own individual identity to the whole. It, too, is related in a different way to the socialist traditional ideology of equality: extraterritorially it is socialist, intraterritorially, it is culturally Conservative.[7]

O ran ei syniadaeth wrthdrefedigaethol, felly, mae Jones yn arddel gweledigaeth oleuedig o'r genedl, yn ymestyn gramadeg John Morris-Jones yn ramadeg metafforig ar gyfer cenedligrwydd. Mae Hywel Teifi Edwards yn fwy cynrychioliadol o luosogedd ôl-oleuedig. Ac, wrth gwrs, mae hyn yn ymddangos yn od pan sylwn fod epistemeg y ddau feddyliwr yn groes i'w syniadaeth wrth drafod cenedligrwydd. Mae epistemeg R. M. Jones yn wrtholeuedig ac yn theoretig, tra bod hanesyddiaeth Hywel Teifi Edwards yn dilyn y traddodiad empeiraiddoleuedig. Deil Jones yn ei fonograff *Crist a Chenedlaetholdeb* (1994) mai peth rhagluniedig yw cenedlaetholdeb, mai ar sail etholedigaeth ac esgatoleg y'i llunnir ac mai dim ond wedyn y ceir diwylliant.[8] Ond mae Edwards yn troi'r drefn honno ar ei phen gan ddadlau bod diwylliant a seicoleg yn dylanwadu ar ei gilydd, ac mai yn sgil yr ymrafael hwnnw y cafwyd sefyllfa hanesyddol neilltuol lle y bu pwyslais ar bwysigrwydd ysbrydol y cysyniad o genedl. Mae'r gwahanol ddulliau hyn o feddwl yn dwyn gwahanol broblemau yn eu sgil.

Mae'r ddau awdur yn gwbl ymwybodol mai 'beirniaid llenyddol' wedi ymrwymo i achos ydynt, ac mai'r achos hwnnw yw eu dehongliad o fodolaeth Cymru. Perthyn gwrthdrefedigaethedd y ddau i draddodiad 'dirfodol', sef i draddodiad cenedlatholgar o weithredu dros y genedl. Dywed Jones yn gwbl glir mai ym maes ymrwymedigaeth ddirfodol 'y gall beirniadaeth lenyddol Gymraeg wneud cyfraniad nodedig, dybiaf i, i feirniadaeth lenyddol gyd-wladol'.[9] Maent ill dau yn tueddu i ddibrisio dulliau anymrwymedig o synio am lenyddiaeth. Yng ngeiriau Hywel Teifi Edwards, mae'n rhaid olrhain y rhesymau pam bod yng Nghymru '"[d]iwylliant gwarth" Cymreig, diwylliant sy'n rhaid iddo wrth gymeradwyaeth diwylliant aliwn cyn y teimla'n siŵr o'i werth cynhenid'.[10] Ystyriant yn naïf y beirniad Cymraeg nad yw cenedligrwydd yn faes llafur iddo. Mae R. M. Jones, er enghraifft, yn bwrw cryn sen ar y diffyg gogwydd cenedligol yng ngwaith athronwyr a diwinyddion Cymraeg.[11] Yr eithriad pwysicaf yw R. Tudur Jones, a ganmolir am ddadlau bod esgatoleg Gristnogol yn darparu'r cyfarpar adeileddol a syniadol ar gyfer twf cenhedloedd.[12]

Mae Hywel Teifi Edwards yntau'n collfarnu dibristod y mwyafrif o feirniaid llenyddol Cymraeg wrth beidio ag ymateb i'r cwestiwn cenedlaethol. Dywed am fytholeg y Gymraeg nad oes fawr o ymchwil wedi bod iddi: 'Dyw seicoleg a chymdeithaseg y Gymraeg, er enghraifft, ddim eto wedi'u harchwilio'n daer, er fod cymaint o ddeunydd crai, a hwnnw'n ddeunydd byw, wrth law.'[13] Ond yn ogystal â cheryddu, cyfeiriant ill dau at draddodiad lleiafrifol o synio am genedligrwydd Cymraeg, a gysylltir yn y cyfnod modern â 'phroffwydi' megis Emrys ap Iwan a Saunders Lewis. Peri i'r diwylliant Saesneg ymddangos yn ddieithr oedd y nod a osodai gwŷr fel hyn iddynt hwy eu hunain.[14] Cyfeiriodd Hywel Teifi Edwards hefyd at feddylwyr mwy 'adeileddol' y 1960au, fel yr athronydd J. R. Jones a'r cymdeithasegydd Alwyn D. Rees.[15] Dadleuid felly fod y fath beth ag ysgol o fyfyrio gwrthdrefedigaethol i'w chael yn y Gymraeg.

Hywel Teifi Edwards: lladmerydd y genedl ôl-oleuedig radical

Wrth ystyried naws bragmataidd beirniadaeth lenyddol Gymraeg, dylid cofio bod theori ôl-drefedigaethol mewn gwledydd eraill yn aml yn astrus. Mae Goleuedigaeth an-oleuedig y Cymru Gymraeg yn yr ugeinfed ganrif yn peri bod astrusi theoretig yn cael ei ddifrïo a'i watwar. Ni ddylid synnu felly nad oes cyfrolau o theori lenyddol ôl-drefedigaethol wedi eu cyhoeddi yn Gymraeg. Ond ceir sylwadau ôl-oleuedig am genedligrwydd yng nghorff rhai ymdriniaethau 'hanesyddol' ac 'argraffiadol' â llenyddiaeth Gymraeg. Ceir un enghraifft yng ngwaith yr hanesydd llenyddol Hywel Teifi Edwards, sydd wedi ysgrifennu'n helaeth am ymateb seicolegol y Cymry i Brydeindod, yn enwedig yn y bedwaredd ganrif ar bymtheg. Mewn cyfrolau fel *'Gŵyl Gwalia': Yr Eisteddfod Genedlaethol yn Oes Aur Victoria 1858–1868* (1980), *Ceiriog* (1987), *Codi'r Hen Wlad yn ei Hôl: 1850–1914* (1989) ac *Eisteddfod Ffair y Byd Chicago, 1893* (1990), canolbwyntia ei waith ar yr Eisteddfod fel 'maes ymrafael' lle y mae gwahanol syniadau am lenyddiaeth, gwleidyddiaeth a hunaniaeth Gymraeg, Gymreig a Phrydeinig yn ymgiprys â'i gilydd.

Dadleua Hywel Teifi Edwards mai un o swyddogaethau pwysicaf yr Eisteddfod yw rheoli disgwrs anghyfunrhyw ac annerbyniol wrth ei daflu o'r neilltu. Trwy ystryw felly, a chanddi holl nerth sefydliad esthetaidd pwysig y tu cefn iddi, y gwobrwywyd gwerthoedd goleuedig yng Nghymru:

> Yr oedd y mudiad eisteddfodol o 1789 ymlaen i hyrwyddo'r defnydd moesol, llednais a rheolus o'r Gymraeg drwy ei chlymu wrth ffurfiau llenyddol safonol. Agorwyd rhigolau ar ei chyfer a bu'r Methodistiaid a'r Morrisiaid yr un mor barod â'i gilydd i ddiarddel y ffurfiau poblogaidd, yn arbennig felly y faled a'r anterliwt, a allasai osod cynseiliau i'r math o lenyddiaeth anghyfunrhyw yr oedd ei heisiau i gyfleu berw'r bröydd diwydiannol. Barnai Nicander mai dim ond gwehilion Merthyr a gâi flas ar chwarae anterliwt erbyn yr 1860au . . . yr oedd disgwyl i feirdd a llenorion y dosbarth gweithiol ddysgu traethu profiad yn llenyddol ddidramgwydd . . . canolbwyntiwyd ar ddiffygion arddull eu cyfansoddiadau rhag i'w cynnwys herfeiddiol hawlio sylw. Yr oedd iaith arw

yn bygwth gwerth barddoniaeth 'as a civilized and rational discourse' . . .
Yng Nghymru roedd cystadlaethau'r eisteddfodau yn bod i ofalu fod
pawb o bob stad yn gwybod beth a ddisgwylid a beth na oddefid.[16]

Casgliad pwysicaf Hywel Teifi Edwards yw bod syniadau goleuedig
Cymraeg fel purdeb, buchedd, glanweithdra a threfn yn cynrychioli
ochr arall y geiniog, fel petai, i syniadau ymddangosiadol 'an-oleuedig'
megis hiliaeth, anoddefgarwch ethnig, gormes diwylliannol a thranc
ieithyddol.[17] Ar y lefel fwyaf amrwd, bu'n feirniadol iawn o unrhyw
ymdrech i gysylltu gwaedoliaeth ag ethnigrwydd. Dywed am y bennod
yn nofel Richard Llewellyn *How Green Was My Valley* (1939) lle ceisiai'r
Cymry brodorol gael hyd i dreisiwr sydd yn un o'r 'inter-breed Welsh'
(rhyw 'wawdlun' rhwng y Cymry a'r Saeson) ei bod yn 'deilwng o
foesoldeb y Ku Klux Klan'.[18] Dadleua fod y moesoldeb hiliol hwnnw
wedi cael ei gyfreithloni gan fyth y 'cwm soniarus',[19] myth o fro
Edenaidd Gymraeg a anrheithiwyd gan ddyfodiad diwydiant a mewn-
fudwyr. Mae'n ymosod ar ideoleg a hyrwyddai oruchafiaeth ethnig yn
gyson (yn enwedig yng nghyswllt Cymry Cymraeg yn yr Unol
Daleithiau)[20] a gwna'r awgrym craff fod hiliaeth yn rhan o rwydwaith
syniadol sydd yn gosod bri ar barchusrwydd a buchedd. Wrth
wrthwynebu hiliaeth, mae'n cefnogi amrywiaeth ethnig, gan ddadlau
dros yr angen i sicrhau lluosogedd diwylliannol.[21] Mae'r sythwelediad
yma yn ganolog i holl waith Hywel Teifi Edwards. Pan ddywed am y
Cymry yn y bedwaredd ganrif ar bymtheg mai 'craidd eu daionus-
rwydd moesol oedd y Gymraeg. Gobaith eu cynnydd materol oedd y
Saesneg',[22] ei ensyniad yw bod y Gymraeg yn y ganrif honno wedi cael
ei darostwng yn ddisgwrs na allai gyfiawnhau ei hun heblaw trwy
ddefnyddio disgyrsiau oedd yn rhan o rwydwaith hiliol.

Wrth ymateb i hyn, rhaid i'r cenedlaetholwr benderfynu a yw am
ddefnyddio trosiadau sydd yn gosod pwyslais ar gydrywiaeth neu rai
sydd yn croesawu anghydrywiaeth. Mae cydrywiaeth yn gysylltiedig
â'r goel fod rhai peuoedd nad yw'r Gymraeg yn gymwys ar eu cyfer.
Wrth alltudio'r Gymraeg o fyd masnach a phroffidioldeb ymarferol,
ni ellid cyfiawnhau ei pharhad ond wrth ymorol am yr ysbrydol. Er
mwyn hyrwyddo tawelwch diwylliannol, fe orfodwyd ar y Gymraeg
y baich o fod yn iaith y nefoedd, gan ildio, fel tâl am hynny, ei 'theyrnas
ddaearol'.[23] Daeth y Gymraeg yn iaith rhinwedd, ond rhinwedd
ydoedd a gyfrannai gryn dipyn at ei lladd.[24]

O ddadlau bod i'r Gymraeg orffennol diledryw, fe geisid dweud
wedyn fod ei phresennol yn ddilychwin. Bu modd honni bod y

Gymraeg, a chan hynny genedl y Cymry, yn meddu ar burdeb. O brofi purdeb, aethpwyd ati wedyn i ddadlau mai dyletswydd y Cymro oedd bod yn deyrngar: 'Wyneb yn wyneb â diraddiad, dyrchafwyd "purdeb" yn *sine qua non* llên y Gymraeg, a "llonyddwch" teyrngarwch yn *sine qua non* bywyd y genedl.'[25] Mae llawer o genedlaetholwyr Cymraeg yn glynu at y rhesymeg honno o hyd. Ond dengys Hywel Teifi Edwards pa mor aneffeithiol yw'r ddadl 'bur' honno wrth eiriol dros y Gymraeg. Ei chenadwri wreiddiol oedd sicrhau bod y diwylliant Cymraeg yn aros yn llonydd, yn ufudd ac yn Brydeinig.[26]

Diau mai ofn llonyddwch digyffro sy'n esbonio gwrthwynebiad Hywel Teifi Edwards i fythau hanesyddol a theipoleg lenyddol. Yn ei dyb ef, mae teipoleg yn ddibynnol ar undod a chyfandod. Bu teipoleg yn rhan o'r broses o ddiheintio cenedl y Cymry,[27] ac roedd yn gas gan Edwards hynny. Mae ei gyfrol ar y glöwr, *Arwr Glew Erwau'r Glo: Delwedd y Glöwr yn Llenyddiaeth y Gymraeg* (1994), yn gondemniad ar y duedd i lunio ac ymwneud â 't[h]eip o löwr gwladgarol-ddefnyddiol yn hytrach nag â glowyr fel unigolion amryfath'.[28] Oblegid teipoleg, 'unwedd ac unffurf yw glöwr cynddelwig llên y Gymraeg rhwng 1850 ac 1950',[29] ac fe arweiniai'r cyfryw ddelweddaeth at dawelyddiaeth ac encilio o'r byd hwn. Yn nhyb Edwards, y pedwar ffigwr mytholegol a ddefnyddid er mwyn taflunio delwedd lonydd o werin Cymru oedd y glöwr, y chwarelwr, y bugail a'r Gymraes.[30] Hyd yn oed ar ddechrau'r 1990au, fe brofodd ymateb rhai Cymry Cymraeg 'diwylliedig' i ffilm gomedi am bobl ifainc y byd amaeth yn meddwi yn Llundain, *Smithfield*, fod y mythau hyn yn dal yn eu nerth. Gwelwyd 'ein Ffermwyr Ifanc . . . fel gweddill prin y werin rinweddol honno a grëwyd yn Oes Victoria i amddiffyn y genedl rhag dirmyg'.[31] Ac yma hefyd fe wna Hywel Teifi Edwards y cyswllt rhwng purdeb y Gymraeg fel hanfod Platonaidd a'i thranc fel iaith fyw: 'Mae hi bron yn ddiwedd yr ugeinfed ganrif ac y mae'r ymagweddu amddiffynnol, ffals at burdeb honedig y Gymraeg yn para'n fyw, yn ddigon byw i brysuro'i thranc yn y ganrif nesa.'[32]

Mewn cyd-destun diwylliannol gwahanol, efallai y byddai Edwards wedi datblygu ei syniad o 'anghydrywiaeth' ymhellach a'i gysylltu'n uniongyrchol â'r broblem o Oleuedigaeth an-oleuedig y Cymru Gymraeg. Ond daeth i'r un casgliadau 'hanesyddol' â damcaniaethwyr ôl-oleuedig. Dadleuai fod trais esthetaidd, gwrthnysigrwydd gwleidyddol ac annifyrrwch diwylliannol yn fodd i dorri ar y syniad o burdeb. Mewn sythwelediad craff, dywed, pe bai modd honni mai teip yw'r genedl, y dylid bod yn annheyrngar i'r teip hwnnw er mwyn ei bywiocáu:

O safbwynt llenyddiaeth y Gymraeg byddai mwy o 'annheyrngarwch'...
wedi gwneud llawer mwy o les, wrth gwrs, na'r teyrngarwch rhigolus
sydd yn ei hanfod yn wrth-lenyddiaeth, ond yr oedd argyfwng y
Gymraeg, gwaetha'r modd, wedi peri meddwl ers tro byd fod pob
'annheyrngarwch' o reidrwydd yn ddinistriol.[33]

Wrth goleddu anghydrywiaeth a chydnabod amrywiaeth, wrth
arddel anghyfrifoldeb a'r dieithr, cydnabu Edwards amlder y profiad
Cymraeg. Yn ei dyb ef, wrth hybu ideoleg neilltuol yn enw Cymreictod,
cyfyngir ar y Cymreictod hwnnw. Y frwydr ôl-drefedigaethol i Edwards,
felly, yw'r frwydr i Gymru fod yn wlad sy'n caniatáu amrediad eang o
safbwyntiau, heb farnu bod y naill safbwynt na'r llall yn peryglu ei
dyfodol.

Pwynt theoretig arall a godir gan drefedigaethedd a Goleuedigaeth
yw dilysrwydd cynrychiolaeth ddisgyrsaidd. Oherwydd bod 'cynrych-
iolaeth' y genedl ddarostyngedig yn cael ei phennu gan rymoedd y tu
allan iddi, rhaid i'r theorïwr gwrthdrefedigaethol dderbyn nad yw
cynrychiolaeth mewn cyd-destun trefedigaethol yn ddiduedd. Yn
hynny o beth, hefyd, fe'i gorfodir i herio Goleuedigaeth. Yn ei erthygl
ragorol 'Coffáu Llywelyn' yn *Codi'r Hen Wlad yn ei Hôl*, mae Edwards
yn cloriannu delweddaeth weledol ymerodraeth Prydain o'i threfedig-
aethau yn y bedwaredd ganrif ar bymtheg.[34] Dehongla ddarluniau
ffurfiol yn dangos cymod rhwng y teulu brenhinol, neu ei gynrych-
iolwyr, a gwahanol lwythau yr ymerodraeth. Gwna hyn yn rhannol
er mwyn cymharu'r profiad Cymreig gyda phrofiadau pobl ddar-
ostyngedig eraill. Ond cyflawnir hyn hefyd er mwyn cyfiawnhau
disgwrs y bobl hynny ar eu telerau hwy eu hunain. Wrth droi sylw at y
modd y cynrychiolid Affricaniaid a Maoriaid gan artistiaid Prydeinig,
fe ddywed fod realiti yn cael ei greu gan y darlun, a bod y realiti
cynrychioliadol hwnnw yn gallu llurgunio'r realiti 'go iawn', sef y
realiti brodorol. Dywed am y lluniau hyn fod modd gweld ynddynt 'y
grym ymerodrol yn ailwampio "realiti" bodolaeth y brodorion, ac yn
"ffugio" perthynas rhwng y concwerwr a'r darostyngedig mewn
delweddau a fyddai'n cyfreithloni trais y concwerwr'.[35]

Mae'r addefiad fod modd 'creu' realiti yn gyffes nad oes modd i
ddisgwrs fod yn niwtral. Maes o law, fe gymhwysai'r sylweddoliad
yma at Gymru hefyd. Gwêl Edwards y brwdfrydedd dros geisio iaith
'ddiduedd' (sef y Saesneg) yng Nghymru yn rhan o'r un ffenomen â'r
ymdrechion i wastatáu a charthu gwahaniaethau diwylliannol: 'Roedd
ar gyfalafiaeth angen *lingua franca* er mwyn gwastrodi pobl anhydrin

ym mhob man, ac ymhlith y rhwystrau ar ei ffordd yr oedd yn rhaid eu symud roedd y Gymraeg.'[36]

Ceir yn y darluniau ymerodrol ymateb llednais a chroesawgar y brodorion i'w llywodraethwyr. Mae Edwards yn cymharu'r delweddau hyn o ddiniweitiaid gyda delwedd y bedwaredd ganrif ar bymtheg o'r Cymry llonydd. Wrth drafod y modd y delweddid penteulu'r llwythau hyn, fe gyfeirir at arddull sydd yn ceisio bod yn adlais o '[r]inweddolrwydd y teulu Fictorianaidd'.[37] Er caniatáu iddynt wisgo eu gwisgoedd brodorol, fe lunia'r paentiwr osgo sydd yn cyd-fynd â disgwrs semiotig dewisedig Prydeindod. Cânt gadw symbolaeth eu diwylliant ond newidir natur ei harwyddocâd. Dadleua Edwards 'nad yw'r brodorion odid fyth yn gynrychiolwyr diwylliannau deinamig. Defnyddiau crai ydynt i'w moldio gan yr Ewropead.'[38] A chodir rhagor o gymariaethau rhwng y darluniau trefedigaethol hyn a phrofiadau Cymreig:

> Gellid derbyn gwisg y Maori ym mhaentiad Strutt fel y derbynnid canu penillion yn Eisteddfod Oes Victoria. Y peth a oedd yn gwir gyfrif oedd iddo lwyddo i ddathlu'r ideoleg imperialaidd a dangos sut y gallai brodor 'llonydd' godi o fod yn ganibal i fod yn fab bedydd Victoria.[39]

R. M. Jones: lladmerydd y genedl oleuedig geidwadol

Wrth droi yn awr at waith R. M. Jones, fe welir bod ei agwedd ef at wrthdrefedigaethedd yn ymddangosiadol debyg i safbwynt Hywel Teifi Edwards. Mae'n edrych ar berthynas Cymru a Lloegr yn gymharol, gan ei chyffelybu â'r berthynas sydd gan Brydain â'i chyndrefedigaethau. Yn ei bamffled *Llenyddiaeth Gymraeg a Phrifysgol Cymru* (1993), mae'n dadlau bod rhaid i'r esthetig Gymraeg gael ei dadansoddi mewn cyd-destun trefedigaethol:

> Dadlau yr ydw-i fod disgwyl i'r Brifysgol fyfyrio'n gyson heddiw ac yfory ar yr hyn a alwai Saunders Lewis yn estheteg Gymraeg, ac y mae ein sefyllfa gymdeithasol a chenedlaethol yn gyfryw fel y bydd unrhyw fyfyrdod ystyrlon bellach am beth felly yn debyg o ymgysylltu â threfedigaethau a chyn-drefedigaethau ledled y byd . . . fel y gwyddys, mae sefyllfa gymdeithasol ac ieithyddol Cymru yn bur wahanol i'r Unol Daleithiau ac i Ffrainc. Mae mawr angen edrych o'r newydd ar ein llenyddiaeth heddiw o safbwynt trefedigaethol hefyd, yn ôl neilltuolrwydd gwleidyddol a chrefyddol Cymru . . . Mae'r math o fyfyrdod, o ystyried hynny, a geir gan Frantz Fanon, Albert Memmi ac Edward Said yn gallu bod yn nes atom na Paul de Man neu Derrida neu Foucault. Yn sicr, mae mawr angen meddwl fel

Cymry am ein treftadaeth ryfedd ein hun yn ôl ei natur briodol: felly y daw rhywbeth gwreiddiol a newydd am lenyddiaeth yn gyffredinol i'r golwg.[40]

Pan fydd Jones yn trafod cenedligrwydd cenhedloedd eraill, ni fydd yn cyfeirio at y cenedl-wladwriaethau mawrion hynny, fel Ffrainc, y ffolai Saunders Lewis arnynt. I'r gwrthwyneb, fe ddyn gymhariaeth â '[g]wledydd bychain trefedigaethol eraill Ewrob'[41], a hynny mewn cyd-destun byd-eang:

> yng Nghymru, [rydym] mewn cyd-destun canrifol sydd i'w weld nid yn y cyd-destun Ewropeaidd yn unig, ac yn sicr nid yn y dull Seisnig a gorganolog o synied am Ewrob, eithr yn y cyd-destun byd-eang sy'n ein cysylltu â Fiet-nam a Gwlad y Basg, ag Angola a Chiwba, â Biaffra ac Angiwla ac Israel.[42]

Pan fo gwledydd bychain yn dynwared estheteg y gwledydd mawrion, gall hyn fod yn rhan o'r broses o ddwyn Goleuedigaeth iddynt, ond Goleuedigaeth yw hon sy'n wladychol, yn debyg ei swyddogaeth i'r rôl a chwaraeid gan yr Oleuedigaeth Brydeinig yng Nghymru. Mae awgrym felly fod y math o ganu ôl-drefedigaethol a geir maes o law mewn adwaith i'r Oleuedigaeth wladychol honno yn oleuedig mewn dull newydd – hynny yw, yn Oleuedigaeth ar ran y genedl a drefedig-aethwyd, yn hytrach nag yn Oleuedigaeth ar ran y trefedigaethwr:

> A dichon ei bod yn bryd synied bellach am lenyddiaeth dechrau'r [ugeinfed] ganrif yn nhermau trefedigaethrwydd. Cymerer gwledydd fel Senegal neu Haiti neu Fadagascar. Yr oedd yna gyfnod yn hanes Senegal pan geisiai'r brodorion 'newydd-oleuedig' byncio yn null y gorthrymwyr – gyda rhamantiaeth Ffrainc a Symbolaidd Ffrainc: nid llenyddiaeth Senegalaidd a geid ganddynt. Nid Affricaniaid mohonynt o gwbl ond cyn belled ag yr oeddynt yn gaethweision seicolegol. Dynwarediad neu adlais oeddynt, fel Etzer Vilaire y 'post-parnasien' yn Haiti a Jean Joseph Rabéarivélo yntau ym Madagascar. Ond fe ddaeth amser pan ddechreuasant beidio mwy â mynegi meddwl eu meistri. Drwy boen yr ymwybod o unigoliaeth newydd daethant i fynegi eu diwylliant a'u hargyfwng eu hun. Felly yng Nghymru hithau. Wncwl Tom oedd [W. J.] Gruffydd yn ei farddoniaeth, rhamantydd Saesneg wedi'i drawsblannu (megis, efallai, y rhai a bynciai wedyn brydyddiaeth Americanaidd yng Nghymraeg efrydd y 70au). Ceir 'mouvement de la négritude' yng Nghymru yng ngwaith Gwenallt a Waldo a Saunders Lewis oddi wrth drefedigaethrwydd Gruffydd: symudiad tuag at ymrwymedigaeth ymosodol, genedlaethol, gymdeithasol.[43]

Yn ei waith gwrthdrefedigaethol, mae R. M. Jones yn feddyliwr 'goleuedig' yn null y 'mouvement de la négritude', ac nid yn null Goleuedigaeth an-oleuedig y Gymru Gymraeg (*à la* John Gwilym Jones, Gwyn Thomas, Bedwyr Lewis Jones ac eraill). Er hynny, mae'n cydnabod bod gwahaniaethau rhwng gwlad Ewropeaidd ddi-wladwriaeth fel Cymru a gwledydd ôl-drefedigaethol yn y 'Trydydd Byd'. Golyga Goleuedigaeth y ddeunawfed ganrif na all Cymru osgoi'r ffaith ei bod yn rhan o waddol yr etifeddiaeth Ewropeaidd. O safbwynt sawl ystyriaeth, megis y lle canolog sydd gan *logos* yn ei hanes, pwysleisia Jones fod Cymru'n wlad eithriadol o orllewinol. Gwlad yw Cymru mewn sefyllfa sy'n ymdebygu, er ei bod yn wahanol yn ei hanfod, i sefyllfa llawer iawn o gyn-drefedigaethau yr hen ymerodraethau Ewropeaidd:

> Diau fod gwahaniaeth arwyddocaol rhwng Cymru a'r gwledydd 'newydd' . . . y mae'r Cymry'n ymdeimlo â gorffennol 'llenyddol' mewn modd dwysach o lawer, modd sy'n Ewropeaidd yn ei ddwyster. I lawer o lenorion y trydydd byd, fe geir adwaith negyddol a wrthyd y byd imperialaidd a gorllewinol; ac fe geir ymchwil am orffennol o deip *llafar* cymharol 'werinol' o ran arddull (h.y. llên gwerin). I'r Cymro ar y llaw arall, iaith glasurol Ewropeaidd, a chyfoethog hir ei thraddodiad yw'r Gymraeg sy'n digwydd bod mewn safle seicolegol a chymdeithasol debyg i'r trydydd byd.[44]

Er gwaethaf ei ddiddordeb mewn trefedigaethedd o safbwynt llenyddiaeth gymharol, nid oes gan Jones fawr o gydymdeimlad â diwylliannau cysefin rhai o'r gwledydd eraill hyn. Fel y canfyddir mor aml yn ei waith, problem ddiwynyddol yw hon. Fe'i gorfodir gan ei Gristnogaeth i fod yn Ewro-ganolog. Gan fod ei epistemeg yn seiliedig ar *logos*, dadleua ei bod yn drosgynnol. Nid oes rhaid, er enghraifft, iddo drafod gwaith cenhadol y tu allan i Ewrop yng nghyswllt theori drefedigaethol. Onid theori empeiraidd yw theori ôl-drefedigaethol seciwlar, ac onid yw Cristnogaeth yn sefyll y tu hwnt i empeiriaeth ac y tu hwnt i ideoleg? Oherwydd mai dyletswydd y Cristion, a dyletswydd gwledydd Cristnogol, yw tystio i'r gwirionedd, yr hyn y dylai Cymru ei gynnig i Affrica yw 'arweiniad Cristnogol ar ystyr cenedl'. Awgryma'n glir fod cyffelybiaeth rhwng llwyddiant materol, datblygiad hanesyddol a llewyrch ysbrydol. Mae gan Ewrop ei 'manteision' ac fe ddylid eu rhannu.[45] Daw rhagdybiaeth fod trigolion Ewrop yn fwy datblygedig na rhai Affrica i'r golwg. Trôi Jones fwy nag unwaith at yr anawsterau a gâi rhai o 'frodorion' Affrica wrth ymdopi â'r cysyniad o naratif a thornaratif, gan ei weld nid fel arwydd o amrywiaeth ond fel diffyg.[46]

Mae bwlch amlwg felly rhwng safbwyntiau R. M. Jones a Hywel Teifi Edwards parthed trefedigaethedd. Bu Edwards, yn rhinwedd ei hanesyddiaeth, yn ymosod ar y genhadaeth oleuedig Brydeinig, a fynegwyd trwy gyfrwng y Gymraeg yn y bedwaredd ganrif ar bymtheg, i efengylu ym mharthau pellennig yr ymerodraeth Brydeinig. Nid oes ond rhaid bwrw cipolwg dros lyfrau Edwards i weld prawf fod diwinyddiaeth genhadol yn rhan o rwydwaith syniadol a wreiddiwyd mewn hiliaeth ac a âi'n groes i ddadleuon gwrthdrefedigaethol y cyddestun Cymraeg:

> Y mae'n hollbwysig ein bod yn cofio pa mor gyndyn y glynai arweinwyr y bywyd Cymreig wrth y gred eu bod yn gyfrifol am genedl a chanddi genhadaeth ysbrydol unigryw i'w chyflawni, sef argyhoeddi eraill, trwy esiampl, o ysblander buchedd grefyddol. Mae'r dystiolaeth o blaid realiti'r gred honno sy'n biler canolog y ddelwedd gyfadferol a adeiladwyd ar ôl 1847 yn dra swmpus. Wrth drafod 'The Welsh Nation and its Mission' yn 1905 nid digon i'r Parch. J. A. Morris, D. D., Aberystwyth oedd medru dweud 'that we, as a nation, are greatly ahead of other nations in morality – that we are more free from crime than any of them.' Aeth ymhellach: 'We are a religious nation – more religious, perhaps, than any other, and so more equipped for religious work.' Rhaid bod gan Dduw bwrpas i'r fath genedl. Gwyddai'r Parch. J. Morgan Jones mai estroniaid a ddaeth â'r drygau a'i blinai ef i'r De a bod Duw wedi'u gyrru i'r wlad er mwyn i'r Cymry crefyddgar eu hachub.[47]

Dadleuwyd eisoes fod safbwynt R. M. Jones at wirionedd, gwybodaeth a gwrthrychedd yn gyn-oleuedig. Ond fe ymddengys bod cysylltiad o ryw fath rhwng cenhadu crefyddol, dramor ac yng Nghymru, a chenhadu ieithyddol a chenedlaethol, sef cenhadaeth Goleuedigaeth ar ei gweddau cymdeithasol a gwleidyddol yng Nghymru. Fe welsom eisoes fod Goleuedigaeth yn gosod pwyslais mawr ar *logos*, ac o'r gred honno y tardd ffydd mewn neilltuolrwydd iaith a chenedl. 'Does dim dwywaith,' meddai Jones unwaith, '[y] disgwylir i iaith orllewinol hyderus a gwâr fod wedi meithrin orgraff reolaidd a chytûn erbyn yr ugeinfed ganrif.'[48] Noda mewn adolygiad sylw a wnaethpwyd gan Dewi Eirug Davies am ddegfed bennod Genesis, sef bod iaith yn 'nod amgen cenedl; rhannwyd y cenhedloedd, meddir, "yn eu gwledydd pawb wrth eu hiaith eu hun"'.[49] Hwyrach fod cysylltiad rhwng agwedd yr Oleuedigaeth Ewropeaidd at iaith ac agwedd Jones at ddiwylliannau an-Ewropeaidd.

Ni chaniatâ R. M. Jones ychwaith wahaniaethau cenedligol oddi mewn i neu ar ffiniau cenedl. Byddai'r meddwl ôl-drefedigaethol ac ôl-oleuedig yn derbyn y fath wahaniaethau, gan ddilyn dadl sy'n nes at honno o eiddo Edwards wrth ymddiddori'n fawr mewn tiriogaeth ffiniol ac mewn cymysgrywedd (*hybridity*).⁵⁰ Ond mae agwedd Jones tuag at lenyddiaeth Eingl-Gymreig, er enghraifft, yn bradychu amheuaeth ddofn o gymysgrywedd. Ar ddechrau'r 1960au bu Jones yn adolygu llyfrau'n gyson ar gyfer cyfnodolyn Saesneg Plaid Cymru, *The Welsh Nation*; mae'r cwbl o'i lithoedd, ond odid, yn dangos gelyniaeth tuag at yr hyn a wêl fel diwylliant creolaidd de Cymru.⁵¹ Mewn erthygl yn *Planet*, fe gais ddiffinio cyneddfau'r 'Anglo-Welsh' yn negyddol, ac fe ddaw ei gred mewn cenedl Gymraeg 'bur' i'r amlwg. Synia am Gymru a Lloegr fel adeileddau cenedligol a chanddynt eu priod nodweddion. Gan hynny, mae ysgrifennu yn Saesneg yng Nghymru yn enghraifft o adeiledd cenedligol estron yn ymyrryd ag adeiledd cenedligol brodorol:

> They like to tell us that the dragon has two tongues, whereas the dragon can only have one tongue, and that Welsh; and the Anglo-Welsh only gain their special character as writers from the very fact that the lion, too, has a tongue which, at the moment, he is using in Wales.⁵²

Nid yw llenyddiaeth Saesneg Cymru yn ddim amgen felly na phatrymwaith o ymyrraeth drefedigaethol yng Nghymru a amlygir dros gyfnod o amser.⁵³ Mae'r collfarniad hwn o ddiffyg dilysrwydd adeiledd cenedligol yr Eingl-Gymry yn arwain at gondemniad o'u diwylliant:

> Diddorol yw cymharu ein llenorion Eingl-Gymreig â Saunders Lewis; ac fe welir wedyn mor arswydus o blwyfol yw'r Eingl-Gymry. Mae'n rhaid i Eingl-Gymro siarad am Gymru er mwyn bod yn Eingl-Gymro. Ac fe â ati i drafod yr allanolion amlwg.⁵⁴

Cymuned 'naturiol' a 'goleuedig' yw Cymru i Jones felly: paradocs amlwg. Yn eu llyfr *Dialektik der Aufklärung* mae'r theorïwyr Adorno a Horkheimer yn cynnig bod Goleuedigaeth a myth (h.y. credo gyn-oleuedig) yn weddau ar ei gilydd: 'Wrth amsugno ffeithioldeb, un ai i gyn-hanes chwedlonol neu i fformiwlaeth fathemategol, mae perthynas sumbolaidd y cyfoes â'r broses fytholegol mewn defod, neu â'r categori haniaethol mewn gwyddoniaeth, yn golygu fod y newydd yn ym-ddangos fel y rhagarfaethedig.'⁵⁵ Efallai fod peth gwir yn hyn, ac mai dyna pam bod Goleuedigaeth 'an-oleuedig' Gymraeg yr ugeinfed ganrif yn wedd gymdeithasol ar Oleuedigaeth fathemategol John Morris-Jones. Neu efallai yr esbonia pam bod y rhai sy'n arddel syniadau goleuedig ynghylch y genedl Gymreig yn dyrchafu'r ddelwedd bod Cymru'n gymuned genedlaethol 'naturiol' ac 'organaidd' sydd wedi bod erioed.

Nid yw Jones ei hun yn arddel y syniad o gymuned 'naturiol' heb fod yn ymwybodol o rai o wrthddadleuon y fath safbwynt. Wedi'r cwbl, mae pechod gwreiddiol hefyd yn 'naturiol'. Mae'n cydnabod bod y cysyniad o'r 'ffordd Gymreig o fyw' yn un mythologol.[56] Fe ŵyr Jones yn iawn fod cyplysu Cymreictod â dehongliad organaidd o ddiwylliant yn ymgais i warchod sicrwydd ontolegol:

> Yr hyn oedd *plentyndod* i Rousseau, dyna (ynghyd â phlentyndod hefyd wrth gwrs) oedd *Cymreictod* i D. J. [Williams]. Calon paradwys. Er bod yna ffraethineb beirniadol, a throeon drygionus ysmala, a chybydd-dod digrif ynghlwm wrth y Cymreictod hwnnw, yn y bôn yr oedd y peth yn mynd yn ôl i'r cyfnod cyn y Cwymp ac yn gynhenid ddaionus.[57]

Er yr amheuon hyn, fe wna Jones ddewis ymwybodol i ledaenu propaganda o blaid yr union ddehongliad mythologol hwnnw o ddiwylliant Cymru.[58] Er bod y geidwadaeth syniadol sydd ymhlyg yn y cysyniad o gymuned organaidd yn tanseilio ei ddiwinyddiaeth efengylaidd, fe wna hyn am fod y meddylfryd diwylliannol a gynigir gan y gymuned 'organaidd' yn gefn i'w Gristnogaeth mewn modd ymarferol. Dyma nodwedd sydd yn gwbl ganolog i ddisgwrs llenyddiaeth Gymraeg fodern. Yn aml iawn, bydd beirniaid llenyddol 'gwahanol i'r norm' yn dweud pethau nad ydynt yn wir nac yn rhesymegol, er mwyn cynnal 'llwyddiant' y ddadl, fel petai.

Wrth iddo arddel democratiaeth y diwylliant 'gwerinol' Cymraeg, daw'n amlwg fod y 'ddemocratiaeth' honedig hon yn perthyn i'r un *milieu* ideolegol â syniadaeth geidwadol-oleuedig hanner cyntaf yr ugeinfed ganrif. Mae hefyd yn estyniad ar geidwadaeth tueddiadau metaffisegol y byd Saesneg ei iaith. Mae'r tebygrwydd rhwng meddwl R. M. Jones neu Saunders Lewis a dadleuon Seisnig T. S. Eliot ac F. R. Leavis yn syfrdanol. Credai Eliot, er enghraifft, mewn dosraniadaeth economaidd yn seiliedig ar ddysgeidiaeth Gatholigaidd ac achlesiad o'r gymuned organaidd. Felly hefyd Saunders Lewis, a ymhelaethodd ar ei arwyddocâd cymdeithasol yn *Y Ddraig Goch* ym 1934 wrth honni: 'er lles moesol a chorfforol ei phoblogaeth, rhaid yw dad-ddiwydiannu Deheudir Cymru.'[59] Mewn un arall o bapurau Plaid Cymru, rhyw ugain mlynedd yn ddiweddarach, cynigiodd R. M. Jones ddarn o theori wleidyddol a oedd yn aralleiriad bron o'r safbwynt hwnnw: 'The congested urban areas should be gradually decentralised or dispersed and the industrial population encouraged to distribute itself in more congenial surroundings... All planning should never ignore the pattern of culture and consciousness.'[60]

Ond sylweddolodd Jones hefyd fod moderniaeth yn tarfu rhywfaint ar 'fod' naturiol y gymdeithas organaidd honno y bu'n lladmerydd drosti. Gan hynny, fe geid nodwedd newydd, elitaidd ac annemocrataidd ar ei waith. Ni syniai am y werin fel y *volk* delfrydol bob tro, ond yn hytrach fel torf, sef fel corff estron o bobl.[61] Nid dyma'r unig enghreifftiau y gellid eu codi o ddylanwad Saunders Lewis ar R. M. Jones,[62] nac ychwaith yr unig enghreifftiau o ddylanwad meddylwyr Seisnig metaffisegol, a'u cred mai 'the destruction of the organic community is the most important fact of recent history', arno.[63] Dywedasai Jones am *Hen Dŷ Ffarm* (1953) D. J. Williams, er enghraifft, ei fod yn gyfraniad pwysig i wareiddiad y Gorllewin oherwydd ei fod yn ddrych i'r gwerthoedd organaidd hyn. Yn wir, pan y'i cyfieithwyd i'r Saesneg gan Waldo Williams ychydig flynyddoedd yn ddiweddarach, fe aeth Jones mor bell â dweud y byddai Saeson yn cael ynddo 'something of that fine sense of tradition that F. R. Leavis admired in the Wheelwright's Shop, and which formerly existed throughout Europe, but has been generally smothered by an unphilosophical and centralised industrialism'.[64] Mae'n bur amlwg fod Jones yn rhoi bri ar y cyfryw gymdeithas 'naturiol', nid oherwydd yr hyn y mae'n ei gynrychioli, ond oherwydd yr hyn nad yw'n ei gynrychioli. Nid hanfod y gymdeithas Gymraeg organaidd sy'n bwysig ond yr hyn y mae'n ei wrthwynebu. Diffinia Gymreictod mewn ymateb i adeiledd cenedligol cryfach, sef diwylliant y *conglomerate* diwydiannol a thechnolegol a gysylltir â'r byd Eingl-Americanaidd. Anfantais hyn yw bod y pwyslais ar rinwedd moesol yr estheteg Gymreig yn parhau'n rhan o *nexus* trefedigaethol. Wedi'r cwbl, un o'r pethau dadlennol am ymateb Jones i *Hen Dŷ Ffarm* yw ei fod yn dymuno i feirniaid Saesneg adain dde ei hoffi.[65] Dyma enghraifft dda o'r ceisio 'caniatâd' gan eraill y tybiai Hywel Teifi Edwards ei fod yn ganolog i drefedigaethedd yng Nghymru.

Ynghlwm hefyd wrth y delfryd o ddiwylliant organaidd y mae'r cysyniad o fro. Mae hyn yn enghraifft, efallai, o genedlgarwch 'naturiol'.[66] Mae brogarwch, sydd yn milwrio yn erbyn y syniad o genedlwladwriaeth, yn enghraifft o genedligrwydd y gellid dadlau ei fod yn an-oleuedig; ar y naill law mae'n brawf bod hunaniaeth yn bod ar lefel leol erioed, ac ar y llaw arall mae'n ymwadu â gwladoliaeth (*statism*).

Mae R. M. Jones yn sôn yn barhaus am yr angen hwn i fynegi diwylliant ar lefel leol, yn frogarol.⁶⁷ Dadleua'n bennaf, fodd bynnag, fod canfod Cymru yn ei 'chyfanrwydd' goleuedig, ac ar draul ei broydd, yn hanfodol er mwyn adeiladu cenedl. Mae Jones yn enwi Ieuan Fardd, beirniad yr 'Esgyb-Eingl' ac awdur *Some Specimens of the Poetry of the Antient Welsh Bards* (1764), fel y 'person cyntaf y gwyddom ni amdano i garu Cymru fel yna',⁶⁸ gan awgrymu mai gweld Cymru fel tiriogaeth gyfan yw llwyddiant cenedlaetholdeb modern. Mae'n ensynio, gan hynny, fod cenedlgarwch yn ffrwyth chwyldro gwybodaeth y ddeunawfed ganrif, datblygiad a awchlymwyd gan ramadegaeth John Morris-Jones.

Mae'n rhaid hefyd i genedl fodern wrth diriogaeth ddiffiniedig.⁶⁹ Dyna pam, efallai, y mae R. M. Jones yn rhoi'r fath bwyslais ar gydrywiaeth ddiwylliannol y tu mewn i Gymru. Gellid tybio bod ei frwdfrydedd dros Gymraeg Byw – 'the development of a non-geographical non-academic register'⁷⁰ – yn rhan o duedd i greu math o ramadeg cenedlaethol a fyddai'n addas ar gyfer datblygiad cenedl-wladwriaeth fodern. Er hynny, mae'n honni bod cenedlaetholdeb a chenedligrwydd Cymraeg yn 'oesol'. Nid yw'n derbyn y ddadl gyfarwydd ôl-oleuedig mai cymuned ddychmygol yw Cymru. Yn ei dyb ef, cymuned hanesyddol real yw Cymru. Efallai y dylid ystyried ei ddadl bod y genedl wedi bod erioed (wedi'i thaflunio yn ôl mewn amser) a'r ddadl ei bod yn gymuned organaidd (yn meddu ar gyfandod yn y presennol) yn rhan o'r un ideoleg. Mae'n creu naratif dilysol ar gyfer estheteg geidwadol. Yn wir, mae'r modd y synia R. M. Jones am y gwahaniad semantaidd rhwng cenedligrwydd a chenedlaetholdeb yn ddadlennol iawn:

> Ond yn y mater hwn rydw i am wahaniaethu rhwng y duedd i grisialu *cenedligrwydd*; a'r duedd i grisialu *cenedlaetholdeb*. Fe dueddwn i dybied fod y tri dosbarth – y beirdd, y cyfreithwyr a'r haneswyr wedi meithrin *cenedligrwydd*; ond y beirdd yn anad neb a gysylltodd hynny â *chenedlaetholdeb*. Mae craidd cenedligrwydd yn y gorffennol gan arwain ymlaen at y presennol, a chraidd cenedlaetholdeb yn y dyfodol.⁷¹

Mae'n synio am y genedl fel hanfod ideolegol, a chenedlaetholdeb fel ymgais deleolegol i'w hymestyn mewn amser. Y sylweddoliad hwnnw, wrth gwrs, yw cynsail goleuedig a theleolegol mudiadau cenedlaethol: nid damwain mohoni, fel y sylwyd eisoes, mai criw o academyddion o'r genhedlaeth a effeithiwyd fwyaf gan John Morris-Jones a sefydlodd Blaid Genedlaethol Cymru ym 1925, a hynny ar adeg pan oeddynt yn gwbl ymylol i fywyd gwleidyddol Cymru.

Adeileddeg oleuedig a'r genedl

Gellir troi yn awr at y dull adeileddol y mae Jones wedi'i ddatblygu o synio am genedl – dull a seilir ar y rhagdybiaeth mai gwlad sofran yw Cymru.[72] Sofraniaeth unigolion a, thrwy estyniad, sefydliadau a chenhedloedd yw *sine qua non* Goleuedigaeth. Yn hyn, fel yn ei waith adeileddol i gyd, honna Jones mai cael hyd i reolau, ac nid barn, yw ei nod. Yn 'I'm Your Boy: The Four Psycho-sociological Positions of the Colonised Welshman' (1978) ei safbwynt goleuedig yw: 'What I am trying to identify in this essay are not matters of opinion, but inexorable laws of pattern of which the participants may be unconscious.'[73] Yn ei astudiaeth o athroniaeth y bardd canoloesol Dafydd Llwyd, dywed fod pum nodwedd ar farddoniaeth Llwyd yn adeileddol bwysig: amser, gofod, iaith, *telos* a'r ymwybod ohonynt.[74]

Gellir troi at y rhain. Mae Jones yn nodi, fel y byddid yn disgwyl, mai cynnyrch gweithgaredd dynol yw hanes (amser). Mae *telos*, neu nod fel y cyfeiria Jones ato, yn cael ei gaethiwo gan hanes cenedlaethol, ac mae gwahanol ddulliau o fynegi cenedligrwydd yn y dyfodol yn cael eu rhaglunio. Mae gweithiau o'r gorffennol, sydd yn 'sylfeini "testunol" i fod yn Gymry cyflawn',[75] yn brawf o wahanrwydd cynhwynol y Cymry. Traddodiad yw'r 'norm cymdeithasol o'r gorffennol'.[76] Mae'r adeiledd hwn yn wahanol i eiddo cenhedloedd eraill: 'Yng Nghymru, naturiol yw canfod y traddodiad beirniadol yn datblygu'n wahanol i'r modd y datblyga mewn gwledydd eraill. Y mae gan genedl ei dull ei hun o feddwl am lenyddiaeth.'[77] Oherwydd bod gan Gymru ei hadeiledd llenyddol ei hun, mae'n iawn ei amddiffyn yn erbyn ymyrraeth adeileddau llenyddol anghyfiaith, o leiaf ar ei thiriogaeth ei hun.

Mae daearyddiaeth (gofod) hefyd yn adeiledd, er bod modd honni bod daearyddiaeth yn wahanol i diriogaeth yn yr un modd ag y mae traddodiad yn wahanol i amser. Yn wir, mae Jones yn cydnabod bod daearyddiaeth yn wyddor oleuedig, gan sôn am waith Montesquieu a Herder yn 'tanlinellu pwysigrwydd dylanwadau daearyddol ar ffurfiant hanes'.[78] Er enghraifft, bu myth adeileddol o Ynys Prydain yn gymorth i Brydeindod yn Lloegr wedi'r Deddfau Uno yn yr un modd ag y mae hybu myth adeileddol sofraniaeth Gymreig yn hwb i genedlaetholdeb Cymreig. Mae Jones yn synio am Gymru, y wlad a drefedigaethwyd, fel uned gyfansawdd y mae man disgyrchiant ei diwylliant yn bodoli bellach y tu allan iddi.[79] Mae'r ymwybyddiaeth o ofod neu diriogaeth yn ganolog i'r sythwelediad hwn. Mae peth tebygrwydd rhwng y syniad hwn a honiad y damcaniaethydd gwleidyddol Michael Hechter bod Cymru yn drefedigaeth fewnol oddi mewn i Brydain.[80] Fe fyn Jones mai adeiledd gofodol yw Prydain ond bod modd newid strwythur yr adeiledd hwnnw mewn gweithgarwch gwleidyddol ac ieithyddol.[81] Roedd y Deddfau Uno wedi peri i adeiledd Ynys Prydain newid, a nod y mudiad cenedlaethol yw ei newid yn ôl.[82]

Fel rhan o'i theori adeileddol wrthdrefedigaethol, fe ymhelaetha Jones ar faterion economaidd. Oherwydd bod cyfalafiaeth *laissez-faire* yn gweithredu oddi mewn i adeiledd gofodol y wladwriaeth Brydeinig, nid yw gofynion y farchnad rydd yn gydnaws â buddiannau Cymru.[83] Mae Jones yn cytuno â'r ddadl bod cyfalafiaeth yn hybu unffurfedd diwylliannol er mwyn creu gofod dilestair ar gyfer masnach. Mae trefedigaethedd, felly, yn broses adeileddol 'anymwybodol' lle y mae pwyslais yr economi ar fwyafrifaeth ariannol, sef elw, a phwyslais democratiaeth ar boblogaeth yn dilysu mwyafrifaeth ar draul lleiafrifaeth.[84] Fel rhan o'i wleidyddiaeth ofodol, fe fabwysiadasai Jones – yn enwedig yn y 1950au – rethreg wrth-Americanaidd o'r math sy'n nodweddiadol o'r Chwith yng ngorllewin Ewrop. Bu'n lladd ar y Blaid Doriaidd, militariaeth a hegemoni imperialaeth Eingl-Americanaidd – 'the *cul-de-sac* of American capitalism', fel y'i galwodd.[85] Yn fwyaf diddorol, fe gyfeiriodd at yr hegemoni hwn, mewn ieithwedd sydd yn rhagweld datblygiad ei waith theoretig diweddarach, fel rhywbeth sydd yn hybu cytgord. Geilw'r peth yn 'harmony of domination'.[86]

Mae manteision amlwg yn cael eu cynnig i'r theorïwr gwrthdrefedigaethol Cymraeg wrth efrydu damcaniaethau Jones am adeileddau cenedligol. Fodd bynnag, mae anfanteision sylweddol yn codi hefyd. Mae dehongliad adeileddol yn ffurfiannol a hanfodaidd (*essentialist*). Mae gwahanrwydd mewnol y genedl yn cael ei fferru; mae'n dod yn anos i bobl anghydffurfio â hanfod honedig eu cenedligrwydd. Mae'n anodd hefyd i Gymru ymddiwygio o ran ei nodweddion adeileddol, gan y bydd unrhyw newid yn bygwth einioes y genedl. Mae hyn yn arwain yn ei dro at wneud gosodiadau ysgubol a therfynol ynglŷn â Chymreictod, lle y mae Cymru'n wynebu, mewn termau diwinyddol, un ai bywyd neu farwolaeth. Dywed Jones mai '[c]enedl sy'n wynebu'r dewis rhwng bod ac anfod' yw Cymru.[87]

Wrth reswm, pan yw dyfodol adeileddol yr uned genedligol o dan fygythiad terfynol, mae rhyddid unigol yn cael ei beryglu. Yn fwyaf peryglus, mae'n dadlau bod adeileddau cenedligol yn athronyddol ddilys, ond bod y nodweddion hynny sydd yn milwrio yn erbyn y genedl yn annilys. Nid yw Jones, gan hynny, yn collfarnu Lloegr, gan fod ganddo barch at yr adeiledd cenedligol Seisnig. Yn hytrach, mae'n diraddio profiad byw y sawl nad oes ganddynt y cymwysterau sy'n angenrheidiol er mwyn meddu ar hunaniaeth genedlaethol 'ddilys'. Dilorna hunaniaeth y sawl sy'n bod ar gyrion cenedligrwydd. Dywed felly am Eluned Morgan fod a wnelo ei 'methiant' fel llenor â'i magwraeth yn y Wladfa, tiriogaeth nad oedd yn adeiledd cenedligol cyflawn ac na chynigiai iddi ystod lawn o brofiadau.[88] Dywed am Raymond Williams mai 'Eingl-Gymro ydoedd, a oedd yn fwy o Eingl nag o Gymro'[89] ac fe gyfeiria at 'ymesgusodi dyfal drefedigaethol'[90] yr hanesydd Dai Smith. Tybir eu bod yn ysglyfaeth i gymhlethdod israddoldeb; fe noda Jones, yn hynny o beth, fod gan Dai Smith 'obsesiwn ynghylch y Gymraeg'.[91] Mae'n dilysu ei safbwynt gan gyfeirio at wyddor oleuedig seicoleg, a'r erthygl enwog, 'The Inferiority Complex of the Welsh' (1929), gan Ernest Jones, y seicdreiddydd a gyflwynodd syniadau Sigmund Freud i Brydain.[92]

Dywed Jones fod seicoleg y Cymry yn ffenomen adeileddol a luniwyd mewn ymateb i berthynas grym Cymru a Lloegr.[93] Mewn cyfres o erthyglau yn *Barn* (1983–4) mae'n trafod y cysyniad o frad, nid fel cynodiad emosiynol[94] ond fel enw ar y broses adeileddol lle mae aelod o ddiwylliant neilltuol yn cael ei ddarbwyllo i ymorol dros ddiwylliant sy'n gormesu ei ddiwylliant ei hun.[95] Fe fyn Jones fod y brad hwn yn nodwedd ar adeiledd cenedlaethol mewn perthynas drefedigaethol, a bod hyn wedi bod yn wir yng Nghymru ers y Deddfau Uno.[96] Fe honna mai seicoleg sy'n cymell yr haen negyddol o genedligrwydd Cymreig.[97] Mae gwrth-Seisnigrwydd eithafol – ochr arall y geiniog i'r cenedligrwydd negyddol hwn – yn ffrwyth yr un sefyllfa drefedigaethol.[98] Mae pwysau'r sefyllfa drefedigaethol yn peri i bobl gael eu polareiddio, un ai'n gryf o blaid y diwylliant cysefin neu'n gryf yn ei erbyn.[99] Dadleua Jones fod modd carthu'r brad hwn wrth fabwysiadu polisi o addysgu deidactig ymhlith y boblogaeth.[100] Dyna, er enghraifft, oedd camp bennaf yr Oleuedigaeth Gymraeg ar ddechrau'r ugeinfed ganrif wrth fynd yn ôl at iaith ac esthetig y cyfnod cyn 1536 er mwyn canfod gramadeg ac orgraff, sef atgyfnerthu Cymreictod yn seicolegol.[101] Er difyrred, a gwreiddiol yn y cyd-destun Cymraeg, y theorïau hyn, mae'n ddadl beryglus. Dadleuir y gellir glanhau rhai o safbwyntiau anghydryw Cymru (anghydryw o'u cymharu â'r modd delfrydol y synia Jones am y diwylliant cysefin pur) gan eu bod yn tarddu o israddoldeb. Yn ôl y dehongliad hwn, nid yw gwahaniaeth yn dynodi gwahanrwydd mwyach ond, yn hytrach, eilraddoldeb. Mae'r cwbl wedi'i gyfreithloni gan seicoleg, un o wyddorau newydd meddyginiaeth, proses o wyddori sydd yn nodweddiadol o'r Oleuedigaeth.

Y dyb hon bod disgyrsiau esthetaidd a gwleidyddol anghydryw yn fradwrus yw'r cynsail i dueddfryd ceidwadol Jones.[102] Mae'n golygu bod rhaid i Gymru ymwrthod â diwylliant cydwladol metropolitanaidd a mabwysiadu polisi o arwahanrwydd cenedligol. Mae'n seiliedig ar y gred bod Cymru a Lloegr yn ddau gorff ar wahân a bod rhaid i Gymru wneud yn wahanol i Loegr. Daw Jones i uniaethu'r diwylliant a'r estheteg Gymraeg ag adwaith. Bydd yn cyfeirio at fudiadau gwleidyddol ac esthetaidd 'blaenllaw' fel mudiadau Seisnig. Dywed fod rhaid wrth 'annibyniaeth ddeallol' yn fwy nag 'annibyniaeth wleidyddol'[103] ac wrth hynny fe olyga wahanrwydd syniadol. Mae'n cyhuddo'r sawl sydd yn brolio eu bod yn gwisgo 'siaced frith Ewropeaidd' o anghofio bod rhaid i estheteg ryngwladol gael ei gwreiddio mewn gweithgarwch lleol. Fel y dywed, 'Fe all dyn fod yn blwyfol o ryngwladol.'[104] Mae'n cyfeirio at y sefyllfa hon fel 'gormes y math canoledig o radicaliaeth'.[105]

Fel canlyniad mae unrhyw ymgais i ddelio â materion megis gwleidyddiaeth rhyddhad merched, pobl dduon a hoywon yn cael ei chondemnio â'r siars ei bod yn anghymreig. Collfernir radicaliaeth seciwlar fel radicaliaeth ffug ac mae'r meddylfryd hwnnw yn cael ei ddefnyddio er mwyn wfftio radicaliaeth esthetaidd.[106] Mae ymrwymedigaeth genedligol yn dod yn gyfystyr â cheidwadaeth wleidyddol. Gall y gwledydd mawrion chwarae ag ideolegau coeg neu ymchwilgar, ond nid felly Cymru, oherwydd pe rhoid heibio'r frwydr ddirfodol dros estheteg genedlaethol, fe fyddai iaith ddiymgeledd fel y Gymraeg yn nychu o ddiffyg cefnogaeth. Wrth drafod allweddeiriau honedig y gymdeithas Gymraeg, fe gais Jones honni bod disgwrs y Gymraeg yn brawf o ruddin cynhenid ei diwylliant. Mae'n coleddu casineb at swrealaeth, dadaistiaeth a mathau eraill ar fynegiant ieithyddol sydd fel pe baent yn tanseilio ystyr iaith a gobaith moesoldeb.[107] Ond, yn bwysicaf oll, mae R. M. Jones yn elyniaethus i fudiadau llenyddol *avant-garde* sydd yn 'ddiraddiol' o iaith am fod goruchafiaeth iaith *per se* yn ganolog i *telos* cenedl y Cymry.

Nodiadau

[1] Gw., e.e., Ernest Gellner, *Nationalism* (London, 1997). Er fy mod yn anghytuno â'r meddyliwr gwrthgenedlaetholgar pwysig hwn mewn sawl ffordd, credaf fod ei ddadansoddiad o'r cysylltiad rhwng cenedlaetholdeb a Goleuedigaeth yn gywir: 'Had commercialism and/or industrialism led, as liberalism and Marxism expected, to an irresistible all-embracing melting-pot

and a universal humanity, then indeed the original philosophy of the Enlightenment would have provided it with a perfect ideological cover. But, for whatever reasons (and we have considered them), this did not happen: at least so far, the push towards homogeneity, towards *Gleichschaltung*, is engendering not one universal culture, but a finite number of internally standardised but externally differentiated "national" cultures' (69).

[2] Gw., e.e., Alastair Pennycook, *English and the Discourses of Colonialism* (London, 1998).

[3] R. M. Jones, 'I'm Your Boy: The Four Psycho-sociological Positions of the Colonised Welshman', *Planet*, 42 (Ebrill 1978), 2.

[4] Idem, 'Anglo-Welsh: More Definition', *Planet*, 16 (Chwefror/Mawrth 1973), 21: '[Anglo-Welsh] literature is not a geographical accident (as is the way that some have of referring to the non-Welsh nature of their own medium), but is the result of a violence, and has in itself still, however paradoxically, the character of that violence.'

[5] M. Wynn Thomas, *Internal Difference: Twentieth Century Writing in Wales* (Cardiff, 1992).

[6] Gw. Hywel Teifi Edwards, *Arwr Glew Erwau'r Glo: Delwedd y Glöwr yn Llenyddiaeth y Gymraeg* (Llandysul, 1994), 216–17.

[7] Jones, 'I'm Your Boy', 3.

[8] Idem, *Crist a Chenedlaetholdeb* (Pen-y-bont ar Ogwr, 1994), 111.

[9] Idem, [adolygiad o J. Gwyn Griffiths, *I Ganol y Frwydr*], *Y Traethodydd*, CXXVII, 544 (Hydref 1972), 8.

[10] Hywel Teifi Edwards, 'Y Gymraeg yn y Bedwaredd Ganrif ar Bymtheg', yn Geraint H. Jenkins (gol.), *Cof Cenedl II* (Llandysul, 1987), 128.

[11] R. M. Jones, *Seiliau Beirniadaeth: Cyfrol 4: Cyfanweithiau Llenyddol* (Aberystwyth, 1988), 526. Yn nhyb Jones, nid aethai athronwyr Cymraeg i'r afael â'r dasg o lunio athroniaeth genedligol oleuedig Gymreig: 'gan fod yr iaith, cyn ei bod hi'n fodd i gyfathrebu, yn gorfod bod yn offeryn i ddadansoddi profiad, mae'n debyg mai'r man cywir i ddechrau mewn unrhyw hanes athroniaeth genedlaethol yw gyda'r ffurfiau ieithyddol y mae'r meddwl yn y genedl honno yn eu defnyddio.'

[12] Idem, [adolygiad o Dewi Eirug Davies (gol.), *Gwinllan a Roddwyd*], *Y Traethodydd*, CXXVIII, 547 (Ebrill 1973), 147. Gw., hefyd, idem, *Crist a Chenedlaetholdeb*, 17.

[13] Hywel Teifi Edwards, 'Lloi Pasgedig Smithfield', *Golwg*, 2, 17 (11 Ionawr 1990), 22.

[14] Gw. R. M. Jones, 'Bobi Jones yn Ateb Cwestiynau'r Golygydd', yn J. E. Caerwyn Williams (gol.), *Ysgrifau Beirniadol IX* (Dinbych, 1976), 376: 'Dysgodd Saunders Lewis inni ystyried y Saeson yn estroniaid drachefn – diolch iddo.'

[15] Gw., e.e., Edwards, *Arwr Glew Erwau'r Glo*, 133. Gw., hefyd, idem, '*Gŵyl Gwalia'*: *Yr Eisteddfod Genedlaethol yn Oes Aur Victoria 1858–1868* (Llandysul, 1980), x. Cyfeirir yma at waith gwrthdrefedigaethol mwy cyfoes: *Prydeindod* J. R. Jones, 'The Roots of Welsh Inferiority' ac 'I'm Your Boy' R. M. Jones a 'Cenedl Ddauddyblyg ei Meddwl' Alwyn D. Rees.

[16] Edwards, *Arwr Glew Erwau'r Glo*, 216–17.

[17] Dyma safbwynt beirniadol soffistigedig yn ddi-os, ac yn debyg i gasgliadau

meddylwyr Ewropeaidd Marcsaidd fel Theodor Adorno, neu athronwyr 'ôl-Farcsaidd' fel Michel Foucault.

[18] Edwards, *Arwr Glew Erwau'r Glo*, xxxiv.
[19] Ibid., 110.
[20] Gw., e.e., lith gan Americanwr o Gymro a geisiodd bwysleisio rhinweddau'r Cymry. Dyfynedig yn Hywel Teifi Edwards, *Eisteddfod Ffair y Byd Chicago, 1893* (Llandysul, 1990), 130. Yn ei gyfrolau, fe ddadleua Hywel Teifi Edwards fod iwtalitariaeth a chyfalafiaeth *laissez-faire* yn cyfreithloni ac yn hybu'r ysfa gystadleuol ymysg dynolryw. Gwyrwyd dysgeidiaeth Charles Darwin ym maes esblygiad i brofi bod ambell hil yn is na'r rhelyw. Peth naturiol wedyn oedd bwrw iaith a diwylliant y cyfryw bobloedd dan gabl. Gw. idem, *'Gŵyl Gwalia'*, 320.
[21] Gw. idem, *Eisteddfod Ffair y Byd*, xiv. Gw., hefyd, ibid., 171: dyfynna'n gymeradwy feirniadaeth lenyddol Americanaidd a gofnodai 'dissident but divided voices of labor, farmers, immigrants, blacks and women'.
[22] Ibid., xiii.
[23] Gw. Edwards, *'Gŵyl Gwalia'*, 340.
[24] Ibid., 342.
[25] Hywel Teifi Edwards, '"Cymru Lân, Cymru Lonydd"', *Codi'r Hen Wlad yn ei Hôl: 1850–1914* (Llandysul, 1990), 3.
[26] Gw. idem, *'Gŵyl Gwalia'*, 363. Yn ôl Edwards, llonydd yw allweddair canolog y ffordd hon o feddwl. Mae'n cwmpasu gweledigaeth o wlad sydd yn addas i'w llywio gan rymoedd a ddaw o'r tu allan iddi.
[27] Gw., ibid., 60.
[28] Edwards, *Arwr Glew Erwau'r Glo*, xxxii.
[29] Ibid., 3.
[30] Ibid., 5.
[31] Edwards, 'Lloi Pasgedig Smithfield', 22.
[32] Ibid.
[33] Edwards, *Arwr Glew Erwau'r Glo*, xxxi.
[34] Idem, 'Coffáu Llywelyn', *Codi'r Hen Wlad yn ei Hôl*, 215–18.
[35] Ibid., 216.
[36] Edwards, 'Y Gymraeg yn y Bedwaredd Ganrif ar Bymtheg', 129.
[37] Idem, 'Coffáu Llywelyn', 216.
[38] Ibid., 218.
[39] Ibid., 216–17.
[40] R. M. Jones, *Llenyddiaeth Gymraeg a Phrifysgol Cymru* (Caerdydd, 1993), 16.
[41] Idem, 'Yr Eisteddfod a'i Phobl', *Llenyddiaeth Gymraeg 1902–1936* (Llandybïe, 1987), 243.
[42] Idem, 'Cyfnodi', *Llenyddiaeth Gymraeg 1936–1972* (Llandybïe, 1975), 4.
[43] Idem, 'Cerddi Bethel', *Llenyddiaeth Gymraeg 1902–1936*, 187.
[44] Ibid., 187–8.
[45] R. M. Jones, 'Crist a Chenedlaetholdeb: (I) Gwaith Duw yw'r Genedl', *Y Cylchgrawn Efengylaidd*, XI, 2 (Rhagfyr 1969/Mawrth 1970), 33.
[46] Gw. idem, 'Y Ddrama', *Llenyddiaeth Gymraeg 1902–1936*, 540. Gw., hefyd, idem, 'Vers libre ac yn y blaen', *Barddas*, 90 (Hydref 1984), 2.
[47] Hywel Teifi Edwards, 'Wythnos yn Hanes y Ddrama yng Nghymru (11–16 Mai 1914)', *Codi'r Hen Wlad yn ei Hôl*, 296–7.

⁴⁸ R. M. Jones, 'Iaith Lenyddol', *Llenyddiaeth Gymraeg 1902–1936*, 557.
⁴⁹ Idem, [adolygiad o Dewi Eirug Davies (gol.), *Gwinllan a Roddwyd*], 145–9.
⁵⁰ Gw., yn enwedig, Homi K. Bhabha, *The Location of Culture* (London, 1994). Mae Bhabha'n dadlau bod 'hunaniaeth' yn digwydd yn y tir neb rhwng hunaniaethau cenedlaethol honedig sefydlog. Dywed yn gadarnhaol am gymysgrywedd: 'Hybridity is the sign of the productivity of colonial power. If the effect of colonial power is seen to be the *production* of hybridization rather than the noisy command of colonialist authority or the silent repression of native traditions, then an important change of perspective occurs . . . colonial hybridity is not a *problem* of genealogy or identity between two *different* cultures which can then be resolved as an issue of cultural relativism. Hybridity is a problematic . . . that reverses the effects of the colonial disavowal' (112–14).
⁵¹ Gw. R. M. Jones, 'Bobi Jones Writes on Some Recent Books' [adolygiad o Gwyn Williams, *Presenting Welsh Poetry* a George Ewart Evans (gol.), *Welsh Short Stories*], *The Welsh Nation*, 63 (Ionawr 1960), 2. Gw., hefyd, idem, 'Bobi Jones on Books: Not a Minute Sober' [adolygiad o Glyn Jones, *The Learning Lark a Journal of the Historical Society of the Church in Wales*, IX], *The Welsh Nation*, 64 (Chwefror 1960), 3.
⁵² Jones, 'Anglo-Welsh: More Definition', 11. Gw., hefyd, idem, 'Rhwng Bôn ac Asgwrn' [adolygiad o J. S. Williams a Meic Stephens (goln), *The Wilting House, An Anthology of Anglo-Welsh Poetry* a Gwynne Williams, *Rhwng Gewyn ac Asgwrn*], *Taliesin*, 19 (Nadolig 1969), 144.
⁵³ Gw., e.e., Jones, 'Anglo-Welsh: More Definition', 11.
⁵⁴ Idem, 'Damhegion Diweddar', *Western Mail*, 19 Rhagfyr, 1960, iii.
⁵⁵ Theodor Adorno a Max Horkheimer, *Dialectic of Enlightenment* (London, 1973; argraffiad 1992), 27. Fe'i cyhoeddwyd yn ei Almaeneg gwreiddiol, *Dialektik der Aufklärung*, ym 1944. Am ymdriniaeth Gymraeg â'u gwaith, gweler Richard Wyn Jones, 'Gwleidyddiaeth Ryddfreiniol ar ôl Auschwitz: Athroniaeth Wleidyddol Theodor Wiesengrund Adorno', *Efrydiau Athronyddol*, LIX (1996), 88: 'Yn wir, yn hytrach na gwahaniaethu rhwng Goleuedigaeth a myth, mae awduron *Dialectic of Enlightenment* yn cysylltu'r ddau yn glòs â'i gilydd. Un o'u haeriadau enwocaf yw fod "Goleuedigaeth yn dychwelyd i fyth". Honnir hyn oherwydd fod y math o reswm offerynnol (*instrumental reason*) sy'n angenrheidiol ar gyfer dofi byd natur, hefyd yn dod i gaethiwo dyn ei hun oddi mewn i'w grafangau haearnaidd.'
⁵⁶ R. M. Jones, 'Hen Wyneb D. J.', *Llenyddiaeth Gymraeg 1902–1936*, 338.
⁵⁷ Ibid., 339.
⁵⁸ Gw., e.e., R. M. Jones, 'The Anglo-Welsh', *Dock Leaves*, 4, 10 (Gwanwyn 1953), 23.
⁵⁹ Saunders Lewis, 'Deg Pwynt Polisi'r Blaid', *Y Ddraig Goch*, 8, 3 (Mawrth 1934), 1.
⁶⁰ R. M. Jones, 'The Contribution of Wales to the World through its Tradition', *The Welsh Nation*, XXII, 9 (Medi 1953), 3.
⁶¹ Idem, 'Sinc yr Eisteddfod', *Y Ddraig Goch*, XXIV, 8 (Awst 1950), 1.
⁶² Gw. Saunders Lewis, 'Un Iaith i Gymru: Gorchfygu Gormes Economaidd gyda'r Gymraeg', *Y Ddraig Goch*, 7, 8 (Awst 1933), 1, 3. Cymharer hyn gydag R. M. Jones, 'Rhai Cyfarwyddiaid', *Llenyddiaeth Gymraeg 1932–1972*, 301.

63 R. M. Jones yn dyfynnu F. R. Leavis a Denys Thompson yn 'The Contribution of Wales to the World through its Tradition', 3.
64 R. M. Jones, 'Book Shelf: Wales in a Square Mile' [adolygiad o D. J. Williams, *The Old Farmhouse* (cyf. Waldo Williams); Saunders Lewis, *Tynged yr Iaith*; *Bathafarn: Journal of the Historical Soc. of the Methodist Church in Wales*, 16 (1961)], *The Welsh Nation*, 3 (Mawrth 1962), 3.
65 R. M. Jones, 'Gŵr Gwadd: Bobi Jones' [R. Gerallt Jones yn cyfweld Bobi Jones], *Yr Arloeswr*, 7 (Pasg, 1960), 28.
66 Idem, *Crist a Chenedlaetholdeb*, 7.
67 Gw., e.e., idem, 'The Contribution of Wales to the World through its Tradition', 4: 'The Renaissance scholars of Denbighshire, the hymn-writers of Carmarthenshire, the *cwndidwyr* of Glamorgan, and, perhaps, the eighteenth century classical poets of Anglesey are literary examples of this tendency to localise culture.' Gw., hefyd, idem, 'Rhyddiaith heb Henaint', *Llenyddiaeth Gymraeg 1936–1972*, 317. Gw., yn ogystal â hyn, idem, 'Rhai Cyfarwyddiaid', 304: 'Mae'r modd microcosmig o ddehongli dynoliaeth – gwaith y *costumbrista* – wedi dwyn ffrwythau go ddiddorol i'r golwg yn ystod y canrifoedd diweddar – gyda Phrofens Daudet, Normandi Maupassant, Callifornia Bret Harte, Wessex Hardy, Pum Tref Bennett, Sir Gâr D. J. Williams, Sisili Verga, neu hyd yn oed Madrid Valdos.'
68 Idem, 'Hen Wyneb D. J.', 331.
69 Gw. idem, 'Y Ddraig Lwyd', yn J. E. Caerwyn Williams (gol.), *Ysgrifau Beirniadol XVIII* (Dinbych, 1992), 169. Mae'r syniad goleuedig o diriogaeth genedlaethol yn eithriadol bwysig i Jones. Honna, er enghraifft, fod i deithiau clera ymwybod anymwybodol o 'diriogaeth unol anochel . . . roedd ffin yr iaith yn cyd-daro â ffin bywoliaeth iddynt'.
70 R. M. Jones, [adolygiad o Martin Ball (gol.), *The Use of Welsh*], *Studia Celtica*, XXIV/XXV (1989/90), 205.
71 Idem, 'Y Ddraig Lwyd', 187.
72 Idem, *Seiliau Beirniadaeth: Cyfrol 3: Ffurfiau Ystyrol* (Aberystwyth, 1987), 311.
73 Idem, 'I'm Your Boy', 6.
74 Idem, 'Y Ddraig Lwyd', 169.
75 Idem, 'Gwrthryfel yn erbyn Traddodiad', *Y Traethodydd*, CXXXIX, 588 (Gorffennaf 1983), 124.
76 Ibid., 120.
77 R. M. Jones, 'Haneswyr Llên', *Llenyddiaeth Gymraeg 1936–1972*, 358.
78 Gw. idem, 'Grym Hanes O. M. Edwards', *Llenyddiaeth Gymraeg 1902–1936*, 60. Gw., am drafodaeth ar ddaearyddiaeth oleuedig, Robert Mayhew, *Enlightenment Geography: The Political Languages of British Geography, 1650–1850* (London, 2000).
79 R. M. Jones, 'The Christian Heritage of Welsh Education', *The Christian Heritage of Welsh Education* (Bridgend, 1986), 12.
80 Michael Hechter, *Internal Colonialism: The Celtic Fringe in British National Development, 1536–1966* (London, 1975). Dadl Hechter yw bod perthynas ddilechdidol rhwng y *core* (Lloegr) a'r *periphery* (y cyrion Celtaidd) yn Ynysoedd Prydain: 'The dominated society is condemned to an instrumental role by the metropolis' (30).

81 R. M. Jones, 'Sut i Adfer y Gymraeg?', *Y Traethodydd*, CXXXV, 575 (Ebrill 1980), 74.
82 Ibid., 73.
83 Gw., e.e., R. M. Jones, 'O Obaith i Obaith: Adfywiad yr Iaith', *Barn*, 326 (Mawrth 1990), 14.
84 Idem, 'Oust Labour's Tories: "England is Incapable of Ruling Wales. So is America; and so is Russia"', *The Welsh Nation*, XX, 7 (Gorffennaf 1951), 3.
85 Ibid.
86 Ibid.
87 Jones, *Llên Cymru a Chrefydd*, 37.
88 Idem, 'Aderyn o'r Paith', *Llenyddiaeth Gymraeg 1902–1936*, 114. Mae hwn yn sylw od mewn sawl ffordd. Mae'n hawdd meddwl am nifer o lenorion Ewropeaidd a aned ac a fagwyd mewn trefedigaethau cyn dychwelyd i'r famwlad a chychwyn ar yrfa lenyddol lwyddiannus. Fe ellid cyfeirio, er enghraifft, at Rudyard Kipling a 'ddaeth yn ôl' o'r India i Loegr, neu at Marguerite Duras a 'ddychwelodd' o Fietnam i Ffrainc.
89 Idem, 'Y Marcsydd Beirniadol (2): Raymond Williams 1921–1988', *Barddas*, 139 (Tachwedd 1988), 15.
90 Idem, 'Wrth Angor (26): Tranc yr Eingl-Gymry', *Barddas*, 180 (Ebrill 1992), 13.
91 Ibid.
92 Ernest Jones, 'The Inferiority Complex of the Welsh', *The Welsh Outlook* (Mawrth 1929), 76–7.
93 Jones, 'Sut i Adfer y Gymraeg?', 74.
94 Gw., e.e., idem, 'Brad – Yn Ffordd o Fyw', *Barn*, 250 (Tachwedd 1983), 380. Dywed Jones nad sarhau yw ei nod wrth ddefnyddio'r gair 'brad'; er hynny, ffwlbri yw'r honiad y gellid cyfyngu'r gair i fod yn *taxon* academaidd yn unig. Ni fyddai defnydd goleuedig o'r gair fel dynodiad gwyddorol yn llwyr ddileu'r ymdeimlad o gywilydd sydd yn perthyn iddo.
95 Gw., e.e., idem, 'Brad – Yn Norm Hanesyddol (2)', *Barn*, 251/2 (Rhagfyr 1983/Ionawr 1984), 434.
96 Idem, 'Astudio Israddolder y Cymry', *Barn*, 253 (Chwefror 1984), 12–14.
97 Gw., idem, 'Sut i Adfer y Gymraeg?', 76.
98 Idem, 'Darostyngiad Iaith a Greddfau'r Bobl (7)', *Barn*, 259 (Awst 1984), 272.
99 Gw., idem, 'Israddoldeb – Ffactor Unol', *Barn*, 118 (Awst 1972), 268.
100 Idem, 'Yn Eisiau – Cwrs ar Waseidd-dra (5)', *Barn*, 257 (Mehefin 1984), 187.
101 Idem, 'Yr Englyn', *Llenyddiaeth Gymraeg 1902–1936*, 441: 'Pan geisiodd J. Morris-Jones a'i gymheiriaid llenyddol ar ddechrau'r ganrif hon dorri twnnel o dan y ganrif ddiwethaf, a'r ddeunawfed ganrif a'r ddwy ganrif cynt er mwyn dod o hyd i saith canrif gref ein traddodiad, nid torri twnnel tuag at wybodaeth yn unig yr oeddent – er mor hanfodol oedd hynny – nid twnnel tuag at iaith hyd yn oed, ond twnnel tuag at hyder: twnnel seicolegol; ac nid ar chwarae bach y torrir drwodd tuag at holl ymhlygion y twnnel hwnnw.' Diddorol mai trosiad daearegol a ddefnyddir er mwyn cywasgu amser yn y dyfyniad hwn.
102 Mae'r geidwadaeth oleuedig hon yn ei gwneud hi'n anodd mynegi profiadau lleiafrifol yn y Gymraeg. Dyna bwynt dilys am genedlaetholdeb

lleiafrifoedd ethnig a wnaed gan y meddylwyr Gilles Deleuze a Félix Guattari yn eu llyfryn *Kafka: Toward a Minority Literature* (Minneapolis, 1986). Yn wir, i'r graddau bod llenyddiaethau ieithoedd lleiafrifol yn ddibris o ddisgyrsiau lleiafrifol oddi mewn iddynt, maent yn gallu bod yn fwy mwyafrifol na llenyddiaethau y gwledydd mawrion: 'A minority literature doesn't come from a minor language; it is rather that which a minority constructs within a major language. But the first characteristics of minor literature in any case is that in it language is affected with a high coefficient of deterritorialization' (16). Dadleuir bod Almaeneg Prâg yn iaith a ddad-diriogaethwyd, yn debyg i Saesneg du America. Ni ellid honni'n gyffelyb am y Gymraeg. Mae ieithoedd lleiafrifol sydd yn cael eu 'hadfer' yn geidwadol yn y ffordd y mae eu pwyslais ar 'fod' yn negyddu amodau chwyldroadol yr estheteg sy'n tarddu o amheurwydd y sawl a ddad-diriogaethwyd mewn iaith fwyafrifol: 'The revival of regionalisms, with a reterritorialization through dialect or patois, a vernacular language . . . How can that contribute to revolutionary movements, since they are also filled with archaisms that they are trying to impart a contemporary sense to? From Servan-Schreiber to the Breton band to the Canadian singer. And that's not really how the borders divide up, since the Canadian singer can also bring about the most reactionary, the most Oedipal of reterritorialization, oh mama, oh my native land, my cabin, olé, olé' (24).

[103] R. M. Jones, 'Wrth Angor (33): Camre Crefyddol Gwenallt', *Barddas*, 188/9 (Rhagfyr 1992/Ionawr 1993), 37.
[104] Idem, 'Rhai Cyfarwyddiaid', 296.
[105] Idem, 'Dau Fyfyriwr Annifyr', *Llenyddiaeth Gymraeg 1902–1936*, 428.
[106] Gw., e.e., idem, 'Gwahaniaeth Mewnol' [adolygiad o M. Wynn Thomas, *Internal Difference*], *Taliesin*, 80 (Ionawr 1993), 87.
[107] Gw., e.e., idem, 'Hen Gerddi Newydd', *Llenyddiaeth Gymraeg 1936–1972*, 151. Hefyd, Jeremy Hooker, 'Doubly Subversive: Bobi Jones Interviewed by Jeremy Hooker', *Planet*, 94 (Awst/Medi 1992), 53.

4
Marcsiaeth

O sgwrsio â chynheiliaid y diwylliant llengarol Cymraeg heddiw, fe ellid tybio bod gweithgarwch deallusol y 1980au wedi mynd yn angof. Fe fyddai hynny'n drueni, oherwydd syniadaeth beirniadaeth lenyddol Gymraeg y degawd hwnnw, yn enwedig ymhlith pobl ifainc, yw un o uchelfannau dysg Gymraeg yn y ganrif ddiwethaf. Cafwyd fflyd o gyhoeddi ar yr angen am fydolwg cymdeithasol radicalaidd, yn wleidyddol ac yn llenyddol. Rhychwantodd y cyfnod hwn o radicaliaeth hunanymwybodol ddyddiau llywodraeth Margaret Thatcher, gan gychwyn gydag erthyglau lled-Farcsaidd Dafydd Elis Thomas ac eraill mewn cyfnodolion fel *Y Faner* ar ddiwedd y 1970au a therfynu yn ystod blynyddoedd cyntaf y 1990au.[1]

Gydol y pymtheg mlynedd rhwng 1978 a 1993, bodolai'r radicaliaeth lenyddol hon ochr yn ochr ag agenda esthetaidd geidwadol y cylchgrawn *Barddas*. Ond efallai nad yw gwreiddiau deallusol y ddau fudiad beirniadol hyn mor bell â hynny oddi wrth ei gilydd. Yn ddigon eironig, mae credoau *Barddas* a'r 'radicaliaid' yn deillio o'r un traddodiad deallusol, sef o'r Oleuedigaeth. Maent yn ymwrthod ag unigolyddiaeth ac yn seilio eu hestheteg ar ddehongliad cymdeithasol o rôl celfyddyd. Cyfranogant o'r wedd gymdeithasol ar feirniadaeth Gymraeg yr ugeinfed ganrif. Yr oedd y meddwl cymdeithasol dyneiddiol a dyngarol hwn mewn beirniadaeth lenyddol Gymraeg ymhlyg yng ngwaith beirniaid fel W. J. Gruffydd, Alun Llywelyn-Williams, Aneirin Talfan Davies, J. Gwyn Griffiths, T. J. Morgan, D. Tecwyn Lloyd ac eraill yn hanner cyntaf y ganrif, ac fe barhaodd hyd ei diwedd yng ngwaith ysgolheigion Bangor yn enwedig – Bedwyr Lewis Jones, Gwyn Thomas, Derec Llwyd Morgan a Dafydd Glyn Jones – ac mewn astudiaethau mwy hanesyddol finiog gan feirniaid fel Ioan Williams ac

E. G. Millward. Yn fras, fe ellid dweud i'r ysgol hon ddadlau bod llenyddiaeth yn ffrwyth cymuned o ddynion cyffredin ('y werin') ac na ellid rhagoriaeth esthetaidd heb foddio buddiannau'r bobl hyn.

Mae ceidwadaeth Alan Llwyd a Marcsiaeth Dafydd Elis Thomas yn ganghennau ar y goeden hon. Gweithgaredd cymdeithasol yw cerdd dafod yn ei hanfod; astudiaeth o gymdeithas yw Marcsiaeth. Mae'n wir bod Alan Llwyd a'i gymheiriaid yn dadlau bod eu llenyddiaeth yn oesol, ond yr hyn a olygid ganddynt yw bod yr estheteg yn oesol am fod cymdeithas o ddynion yn oesol a chan hynny'n werthfawr. Mae Marcsiaeth yn honni bod yr un gymdeithas yn arbennig ac, o ddeall hynny, fe ddadleuai y gellid ei diwygio. Ac eto mae'r ddwy gredo hyn yn gytûn bod cymdeithas yn bod.

Serch hynny, problem ymarferol Marcsiaeth Gymraeg yn yr ugeinfed ganrif oedd ei bod yn theori radical, gan fod gweithgarwch diwylliannol a chymdeithasol Cymraeg – Talwrn y Beirdd, er enghraifft – fel arfer yn 'geidwadol'. Dyna ddicotomi na ellid ei ddatrys yn rhwydd iawn, ac am y rheswm hwnnw, yn anad yr un arall, daeth Marcsiaeth Gymraeg i ben fel 'mudiad' tua diwedd y 1980au.

Marcsiaeth: gwyddor oleuedig

Y lle gorau i gael rhagflas o'r ddadl rhwng cymdeithasiaeth geidwadol a chymdeithasiaeth radical yw trafodaeth a gafwyd yng nghylchgrawn Cymdeithas yr Iaith Gymraeg, *Tafod y Ddraig*, ym 1968. Cyfranasai Gareth Miles erthygl olygyddol, 'Yr Artist a'r Chwyldro', i'r papur ac fe atebwyd ef gan Derec Llwyd Morgan. Dadleuodd Miles fod llenyddiaeth, gan ei bod yn ymwneud â phrofiadau a syniadau, yn gryfach cyfrwng mewn cyfnod o ferw cymdeithasol nag ydyw mewn cyfnod o lonyddwch. Mae honno'n theori lenyddol Farcsaidd ddigon cyfarwydd; honnir mai wrth i ysbryd chwyldro lifeirio trwy gymdeithas, fel y gwnaeth yn y gymuned Gymraeg yn y 1960au, y bydd pleidwyr llenyddol y chwyldro hwnnw'n dod yn finiocach eu cynnyrch artistig:

> Ni all llenyddiaeth flodeuo mewn cymdeithas ddiymadferth, fwy nag y gall gardd lysiau ffynnu mewn diffeithwch di-ddŵr. Y mae nychtod cymdeithasol yn rhwym o esgor ar farweidd-dra artistig. Bu i bob cynhaeaf toreithiog ym myd y celfyddydau wanwyn a haf o ferw ac ymchwydd cymdeithasol. Nid yw artistiaid yn syrthio o'r Nefoedd nac yn codi o Ysgolion Sadwrn ple y datgelir dirgelion Crefft y Stori Fer. Cerrynt economaidd a pholiticaidd sy'n creu'r bardd a'i gân; os gwthia'r cerrynt

hyn yn ei erbyn, neu os nad ŷnt yn bod o gwbl yn ei gyfnod ef, ofer ei holl ymdrechion, onid yw'n meddu ar athrylith enfawr, a hyd yn oed wedyn odid na fydd brychau difrifol yn llurgunio'i gerdd. Pan fo dosbarth yn ennill grym ac awdurdod ac yn magu hunan-hyder, adlewyrchir y nodweddion hynny yng ngweithiau ei artistiaid; os dihoeni wna, bydd hynny hefyd i'w ganfod yn eu cynhyrchion.[2]

Dywedir yn ddigon syml fod amgylchedd cymdeithasol yn dylanwadu ar amodau ysgrifennu llenyddiaeth. Yn y 1960au, buasai'r llenor a oedd yn aelod o Gymdeithas yr Iaith yn well llenor o achos y profiad hwnnw. Nid cynnyrch ideâu Platonaidd yw llenyddiaeth dda, ond ffrwyth ymryson. Er mwyn dangos y gwahaniaeth rhwng ymrwymiad gwleidyddol a diffyg ymrwymiad, fe gymharodd Gareth Miles sentimentaliaeth Ceiriog â phendantrwydd Saunders Lewis. Er bod llenyddiaeth yn gyffur i'r ddau ohonynt, moddion i suo dyn mewn encil o ddihangfa ydyw i Ceiriog, ond cyffur ydyw i Lewis sydd yn ei waddoli â'r dymuniad i gymell newid gwleidyddol:

> Hyd yn oed os oes *raid* ichi lenydda, os yw ymhel â geiriau megis cyffur nas gellwch ei hepgor, dowch i mewn i'r Chwyldro sydd ar ddigwydd. Yno cewch ddeunydd i'ch crefft na freuddwydiasoch ei fod yn bod. Yno cewch glywed yr iaith yn cael ei llefaru'n rymus, yn llifeiriol ac i bwrpas.[3]

Wrth ateb Miles, dibynnodd Derec Llwyd Morgan ar yr union ddadleuon hynny y byddai mudiad *Barddas* yn eu defnyddio wrth daranu yn erbyn 'Marcsiaid, Ffeministiaid a Chyffelyb Gythreuliaid',[4] chwedl Gwynn ap Gwilym, yn ystod y 1980au. Honnodd Llwyd Morgan mai oherwydd eu defnydd cyfareddol o iaith, ac nid oherwydd eu syniadaeth, yr edmygid llenorion fel Saunders Lewis, Gwenallt a Waldo:

> Canys nid â syniadau yn gymaint ag â geiriau y gwneir llenyddiaeth. Dylid derbyn neu wrthod bardd neu sgrifennwr rhyddiaith, bardd yn enwedig, yn ôl ei fedr i drin geiriau, i drechu cyffredinedd ein hiaith-bob-dydd, i drydanu iaith mewn trosiadau . . . Peidied neb â chamgymryd: nid dweud yr wyf fi *nad* yw'n rhan o waith sgrifennwr i sgrifennu am ing ei gymdeithas o gwbwl. Rhydd hawl iddo, a chroeso iddo, ar bob cyfri, *os medr roi gwedd lenyddol ar ei syniadau a'i deimlad*. Hynny sy'n bwysig o safbwynt llenyddol.[5]

Efallai mai'r peth mwyaf diddorol am y ffrwgwd hon yw'r *exegesis* athronyddol a gynigiwyd arno gan J. Gwyn Griffiths ym 1970. Mae gwaith Griffiths – ynghyd â gwaith rhai eraill megis Alun Llywelyn-Williams a D. Tecwyn Lloyd pan oeddynt yn ifanc – yn ein hatgoffa nad ffenomen yn perthyn i genhedlaeth y 1980au yn unig oedd daliadau cymdeithasol radicalaidd. Nid oedd rhamantwyr cynnar yr ugeinfed ganrif heb eu cydymdeimlad sosialaidd: R. Silyn Roberts, W. J. Gruffydd a T. Gwynn Jones ymhlith eraill.[6] Cyfeiriai Gareth Miles, er enghraifft, at D. Tecwyn Lloyd y 1930au fel y beirniad Marcsaidd Cymraeg coll.[7] Ac roedd y cyfnodolyn *Tir Newydd*, cylchgrawn llenyddol a gysylltid â llenorion ifanc y 1930au, yn gyfrwng sosialaidd ymroddedig.

Ym marn J. Gwyn Griffiths, ni ddylid tybio mai pobl yn canmol cymhendod a glendid iaith a mireinder arddull yw caredigion mwyaf gwerthfawr y diwylliant Cymraeg. I'r gwrthwyneb, credai y gellid honni mai'r radicaliaid ifainc sydd yn amddiffyn y traddodiad rhethregol Cymraeg orau. Disgrifiodd Griffiths brif duedd y cyfnod ar ddiwedd y 1960au – sef pwyslais ar ran 'Aisthetigwyr' i godi arddull uwchben cynnwys – fel heresi. Eu maniffesto, yn ei dyb ef, yw datgan mai 'â ffurf yn bennaf y mae a wnelo beirniadaeth lenyddol . . . Nid yr hyn a ddywedir sy'n bwysig, ond y ffordd y dywedir ef'.[8] Mae hynny'n fater o resyn am ei fod yn milwrio yn erbyn prif ffrwd y traddodiad gorllewinol, a goleuedig, sy'n pleidio goruchafiaeth *logos*: '[mae'r] gair Groeg Logos yn ein rhybuddio rhag yr onaniaeth ysbrydol a gynigir gan addolwyr arddull a gorseddwyr geiriau: mae Logos yn golygu "gair", ond hefyd "meddwl, bwriad, rheswm".'[9] Rhaid i lenyddiaeth felly ddechrau â rhesymeg, a rhesymeg y cyfnod hwnnw ar ddiwedd y 1960au oedd bod rhaid ymladd dros barhad cyfrwng y llenydda, sef y Gymraeg. Cred oleuedig oedd cred Gareth Miles yn *Tafod y Ddraig*. Mewn cenedl orthrymedig, fe ellid disgwyl, oherwydd y broses boliticaidd o drefedigaethu, y ceid agweddau fel eiddo Derec Llwyd Morgan hefyd, sef y dylid 'gogoneddu'r cyfrwng ac anwybyddu'r cynnwys . . . oherwydd gall y cynnwys fod yn beryglus, gall hyd yn oed herio seiliau ein cymdeithas fel y mae'.[10] I Griffiths, peth an-oleuedig yw esthetiaeth o'r fath a'i ganlyniad anorfod yw cefnu ar y cyd-destun Cymreig: 'Purdeb llenyddiaeth, iddyn nhw, yw ei harwahander, ei diddordeb yn y pethau "tragwyddol"; Afallon ac Annwn yw ei phriod rodfa ac nid Sgiwen na Sgeti na Bangor na Bagillt.'[11] Yn hytrach na hynny, fe osododd Griffiths siars bod rhaid i un o aelodau Cymdeithas yr Iaith 'sgrifennu drama o'r enw *Cymru Fydd*; ac nid nihilistiaeth fydd thema hon, megis yn nrama Saunders Lewis, ond hynt dioddefwyr yn trechu cieidd-dra a llwfrdra'.[12] Ac os perthyn arwahanrwydd i lenyddiaeth, mae'n dadlau, fel meddyliwr goleuedig, y dylid dehongli'r arwahanrwydd hwnnw mewn cyd-destun cymdeithasol:

> Dechreuais drwy nodi bod arwahanrwydd yn un o nodweddion yr artist. Sylwebydd yw sy'n ceisio edrych ar fywyd megis o'r tu allan. Ond yn y pen draw nid dyma'i wir sefyllfa. Rhaid iddo adael y Tŵr Ifori a cherdded y Tir Diffaith; gadael y balcon cysurus a brwydro yn yr arena boethlyd.[13]

Fe allai'r frawddeg osgeiddig olaf honno o eiddo J. Gwyn Griffiths fod yn arwyddair i feirniaid y bennod hon. Yn y 1980au, fe fynnodd cenhedlaeth gyfan ddilyn ei gyngor. Fe ymffurfiant yn ysgol hunanymwybodol er mwyn 'gadael y balcon cysurus a brwydro yn yr arena boethlyd'.

Y ddadl foesegol yn erbyn Marcsiaeth oleuedig

Fe wrthwynebwyd y farn oleuedig Farcsaidd hon gan amryw o bobl: nifer, mae'n siŵr, yn teimlo ei bod yn ymosodiad ar eu hygrededd artistig hwy eu hunain. Ond ar sail y safbwynt nad oes modd lleihau estheteg i fod yn gynrychiolydd o gymdeithas y cafwyd y feirniadaeth fwyaf treiddgar ar y dadleuon 'cymdeithasol' hyn.

Dylid edrych ar hyn gan ei fod yn ganolog i feirniadaeth lenyddol oleuedig a syniadau o 'gyfiawnder'. Un enghraifft dda yw'r ddadl am gydberthynas diwinyddiaeth, gwleidyddiaeth a moeseg a gafodd R. Gerallt Jones a Dafydd Elis Thomas ym 1979. Dadl oedd hon rhwng ymrwymedigaeth Elis Thomas ac ontoleg Jones.

Mae Jones yn cydnabod ei fod yn cytuno ag Elis Thomas bod ffisioleg ddynol yn ddibynnol i raddau ar amodau cymdeithasol.[14] Ond er ei fod yn bleidiol i ddiwygiad o drefn gymdeithasol annheg, mae'n ymwrthod â'r hyn a eilw yn 'absoliwtiaeth',[15] sef tuedd Elis Thomas i ddadlau bod rhyddfreiniad yr unigolyn yn llwyr ddibynnol ar ryddfreiniad cymdeithasol. Awgryma R. Gerallt Jones nad yn sgil perthyn i gymuned y mae'r unigolyn yn ennill yr hawl i ryddfreiniad. Er mor bwysig yw'r syniad o gymuned fel maes brwydr gwleidyddol yn ogystal â bod yn lle i fyw, nid yw'r gymuned honno yn ennill dilysrwydd moesegol nes cydnabod a pharchu unigolion, ni waeth pa mor wahanol ydynt i'w gilydd. Mae'n honni, gan hynny, fod enaid dyn, a'i estheteg hefyd, yn drosgynnol i raddau. Yn ôl y safbwynt yma,

> Yr hyn y mae D. E. T. yn ei leisio, mewn gwirionedd, ydy'r uniongrededd

Marcsaidd-Sosialaidd sy'n honni fod gan y 'gymdeithas' hawl ar fynegiant yr unigolyn, mai eiddo'r 'gymdeithas', mewn rhyw fodd cyfrin, ydy pob cynnyrch artistig, yn union yr un modd ag y mae cynnyrch economaidd yn eiddo'r gymdeithas.

Rwy'n derbyn hyn cyn belled ag y mae eiddo economaidd yn y cwestiwn, ond rwy'n ei wadu'n llwyr ym myd artistwaith. Rwy'n honni fod yn rhaid i'r artist fynnu'r rhyddid i fynegi'r hyn y gallai'r gwleidydd a'r economydd ystyried yn ddi-fudd a gwrth-gymdeithasol, a bod hwn yn rhyddid o'r pwys mwyaf i wareiddiad.[16]

Mae Jones yn honni mai safiad moesegol, yn hytrach na safiad yn adlewyrchu brwydr rhwng gwahanol fuddiannau diwylliannol, yw ei safiad ef:

> Fe fyddwn i'n fodlon ymladd yn galed yn erbyn goblygiadau'r gosodiad hwn – sef fod *'cymdeithas'* yn rhywbeth mwy na chasgliad o unigolion, a bod ganddi, fel endid, rhyw fath o awdurdod moesol sy'n tra-arglwyddiaethu ar ddyletswydd yr artist unigol i fod yn onest i'w weledigaeth ei hun.[17]

Nid yw Elis Thomas yn ddall i'r ffaith mai cynrychiolydd anghydryw iawn yw'r unigolyn o'i gymdeithas. Er hynny, fe fyn ddilyn y trywydd o ddehongli unigolyddiaeth fel diffyg cymdeithasol. Dyna, yn fras, ei ymateb i *psyche* Saunders Lewis, sef haeru bod ei uchelwriaeth yn adwaith i niwed seicolegol a'i rhwystrasai rhag ymdoddi i gymdeithas.[18] Mae peryglon amlwg i hyn. Dywed Mihangel Morgan fod y duedd hon i briodoli gwahanrwydd i ddiffyg yn nodweddiadol o ffasgaeth.[19] Ond, at ei gilydd, mae Elis Thomas yn effro i beryglon awdurdodaeth mewn cyfundrefn sydd yn hybu mwyafrifaeth ddilyffethair. Mae'n cydnabod dilysrwydd moesegol y sawl sydd yn ofni cyplysiad llwyr y gymdeithas â'r carfanau mwyaf grymus y tu fewn iddi:

> [Nid] ydy damcaniaeth democratiaeth . . . wedi datrys problem cyfreithloniad a chaniatâd. Dangosodd [beirniad Americanaidd] nad ydy mwyafrifaeth eto . . . wedi datrys dim problemau athronyddol na chymdeithasegol-wleidyddol. Er mai siarad o sefyllfa ethnig yr Amerig y mae, ni ellir cuddio y tu ôl i fwyafrifaeth rifyddegol yn y wladwriaeth Brydeinig ychwaith a galw hynny wrth yr enw cyfiawnder.[20]

Er hynny, ac er gwaethaf y dymuniad uchod i barchu gwahanrwydd, ni ellir anwybyddu cyfeiriad sylwadau moesegol Elis Thomas a'u hawgrym y dylid gweithredu ar sail dilysrwydd estheteg gymdeithasol. Mae am ryddfreinio carfanau grym – y dosbarth gwaith, y genedl ac ati – fel carfanau grym. Mae'n dehongli ei ddadleuon moesegol ei hun yn nhermau diwinyddiaeth rhyddhad.[21] Mae'n galw hyn yn 'efengyl faterol' sydd yn rhan o ymyrraeth fwriadol yn llif hanes. Mae moeseg Farcsaidd, fel y'i cynrychiolir gan Elis Thomas, yn seiliedig ar weithrediadau. Wrth wadu'r angen i weithredu a mabwysiadu safbwynt gwleidyddol mewn materion cymdeithasol, mae'r beirniad diwylliannol ceidwadol yn euog o gefnogi'r *status quo*:

> Mae gair Duw yn dyfnhau a chryfhau ein hymwneud mewn hanes. Mae'r ymwneud yma yn golygu cyd-sefyll gyda'r gorthrymedig ym mhob rhanbarth, gwlad a chyfandir yn eu brwydr dros ryddhad. Yn wir, ystyr yr addewidion rhyfeddol ym Matthew 25 ydy mai drwy ei gyfarfod yn y tlawd a'r gorthrymedig y down ni i gwrdd â'r Arglwydd. Ystyr ffydd yw nid 'singl dragwyddol i'r nef' fel y canodd Edward H. Dafis . . . Efengyl faterol ydy'r newyddion da fod Duw yn dod yn agos at ddynion.[22]

Mewn gwirionedd, felly, mae trafodaethau ar feirniadaeth ddiwylliannol Elis Thomas yn fath o balimpsest i ddwy broblem gyffredinol yn y berthynas rhwng llenyddiaeth a chymdeithas. Hoeliodd R. Gerallt Jones sylw ar y broblem gyntaf wrth drafod dilysrwydd moesegol mwyafrifaeth oleuedig, yn benodol felly pan fo'r mwyafrif yn tynnu'n groes i ddisgwrs lleiafrifol ac yn benderfynol o'i wadu. Wrth ddatblygu'r gofid moesegol hwn, fe wnaeth ôl-foderniaeth Gymraeg gyfraniad pwysig yn y 1990au. Dangosodd berygl Marcsiaeth.

Cyfeirio at yr ail anhawster a wnaeth J. Gwyn Griffiths wrth ddadlau y gall estheteg unigolyddol anwybyddu cymdeithas, gan arwain at dawedogrwydd gwleidyddol. Dyma brif ofn beirniadaeth lenyddol radical y 1980au, a dengys yr angen am Farcsiaeth. Yn ei waith diwinyddol, fe gyfeiriodd Elis Thomas at gyfrol syniadaethol R. Tudur Jones, *Ffydd ac Argyfwng Cenedl* (1981–2), gan ddadlau bod diwinyddiaeth Cymru 'yn dangos yr hollt sy ym meddwl deallusion Cymraeg rhwng diwylliant ag economi'.[23] Ystyriai Elis Thomas chwalu'r hollt honno a herio tawedogrwydd gwleidyddol yn ddyletswydd foesegol.

Marcsiaeth: 'synnwyr cyffredin' a Goleuedigaeth Gymraeg

Gellir dangos gwedd arall ar y ddadl hon am feirniadaeth 'Farcsaidd' wrth nodi atebion radical a finiogwyd mewn trafodaeth arall rhwng Marcsiaeth a'r traddodiad rhyddfrydol. Yma, unwaith eto, fe wna Derec Llwyd Morgan y gymwynas â ni fel rhyddfrydwr. Cododd ddadl yn *Y Faner* ym 1981 fod y beirniad llenyddol Marcsaidd wedi lladd y syniad o ddarllenydd cyffredin, ac wrth wneud hynny wedi cefnu ar fuddiannau'r lliaws. Mae'r Marcsydd, gyda'i ddadansoddiadau 'jargonllyd', yn gwneud hyn wrth iddo '[f]awrygu'i agwedd ar draul mawrhau modd a mynegiant y gwaith dan sylw; ac ar draul dieithrio llenyddiaeth o'r newydd, a mynd â hi ymhellach oddi wrth y dyn yn y stryd yr ymgymerodd â'i hawlio yn ei enw'. Dywed Llwyd Morgan:

> Diben beirniadaeth lenyddol, boed draddodiadol, boed newydd sbon danlli grai, – diben beirniadaeth yw goleuo'r darllenydd, dweud pethau am y darn o waith dan sylw a fydd yn ei gyfoethogi iddo o ran ei ystyr a'i arwyddocâd. Golyga hynny fod yn rhaid i'r feirniadaeth fod yn ddealladwy. Onidê, nid yw'n werth dim. Golyga hefyd fod y beirniad yn cydnabod fod ganddo gynulleidfa ddisgwylgar, rhyw gorff o ddarllenwyr cyffredin.[24]

Yn y byd dychmygol hwn, mae'r beirniad cyffredin yn traethu'i feirniadaeth wrth ddarllenydd cyffredin ac fe geir o'r herwydd gorff o waith anwleidyddol nad yw'n herio'r *status quo* am fod y *status quo* yn seiliedig ar gyffredinedd. Fe rydd Derec Llwyd Morgan enghraifft o'r darllenwyr cyffredin hyn, sef y beirdd gwlad y cyfarfu â hwy mewn ymrysonfeydd barddol yn Ynys Môn. Yn ei dyb ef, ni ellir sylwebaeth wleidydol, neu theoretig, mewn estheteg, oherwydd pe ceid hynny, fe fyddai sylwedd syniadol yn amharu ar y berthynas naturiol rhwng y beirdd gwlad a'u cerddi. Mae llên i Derec Llwyd Morgan yn debyg i ddefod anthropolegol. Mae'n ddiwylliannol arwyddocaol, yn hytrach nag yn esthetaidd arwyddocaol. Perygl beirniadaeth theoretig, megis beirniadaeth lenyddol Farcsaidd, yw ei bod, wrth drafod seiliau 'gwneud' beirniadaeth ryddfrydol, yn hysbysu'r beirdd gwlad mai artiffisial yw eu gwaith barddol, a bod y berthynas rhwng y bardd gwlad a'i gerdd yn annaturiol. Mae fel pe bai Derec Llwyd Morgan yn ofni y bydd yr anthropolegwr yn baeddu'r ddefod wrth wneud y cyfranwyr yn ymwybodol o'i chanllawiau.

Wrth ateb y feirniadaeth honno, dadleuodd y darlithydd ifanc Meirion Pennar mai anwiredd yw credu y gellir cael 'diwylliant cyffredin'. Mae pob gweithgaredd diwylliadol yn anghyffredin, yn wahanol i rywbeth neu'i gilydd. Er enghraifft, ni fedrai beirdd gwlad Môn fod yn gyffredin; fe'u cyfrifent eu hunain yn wahanol i'w cymdogion 'anniwylliedig' ac yn wahanol i'w hathrawon colegol 'diwylliedig'. Yn ogystal â hyn, teimlai Pennar fod academyddion Bangor yn honni bod y profiad o ymweld â'r werin gyffredin wedi bod yn brofiad arbennig, yn amheuthun. Ond os oedd profiad academyddion Bangor o ymwneud â'r werin yn un arbennig, sut felly y gellid honni bod y werin a'r darlithwyr yn rhannu diwylliant cyffredin?[25]

Wrth gyfeirio at yr anawsterau hyn parthed cyffredinedd, honnodd Pennar ymhellach fod rhaid i waith ymchwil, gan gynnwys beirniadaeth lenyddol, fod yn dreiddgar ac yn ddeallusol onest. Bydd ei ffordd o fynegi pethau'n aml iawn yn arbenigol ac, yn anorfod felly, yn ddieithr i'r gynulleidfa:

> Mae Marcsydd da yn fentrus yn ei syniadau. Nid yw'n ofni meddwl. Wrth geisio esbonio iddo'i hunan ac i gynulleidfa gyfyng o gydymwybodolion ddyrys bethau unrhyw system, mae'n ddigon posib na fydd yn ddealladwy ond i ychydig iawn o bobl. Ond bydd yn sicrhau bod ei syniadau'n cael eu cyfieithu i iaith y werin, naill ai ganddo fe ei hun neu gan eraill. Felly Marx.[26]

Tybiai Derec Llwyd Morgan fod modd i'r beirniad llenyddol rhyddfrydol Cymraeg agosáu at y gynulleidfa nes dod, rywsut, yn rhan organaidd ohoni. Yn nhyb Meirion Pennar, byddai hyn yn mygu unrhyw gynneddf feirniadol. Yn ôl theorïau Marcsaidd goleuedig, mae'n rhaid i'r beirniad sefyll y tu allan i'r gynulleidfa, ac ar wahân i wrthrych yr astudiaeth, er mwyn datblygu pellter dadansoddol. Oni wna hynny, ni fydd yn canfod ac yn datgelu gwirioneddau beirniadol. Wrth arddel 'synnwyr cyffredin' mae rhyddfrydiaeth yn awgrymu y dylid dileu'r pellter beirniadol hwnnw. Diffyg pellter, a chan hynny ddiffyg gwrthrychedd, sydd yn esbonio difrawder beirniadol cymaint o feirniadaeth lenyddol Gymraeg:

> Ond mae'r beirniad bwrdais yn ofni ei syniadau ei hun. Mae'n cuddio'i feiau rhag y werin. A'r bai mawr yw meddwl o gwbl. Mae'n teimlo'n euog. Mae'n ceisio honni nad yw e wedi ymddieithrio rhag y werin trwy addysg a gweithgarwch meddyliol. Mae'n honni hefyd ei fod yn ddealladwy. Hawdd bod yn ddealladwy pan ydych chi wedi rhoi'r gorau i feddwl yn ymwybodol megis yn rhinwedd eich swydd, sef yr hyn sy'n eich gwahanu oddi wrth y werin.[27]

Marcsiaeth Gymraeg: gwleidyddiaeth a Goleuedigaeth

Yn gefnlen i'r drafodaeth yn y wasg Gymraeg ar ymrwymedigaeth syniadaethol, cyhoeddwyd nifer o erthyglau theoretig gan academyddion adain chwith yn asio theorïau deallusiaeth a *praxis* ynghyd. Yn union fel yr oedd R. M. Jones wedi herio beirniadaeth 'synnwyr cyffredin' – a oedd yn ganlyniad diwylliannol i Oleuedigaeth John Morris-Jones – felly hefyd yr oedd Marcsiaid yn gorfod gwneud hynny. Er bod Marcsiaid yn arddel rhesymeg oleuedig, roeddynt yn gorfod protestio yn erbyn Goleuedigaeth ar ei gwedd an-oleuedig Gymraeg.

Mae'n ddadlennol bod llawer o'r dadleuon hyn wedi ymddangos yn *Efrydiau Athronyddol*, un o'r cyfnodolion Cymraeg prin hynny nad oedd a wnelo â'r Gymraeg fel pwnc. Roedd cyfnodolion a chyhoeddiadau llenyddol fel *Taliesin*, *Y Traethodydd* ac *Ysgrifau Beirniadol* yn tueddu, at ei gilydd, i osgoi trafodaethau theoretig. Efallai fod a wnelo hyn â'r modd y ffurfiwyd 'y Gymraeg' fel disgyblaeth academaidd. Bid a fo am hynny, gwnaeth yr erthyglau theoretig hyn gyfraniad pwysig i radicaliaeth y cyfnod, a dadleuid ynddynt fod trafod syniadaeth yn fodd i ysgogi gweithredu gwleidyddol, a bod gwleidyddiaeth yn hanfodol er mwyn sicrhau parhad cenedl y Cymry.

Yr erthygl enwocaf ohonynt i gyd yw llith rethregol feistrolgar Gwyn Alf Williams ar Antonio Gramsci, 'Marcsydd o Sardiniwr ac Argyfwng Cymru' (1984). Fe ddadleuodd Williams fod Gramsci yn feddyliwr a lwyddasai i ieuo'r angen am ddeallusiaeth wrth barhad cenedl. Yn ei dyb ef, mae Sardiniaeth Gramsci yn ganolog i'w ddirnadaeth hanesyddol o'r Eidal – hynny sy'n ei gymell i gael 'ei feddiannu gan y syniad o greu cenhedloedd'.[28] Oherwydd y tebygrwydd rhwng Sardinia a Chymru, dwy o genhedloedd anhanesiol Ewrop, fe allai Sardiniaeth Gramsci fod yn fodel ar gyfer Cymreictod ac yn fodd i ail-greu cenedligrwydd Ynys Prydain – cenedl-wladwriaeth amlgenedl nid annhebyg i'r Eidal.[29] Diben y cwbl oedd argyhoeddi Cymry Cymraeg nad yw materoliaeth ddiwylliannol yn gyfystyr ag ymwadiad ieithyddol.[30] Yn wir, gan fod newid iaith yn broses faterol, ni fyddai'n bosibl 'achub Cymru' heb amgyffred y modd y mae gweithredu deallusol a gweithredu gwleidyddol yn rhan o'r un gwrthsafiad. Mae Williams yn haeru bod syniad Gramsci ynghylch y deallusyn organig yn addas yn y cyd-destun Cymreig. Yn ôl y theori hon, mae pawb sy'n meddwl – gan gynnwys caredigion y Gymraeg – yn deallusoli cymdeithas wrth ddod yn rym yn ei ffurfiant parhaus. Gellid ehangu'r dosbarth o ddeallusion llenyddol i gynnwys, yn ogystal â'r beirdd, y sawl sydd ynghlwm wrth foddau o drosglwyddo a chynhyrchu gwybodaeth ddiwylliannol: athrawon a gweinidogion ymhlith eraill.³¹ Yn draddodiadol, fe orgynhyrchid y deallusion hyn yng Nghymru, a hynny am fod prinder cyfalaf a sefydliadau'n golygu nad oedd gwaith arall addas iddynt.

Yn ei lith yntau, 'Meddwl Cymru: Hanes ein Llên' (1989), datblygodd M. Wynn Thomas y ddadl bod angen materoli a deallusoli diwylliant. Er bod Raymond Williams yn disodli Antonio Gramsci fel *guru* y Chwith, fe erys yr un nod, sef herio '[g]afael y diwylliant nerthol, ymwthiol Saesneg'.³² Mae Wynn Thomas yn feirniadol eithriadol o'r duedd Gymraeg i ddiwyllio diwylliant, sef ystyried diwylliant fel rhywbeth nad yw'n perthyn i gymdeithas benodol ond sydd, mewn modd annelwig a throsgynnol, yn draws-hanesyddol:

> Y mae cwrs hanes bellach fel petai'n bygwth ein bodolaeth ni, ac felly chwiliwn am noddfa uwchlaw cyrraedd y broses ddifaol honno. Dyma, hwyrach, paham y syniwn am ein gweithiau llenyddol fel petaent mor ddisigl safadwy, mor ddigyfnewid yn wir â chraig. Sylwer er enghraifft ar y term a fathwyd gennym i ddisgrifio prif werthoedd ein diwylliant, y gwerthoedd hynny sydd ar gadw'n ddiogel yn ein llên. 'Y pethe' yw'r hoff ymadrodd Cymraeg sy'n crisialu'r syniad yma – fel petai gwerthoedd yn wrthrychau solet y gellir cydio'n dynn ynddynt.³³

Fe ymhelaethodd, eto yn *Efrydiau Athronyddol*, ar y goblygiadau i ddiwylliant brodorol na chaiff ei ystyried yn gynnyrch proses faterol, ond, yn hytrach, yn haniaeth. Mae hyn, yn ei dyb ef, yn esbonio pam y gwelir hanes ein llên a'n hanes fel cenedl yn endidau ar wahân, 'gan osod bwlch pendant rhwng hanes llenyddiaeth Cymru a hanes y gymdeithas Gymraeg'.³⁴

Defnyddiodd Wynn Thomas gymhariaeth broffidiol dau ŵr diwylliedig a oedd yn hanu o'r un fro yng ngorllewin Morgannwg er mwyn profi'r ddadl. Fe gymhery Evan Roberts o Gasllwchwr, arweinydd Diwygiad 1904–5, ag Ernest Jones o Dre-gŵyr, y seicdreiddiwr rhyngwladol ei fri a chyfaill i Freud. Er bod y Diwygiwr wedi suddo i ymwybyddiaeth gyfun pobl y cylch, mae'r gŵr a ragorodd mewn disgyblaeth anghelfyddydol wedi mynd yn angof: 'Y gwir plaen amdani yw nad oes fawr o neb yn y cylch acw (sef cylch Gorseinon, a siarad yn fras) erioed wedi clywed sôn am Ernest Jones.'³⁵ Câi meddylwyr eraill gam tebyg. Cyfeiriodd Gerwyn Wiliams, er enghraifft, at Raymond Williams fel 'y beirniad diwylliannol mwyaf o Gymro yn ystod y ganrif hon na chrybwyllir prin mo'i enw ar gyrsiau Cymraeg Prifysgol Cymru'.³⁶ Yn wir, fe nodasai Dafydd Elis Thomas, yn fuan wedi marwolaeth ddisymwth Raymond Williams ym 1988, y byddai ymadawiad prydydd gwlad eilradd wedi cael mwy o sylw yn y wasg Gymraeg.

 Tuedd y Marcsydd, felly, yw ailddiffinio 'diwylliant' er mwyn cwmpasu'r ystod ehangaf bosibl o ddisgyblaethau deallusol. Ceir enghreifftiau lawer o fethiant i wneud hyn yn hanes deallusol Cymru. Mae'n ddiddorol nodi mai tuedd beirniaid llenyddol Cymraeg yr ugeinfed ganrif fu collfarnu safonau esthetaidd y bedwaredd ganrif ar bymtheg. Rhan ganolog o'r cyhuddiad yn erbyn y ganrif honno yw bod masnach a gwyddoniaeth – a disgyblaethau syniadaethol eraill megis athroniaeth a diwinyddiaeth – wedi cael mwy o sylw na llenyddiaeth. Ond tybed na fyddai modd dadlau mai esthetiaeth wrthwyddonol, sydd eto, wrth gwrs, wedi'i gwyddori gan Oleuedigaeth ieithyddol John Morris-Jones, a ddallodd feirniaid Cymraeg yr ugeinfed ganrif rhag gweld bod rhoi pwyslais ar ddisgyblaethau eraill yn iach? Dadleuodd Gerwyn Wiliams, er enghraifft, fod gorbwyslais ar esthetiaeth wedi cadw beirniaid Cymraeg rhag sylwebu ar fathau eraill o ddisgwrs. Fe welodd fai ar lyfrau gosod fel *Blodeugerdd o'r XIX Ganrif* (1965) Bedwyr Lewis Jones am beidio â chynnwys enghreifftiau o'r ystod ehangaf bosibl o *genres* barddonol 'oherwydd gweithredu beirniadaeth lenyddol esthetaidd ar gynnyrch cyfnod oedd â diben iwtilitaraidd-deidactig i'w llenyddiaeth'.[37] Ni dderbynnid gwaith 'athronyddol-diwinyddol-gwleidyddol', megis myfyrdodau Morgan Llwyd, yn rhan o'r canon ond yn y cyfnodau hynny pan oedd prinder testunau nad oeddynt yn ddeidactig-sagrafennol.[38]

 Pwysig hefyd i'r 'Marcsydd' oedd dwyn y 'werin' i'r drafodaeth ddeallusol gyhoeddus. Dyna un rheswm pam y beirniadai Dafydd Elis Thomas ddiwylliant pobl 'y pethe', gan ladd ar bapurau bro – cyfryngau mwyaf llwyddiannus y Gymru wledig yn y 1980au – a'u cyhuddo o hybu adwaith wrth fygu trafodaeth. Byddent yn 'codi'r felan ar unrhyw un sy'n chwilio am arwyddion o foderneiddiad yn y diwylliannau Cymraeg, a'r ymwybyddiaeth wleidyddol newydd sy'n rhaid ei chael i gynnal hynny'.[39] Roedd dadl o'r fath yn wahanol ei phwyslais i'r maentumiad rhyddfrydol bod darparu unrhyw ddeunydd Cymraeg yn llesol, a pho fwyaf didramgwydd y deunydd hwnnw, po fwyaf poblogaidd y byddai.[40] Rhan annatod o'r Farcsiaeth oleuedig hon oedd ymrwymiad i barchu gwahaniaeth barn pobl, a'u hannog i'w mynegi. Roedd y Marcsiaid yn gweld hyn fel modd i gyfoethogi eu daliadau 'Marcsaidd' eu hunain, safbwynt teleolegol sydd o'r braidd yn tanseilio cryfder moesegol eu goddefgarwch. Serch hynny, wrth wrthbrofi'r cyhuddiad bod arddel rhaglen syniadaethol yn gyfystyr â bod yn rhagfarnllyd, fe fyddai radicaliaid yn dadlau bod gan wahanol feirniaid wahanol ddulliau o synio am y byd.[41] Dadleuodd Gareth Miles droeon mai braint i Farcsydd yw miniogi ei ddadleuon gyda gwrthwynebwyr adain dde o safon. Yn hynny o beth, fe adleisiai honiad enwog Saunders Lewis yn 'Llythyr ynghylch Catholigiaeth' (1927) mai peth da yw croesawu credo anghymharus.[42] Wrth sôn am Lewis, dywed Miles iddo 'gael mwy o bleser wrth anghytuno'n ffyrnig â'i ysgrifau ef . . . nag wrth gyd-fynd â llithoedd mwy derbyniol eu syniadau ond llai miniog eu mynegiant'.[43] 'Fel "sgwennwr o Sosialydd",' meddai, 'dwi'n ystyried ein bod yn hynod ffodus fod ganddon ni lenor adweithiol o athrylith. Mae dyn yn rhwym o elwa wrth ymateb i'w ddaliadau.'[44] Mae'n cymeradwyo'r 'beirniad a chanddo *Weltanschauung* – gweledigaeth-o-gwrs-y-byd – a honno'n un ddiffiniadwy . . . boed hwnnw'n ategu ei farn a'i ragfarnau ei hun ai peidio'.[45] Mae Wiliam Owen Roberts hefyd wedi dadlau y gall beirniaid adain chwith fod ar eu hennill o efrydu adwaith, a hynny yng ngwaith Saunders Lewis yn benodol.[46] Honna Roberts iddo bori'n aml yn y wasg ddeallusol adain dde; bu'n ddarllenwr brwd o'r cyfnodolyn monetaraidd, *The Salisbury Review*, sydd yn ennyn ei edmygedd am ei fod yn 'ail-archwilio nifer o themâu sy'n ganolog i'r eidioleg Geidwadol'.[47]

Yn ei olygyddol i ail rifyn y cylchgrawn *A5*, honna Wiliam Owen Roberts fod magu nifer o wahanol farnau ar wahân yn iachach na cheisio consensws.[48] Yn wir, mae Roberts yn cyfeirio at gonsensws fel math o sensoriaeth sydd yn rhwystro pob barn rhag cael ei chlywed.[49] Yr hyn y mae cymod yn ei gymell yw hunansensoriaeth, y sensoriaeth '[g]lyfrwysa', sydd 'wedi'i wreiddio yn y meddwl . . . ac yn effeithio ar lenorion Cymraeg yn fwy na neb'.[50] Yn rhesymegol felly, yn hytrach na lladd ar gyfnodolyn ceidwadol fel *Barddas*, mae'n ei ganmol am fod ei safbwyntiau gwrthnysig yn dystiolaeth o natur ddrylliedig, ac felly aeddfed, y gymdeithas Gymraeg ar ddiwedd yr ugeinfed ganrif:

> [Mae *Barddas*] yn mynd rhagddi o nerth i nerth ac mae'n coleddu ei hegwyddorion yn ogystal â bod yn ysgol syniadaethol ac yn feithrinfa i feirdd ifanc sy'n bwrw prentisiaeth. Yn wir, mae *Barddas* yn cyflawni'r hyn y byddai Saunders Lewis yn ei gymeradwyo.[51]

Marcsiaeth Gymraeg: ei meddwl ôl-oleuedig

Roedd Marcsiaeth Gymraeg, felly, yn gredo â llawer iawn o weddau goleuedig yn perthyn iddi. Ond, fel y dadleuwyd yn y llyfr yma sawl gwaith eisoes, roedd Goleuedigaeth ar ei gwedd Gymraeg eisoes wedi'i meddiannu gan ddilynwyr John Morris-Jones. Felly, er mwyn rhyddhau beirniadaeth lenyddol Gymraeg rhag gafael unplyg ac unffurf y sefydliad beirniadol, roedd yn rhaid pleidio safbwynt a âi'n groes i chwyldro John Morris-Jones. Ni ddigwyddodd hyn yn gyfundrefnus ac, o gofio ymlyniad Marcsiaid at Oleuedigaeth ar ei gwedd Ewropeaidd, efallai nad oedd Marcsiaeth Gymraeg yn chwennych hyn. Ond, gyda cheidwadwyr wedi hawlio *telos* ac esgatoleg genedligol yn eiddo personol iddynt hwy eu hunain, hwyrach nad oedd gan y Marcsiaid ddewis.

Mewn gwlad mor ymwybodol ysgolheigaidd â Chymru, y brif broblem a wynebai radicaliaid ifainc â'u bri ar statws deallusol ond a fynnai fentro i'r arena lenyddol-wleidyddol oedd darbwyllo eu cynulleidfa y gellid cael beirniadaeth lenyddol Gymraeg radicalaidd ymrwymedig heb golli disgyblaeth ysgolheictod.[52] Er mwyn cyflawni hynny, fe ddadleuid bod gwybodaeth ddynol yn ffrwyth rhagfarnau dynol. Gellid cael ysgolheictod newydd wrth arddel rhagfarnau newydd, rhagfarnau a fyddai'n bleidiol i barhad y Gymraeg a thegwch cymdeithasol. Ac yntau'n is-olygydd *Barn*, fe geisiodd Gerwyn Wiliams gynnal nifer o sesiynau trafod yn y cylchgrawn hwnnw, sesiynau a ysbrydolwyd gan gyfrol Raymond Williams, *Keywords* (1983).[53] Trafodwyd cynodiadau ideolegol nifer o gysyniadau diwylliannol, gan gynnwys y gair 'diwylliant' ei hun. Diffiniodd un o'i gyfranwyr gwadd, Siôn Aled, ddiwylliant yn etymolegol fel rhywbeth a ddylai oleuo (diwyll-iant). Ond dadleuodd, am resymau cymdeithasol-hanesyddol, nad oedd wedi cyflawni'r swyddogaeth honno yn y cyd-destun Cymraeg.[54] Roedd y cysyniad cysylltiedig ac ôl-oleuedig o amlddiwylliannaeth wedi'i ddatblygu gan Dafydd Elis Thomas rai blynyddoedd ynghynt. Yn ei dyb ef, deilliai'r term 'diwylliant Cymraeg' o feddwl am y genedl fel hanfod unigol:

> Ar ôl chwe mis o S4C, daeth yn hen bryd i ni drefnu ymddeoliad y dywediad 'y diwylliant Cymraeg' a'r diwylliant Cymreig, gan fod o fewn Cymru nifer o ddiwylliannau mewn ieithoedd gwahanol sy'n cael eu cynhyrchu a'u hatgynhyrchu yn ddyddiol ar ein cyfryngau.
>
> Bellach rhaid deall a meithrin y gwahaniaethau o fewn y diwylliannau Cymraeg. Rhaid gwrthod diffiniadau cyfyngedig o Gymreictod a gweithio ar ffurfiau a diwylliannau gwahanol sy'n caniatáu mynegiant i Gymreictodau diwedd yr ugeinfed ganrif.[55]

Rhannai beirniaid eraill weledigaeth Elis Thomas. Dadleuodd Gerwyn Wiliams mewn torpedo o erthygl, 'Pawb â'i Draddodiad Lle Bo'i

Ddiwylliant!', y 'buasid yn meddwl bod ein diffiniad o "ddiwylliant" bellach yn ddigon soffistigedig i ni fedru trafod yn ddeallus amryfal *ddiwylliannau*'r iaith'.[56] A dywedodd yn y cyflwyniad i'w draethawd Ph.D. nad oedd yn credu y gallai diwylliant neilltuol 'gynrychioli' cenedl.[57] Gwnâi hynny er mwyn gomedd i feddylwyr traddodiadol yr hawl i ddehongli Cymreictod yn haearnaidd, ac er mwyn ymwrthod â dehongliadau esgatolegol o'r genedl, sef y ddadl bod darfodedigaeth math neilltuol o ddiwylliant yn gyfystyr â marwolaeth Cymreictod ei hun, syniad a fu'n gwbl ganolog i ddefnydd cenedligol a goleuedig Saunders Lewis o resymeg ramadegol John Morris-Jones.

Gan fod gwahanol ddiwylliannau Cymreig yn bod, fe ddadleuid y dylid trafod ystod lawn o brofiadau mewn llenyddiaeth Gymraeg. Dadleuid bod cynnwys ac arddull llenyddiaeth yn berthynol, gan danseilio'r dybiaeth bod y Gymraeg a'i diwylliant yn bur. Honnodd Gerwyn Wiliams na ddylid arddel y term 'is-ddiwylliant' gan na chredai fod unrhyw ddiwylliant yn is ei statws na diwylliant arall.[58] Fe ymosodwyd yn hallt ar y dolennau cyswllt rhwng iaith, purdeb a chywirdeb. 'Mae'r holl bwyslais ar ffurf, cywirdeb cynganeddol a chywirdeb,' meddai dau o arweinwyr y genhedlaeth iau, Iwan Llwyd Williams a Wiliam Owen Roberts, 'wedi claddu unrhyw ymgais at fynegiant didwyll a pherthnasol.'[59] Yn ei feirniadaeth arobryn yn Eisteddfod Genedlaethol Caernarfon ym 1979 – blwyddyn colli'r refferendwm cyntaf ar ddatganoli ac ethol Margaret Thatcher yn Brif Weinidog – fe apeliodd Dafydd Elis Thomas ar feirdd i arddel ieithwedd newydd. Fe roes bwyslais ar freinio anghyfieithedd ar draul cyfieithedd er mwyn torri'r cyswllt rhwng 'purdeb' mynegiant a 'chywirdeb' syniadol. Yn ei olwg ef, roedd amryfusedd yn rhinwedd, am ei fod yn bodoli y tu allan i ddisgwrs cydnabyddedig y gallai ideoleg ei reoli. Wrth draddodi ei feirniadaeth ar gerddi'r ffeminydd o ddysgwraig, Carmel Gahan – cerddi a feirniadwyd gan geidwadwyr am eu bod yn ramadegol anghywir – nododd mai 'Dyma'n ddi-os lais mwya diddorol y gystadleuaeth. Dim priflythrennu nac atalnodi, iaith lafar a blas ei dysgu fel ail-iaith arni, sy'n ychwanegu mwy at ein llenyddiaeth na'r priod-ddulliau priddlyd o'r bedwaredd ganrif ar bymtheg sy'n llenwi cyfeirlyfrau idiomatig.'[60]

Dadleuai radicaliaid eraill, er na wnaethant yr un cysylltiad soffistigedig rhwng dilysrwydd syniadol purdeb a chywirdeb, fod modd defnyddio iaith garbwl os oedd hynny'n adlewyrchu'n driw ogwydd cymdeithas mewn cyfnod o ferw diwylliannol mawr. Dywedodd Manon Wyn Roberts rywbeth i'r perwyl hwnnw wrth honni y gallai 'bratiaith [fod] yn ddefnyddiol ac yn werthfawr yn ei hawl ei hun. Ni fyddai Cymraeg perffaith gywir hanner mor effeithiol. Ond dyma'r math o iaith sy'n cyfleu natur bywyd rhwng y ddau fyd.'[61] Fe dystiodd Derec Llwyd Morgan i resymeg wleidyddol y ddadl honno:

> Yn wir, bron na ellir dweud na wêl y beirniaid hyn ddim pwys i waith llenyddol y tu allan neu'r tu draw i'w gyd-destun cymdeithasegol a seicolegol . . . Gyda llaw, dyna sut y gall A.S. Meirionydd, unig gynrychiolydd y garfan hon o feirniaid ymysg ysgolheigion y Gymraeg, ddweud ar goedd nad yw Cymraeg carbwl y dydd hwn yn ei boeni, fel y *mae'n* poeni Thomas Parry, dyweder – sef am ei fod yn ystyried y Gymraeg fel iaith a aeth i'r truени o dan ormes cyfalafiaeth estron mewn hinsawdd wleidyddol anffafriol. Iddo ef, y Gymraeg yn ei charpiau yw Cymraeg onest yr oes.[62]

Er teced y sylwadau hynny, efallai na lwyddodd Derec Llwyd Morgan i lawn sylweddoli prif ergyd Dafydd Elis Thomas, sef bod annilysrwydd yr iaith Gymraeg fel hanfod Platonaidd yn golygu nad yw'r syniad o ddiwylliant Cymraeg trosgynnol yn dal dŵr. Nid oedd Dafydd Elis Thomas yn dadlau dros annilysrwydd y diwylliant Cymraeg; fel arall, mae'n dadlau dros annilysrwydd diwylliannau yn gyffredinol a'r diwylliant Cymraeg yn eu plith. Fel Marcsydd, bu'n synio am goethder diwylliannol – sy'n ymgysylltu â'r *nexus* o hil ac iaith – fel ffrwyth gormes ontolegol. Mae'n enghraifft o'r modd y taflunnir yr awydd ontolegol i geisio perffeithrwydd narsisaidd, sef purdeb, ar fodel metafforig sydd yn dorfol ond yn drosgynnol, sef y genedl.

I'r Marcsydd ôl-oleuedig, mae anghydrywedd diwylliannol yn rhagori ar burdeb ontolegol gan ei fod yn gydnabyddiaeth na ellir ceisio perffeithrwydd. Mae anghydrywedd yn dorfol ond yn ddiriaethol, ac wedi'i wreiddio mewn astudiaeth o gymdeithas ar amser penodol. Nid felly gydrywedd, sydd yn anhanesyddol ac yn haniaethol, yn lleihau'r dorf i fod yn fath ar deipoleg ac yn gysylltiedig â thawelyddiaeth wleidyddol Gymraeg draddodiadol.

Roedd i gydrywedd diwylliannol ei dafluniad daearyddol hefyd. Bernid yn draddodiadol yn y Gymru Gymraeg fod cymunedau idealaidd yng nghefn gwlad yn rhagori ar gymunedau halogedig a chymysgryw yr ardaloedd trefol. Ond fe ymwrthodai Marcsiaid â'r ddadl bod Cymreictod yn gyfyngedig i rai ardaloedd o Gymru yn unig. Roedd radicaliaid yn wrthwynebus i 'athroniaeth wledig wreiddiedig' a hybai 'ideoleg ddethol'.[63] Mae'n ddiddorol olrhain y dadleuon hyn sydd yn ymosod ar hegemoni'r ddelwedd o wlad yn y diwylliant

Cymraeg. Yn ei erthygl am estheteg chwyldroadol yn *Tafod y Ddraig*, roedd Gareth Miles yn gresynu bod 'brwydr genedlaethol Cymru yn erbyn gormes Lloegr [wedi cael] ei huniaethu gyda brwydr y Wlad yn erbyn y Dref, ac Amaethyddiaeth yn erbyn Diwydiant'. Parhaodd yr ideoleg wledig yn hir wedi i'r Gymru wledig uniaith ddiflannu a 'hyn yn bennaf achosodd aflwyddiant Plaid Cymru a diymadferthedd y genedl rhwng 1945 a 1966'.[64] Daeth Manon Wyn Roberts i gasgliad tebyg yn ei hastudiaeth o Sioriaeth Gymraeg: roedd y 'bywyd gwledig o hyd yn cymryd y rhan flaenaf yn niddordeb a gweithrediadau llenyddol Cymru . . . [ac] yn yr ystyr yma yr oedd barddoniaeth y Cymry'n gamarweiniol, ac yn gamamserol',[65] er gwaethaf y ffaith mai iaith drefol oedd y Gymraeg yn bennaf, sylw a adleisiwyd gan Dafydd Elis Thomas pan alwodd am 'wneud y chwyldro o greu diwylliant torfol, trefol Cymraeg'.[66] Ymhellach, roedd y modd y trafodwyd y profiad gwledig yn gyfyng gan ei fod wedi diystyru 'caledi bywyd amaethyddol'.[67] Yn ôl y dehongliad hwnnw, cawsai pobl y wlad eu bradychu gan ddeallusion a'u rhwystrasai rhag cael gwir olwg ar eu sefyllfa economaidd.[68]

Goleuedigaeth a gramadegaeth oedd yr arfau a ddefnyddid er mwyn cyfiawnhau delweddaeth fytholegol o gefn gwlad Cymru a'i iaith, gan ddieithrio'r mwyafrif o siaradwyr Cymraeg. Roedd y modd y cyplysid diwylliant ag iaith mewn cylch caeedig, yn hytrach na'u cydgysylltu â gwleidyddiaeth, wedi ymylu'r Gymraeg, gan arwain at ddirywiad ieithyddol. Yng nghymoedd y De, 'ymddangosai'r Saesneg fel drws y gellid torri'n rhydd o fynd drwyddo o afael Cymreictod diwylliannol a gwleidyddiaeth gymodlon'.[69] Mewn cymunedau uniaith yng Ngwynedd lle na weithredai'r Saesneg fel gwaredigaeth ideolegol, honnwyd bod y Gymraeg wedi llyffetheirio'r dosbarth gweithiol a'i gau 'o fewn carchar cenedlaetholdeb diwylliannol y Werin',[70] cenedlaetholdeb a oedd, yn ôl Dafydd Elis Thomas, yn faterol '[d]digynnwys'.[71]

Gwleidyddiaeth a llenyddiaeth

Dadleuai Marcsiaid fod beirniadaeth lenyddol yr ugeinfed ganrif wedi bod yn ddiffygiol o ran dehongli'r gymdeithas Gymraeg a'i thestunau llenyddol. Ond tybed i ba raddau y gellid dadlau bod beirniadaeth lenyddol yn gallu arwain at newid gwleidyddol yn y Gymru Gymraeg? Mae peth rhagdybiaeth yn y llyfr hwn bod cysylltiad rhwng syniadaeth lenyddol-wleidyddol a gweithgarwch gwleidyddol 'ymarferol', ac y gellir gweld ôl hyn yn y dylanwad a gafodd Goleuedigaeth John Morris-Jones ar dwf cenedlaetholdeb gwleidyddol yng Nghymru yn y 1920au. Ond roedd barn Marcsiaid Cymraeg y 1980au yn rhanedig ar hyn. Ar y naill law, fe geid y math o safbwynt a arddelai theorïwyr fel Raymond Williams a Michel Foucault, sef bod modd i ddiwylliant fod yn rym o ran llif pŵer mewn cymdeithas. Ar y llaw arall, ceid dadl wrthdrefedigaethol yn haeru bod Cymru'n wlad rhy ddiwylliedig o'r hanner ac mai diffyg o ran strwythurau gwleidyddol, cyfreithiol ac ariannol sy'n gyfrifol am hynny. Wrth i radicaliaid chwennych chwyldro diwylliannol er mwyn chwyldroi cymdeithas, yr hyn a wnânt efallai yw osgoi'r baich o ymwneud â gwleidyddiaeth 'go iawn'. Parheir â'r ffurfiau diwylliannol hynny sydd yn rhan o'r *nexus* trefedigaethol. Fel y dywed Dafydd Elis Thomas,

> Mae stereoteipiau ohonom ein hunain . . . yn hunan-ormes, ac yn hunan-ymddieithriad. Nid cenedl o feirdd mohonom, ond cenedl o wladweinyddion, o beirianegwyr a pheirianegwragedd, o wyddonwragedd a gwyddonwyr, o dechnegwyr a thechnegwragedd, pobl yr un mor alluog i berchenogi cyfalaf ag ydym i weithio iddo. I'r graddau y bu'r stereoteip ohonom fel cenedl lengar a cherddgar yn atalfa inni allu gweld ein bod ni *hefyd* yn genedl weithgar, gymdeithasgar, economegar, a thechnegar, rhaid chwalu'r ddelw.[72]

Ceid sefyllfa ddeublyg yn codi, gyda radicaliaid yn awyddus i ddefnyddio'r maes diwylliannol cyhoeddus er mwyn cynnal rhyfel safle o ran ideoleg, ac eto, ar yr un pryd, ymwybyddiaeth bod y drafodaeth ddiwylliannol yn ffrwyth diffyg grym gwironeddol y Gymru Gymraeg. Nododd Gareth Miles, wrth drafod gyrfa Saunders Lewis, mai Prifysgol Cymru oedd yr unig sefydliad lle gallai deallusion gael troedle, a'i bod yn anochel bod hynny wedi llywio cyfeiriad eu radicaliaeth.[73] Yn ôl Dafydd Elis Thomas, 'Yn y diwylliannau Cymreig mae yna lawer o ffurfiau sy'n tyfu allan o bob maintioli rhesymol i lenwi'r gofod a adewir gan wacter gwladwriaeth Gymreig'.[74] Ond ni allai'r ffurfiau metaffisegol hyn lenwi'r gofod hwnnw yn llwyddiannus.[75] Yn yr erthygl 'Politics Prydyddol!' profodd Gerwyn Wiliams ei fod yntau hefyd yn ymwybodol o'r union ddicotomi hwn:

> Mewn gwlad ddiwladwriaeth tuedda'r celfyddydol i weithredu'n gyson fel sybstitiwt yn lle'r gwleidyddol. Chwedl Waldo pan ddywedodd:
>
>> Ac yn ein plith ni, arglwyddi geiriau, yr oedd rhai mwy
>> Na brenhinoedd hanes a breninesau.

> Mae'r modd y coronwyd Kate Roberts yn 'Frenhines ein Llên' yn arwydd o ddargyfeirio sofraniaeth wleidyddol i du'r diwylliannol . . .
> Beth felly am yr wythdegau? Mae'r gwleidydda mewnol yn parhau ond newidiwyd natur y gêm gyda sefydlu S4C – y consesiwn *diwylliannol* hwnnw ar ôl gwrthodiad *gwleidyddol* Dygwyl Dewi.[76]

Er gwaethaf dadleuon o'r fath, parhai'r mwyafrif o feirniaid Marcsaidd Cymraeg yn argyhoeddedig y byddai creu estheteg chwyldroadol, ynghyd ag ysgrifennu beirniadaeth chwyldroadol, yn gam chwyldroadol. Yn ei feirniadaeth yn Eisteddfod Genedlaethol Caernarfon ym 1979, fe ddywedodd Dafydd Elis Thomas, yn rhannol mewn cellwair, y carai 'bob amser wobrwyo barddoniaeth y chwyldro er mwyn ei brysuro'.[77] Mae'r ymateb hwyliog hwnnw yn ymddangos yn nodweddiadol o asbri hyderus y cyfnod. Ond mae'n rhaid hefyd mai dyna *raison d'être* bod yn feirniad cymdeithasol radicalaidd. Roedd yr hollt rhwng llenyddiaeth Gymraeg a natur wleidyddol-gymdeithasegol y Gymru Gymraeg wedi mynd yn agendor. Roedd y diwylliant Cymraeg llenyddol, swyddogol, llawn 'synnwyr cyffredin' wedi methdalu. Yn ôl Gerwyn Wiliams, 'pe tai 'na ymwelydd o'r lleuad yn glanio ar dir Cymru fory nesa ac yn darllen rhywfaint . . . dichon y câi'r argraff nad oedd y ffasiwn beth â diweithdra . . . Mae'n bur debyg y meddyliai nad oedd y fath beth â rhyfel [yn Ynysoedd Malfina] wedi digwydd tros flwyddyn yn ôl, rhyfel a loriodd cynifer o'i hienctid'.[78]

Oherwydd y gredo honno bu pwyslais yn ystod y 1980au ar hybu diwylliant gwrthdystiol answyddogol.[79] Roedd theorïwr fel Dafydd Elis Thomas wedi cymell y math hwnnw o weithgarwch *vis-à-vis* ei ddatganiad enwog yn narlith lenyddol Eisteddfod Ynys Môn, *Traddodiadau Fory* (1983) – y cyfeiriodd Gerwyn Wiliams ati fel y 'ddarlith lenyddol eisteddfodol mwyaf pellgyrhaeddol ers talwm byd'[80] – fod caneuon bandiau pop fel Y Ficer yr un mor werthfawr fel arwydd o ddiwylliant poblogaidd ag oedd yr hen benillion mewn oes arall. Dadleuodd y dylai'r diwylliant Cymraeg ddilyn enghraifft pobl dduon a gweld rhinwedd y cysylltiad rhwng llenyddiaeth boblogaidd a chanu poblogaidd.[81] Fe ganmolwyd Elis Thomas am ei gefnogaeth i ddiwylliant ieuenctid gan y canwr a'r newyddiadurwr pỳnc Rhys Mwyn wedi iddo gydsynio i gael ei gyfweld yn y cylchgrawn anarchaidd *Llanast*.[82]

Roedd Rhys Mwyn, a ddaeth maes o law dan ddylanwad y mudiad Ffrengig, L'Internationale Situationiste, yn cynrychioli pegwn eitha'r duedd radicalaidd hon. Tybiai mai nod disgwrs oedd cymell gweithgarwch ac mai math o *fetish* fyddai breinio disgwrs uwchben gweithgarwch ymarferol. Fe ddadleuodd y gall y pwyslais Cymraeg traddodiadol ar *logos*, o'i ddehongli fel goruchafiaeth y gair printiedig, danseilio pwysigrwydd gweithgarwch perfformiadol, cymdeithasol a thorfol:

> Sylwer ar erthygl Iwan Llwyd yn *Sothach* yn cwyno am ddiffyg gigs. Yr ateb syml i hynny yw TREFNA GIG. Ers pryd mae sgwennu erthygl am ddiffyg ***** gigs yn helpu unrhywun o gwbl?. . . Unwaith eto rhaid dod yn ôl at y cwestiwn sylfaenol. Pam sgrifennu erthyglau? Os yw erthygl yn creu ymateb (fel unrhyw waith celf gwerth chweil) mae'r erthygl yn llwyddiannus. Ond ers pryd mae blydi erthyglau i fod i achub y Byd????[83]

Mae'r ymbellhau yma oddi wrth *logos* yn rhan o'r adwaith i Oleuedigaeth Gymraeg, gyda'i phwyslais benodol ar werth ysgrifennu. Yn rhan o hynny, fe fu tuedd gynyddol i radicaliaid gyfrif llên lafar yn gyfwerth â thestunau ysgrifenedig o ran eu harwyddocâd diwylliannol. Fe ellid dadlau bod hynny'n ddatblygiad hanfodol i'r Chwith beirniadol oherwydd os oedd maes lle rhagorai mudiad *Barddas* ar y theorïwyr newydd, yna ymrwymiad wrth lenyddiaeth berfformiadol – mewn talyrnau, er enghraifft – oedd y maes hwnnw. Gan hynny, fe aeth radicaliaid ati i drefnu teithiau clera, digwyddiadau barddonol y dadleuid y byddent yn mynd â llên at y bobl. Yma, roedd eu perfformiadau'n 'democrateiddio' llenyddiaeth Gymraeg. Roeddynt hefyd yn barod i fanteisio ar dechnoleg newydd. Bu Criw Byw yn addasu celf fideo'r rhaglen *Fideo 9* at ddibenion y brydyddiaeth newydd.[84] Ym maes beirniadaeth lenyddol, fe sefydlwyd nifer o drafodfeydd, fel y sesiwn 'Deialog' a gynhaliwyd yn Aberystwyth ym 1988 – ymdrech, efallai, i greu ymwybyddiaeth o gymdeithas ddinesig Gymraeg mewn gwleidyddiaeth lenyddol. Roedd y rhain hefyd yn fwy democrataidd yn rhinwedd eu hanarchiaeth berfformiadol,[85] er bod Gerwyn Wiliams wedi nodi bod disgwrs yn cael y llaw uchaf ar y ddemocratiaeth bob tro a bod hen fuddiannau grym yn cael eu hatgyfodi.[86]

Ym maes theori, datblygiad naturiol oedd bod nifer o'r sylwebyddion mwyaf craff am ddargyfeirio'r egni a sianelwyd gynt i feirniadaeth lenyddol tuag at astudiaethau diwylliannol. Fe anogwyd y sefydliad diwylliannol Cymraeg i dreulio mwy o amser yn dadansoddi rhaglenni teledu, prif gynnyrch y diwydiant diwylliant Cymraeg. Credai Dafydd Elis Thomas y byddai astudiaethau adeileddol thematig o'r cyfryngau newydd yn cyfrannu at y dealltwriaeth o'r hunaniaeth

Gymreig. Dywedodd mai 'rhyfedd, os rhyfedd hefyd o ystyried gorbwysigrwydd y gair ysgrifenedig yn ein diwylliant ni, ydy'n bod ni wedi cynhyrchu ymhlith y dosbarth canol-is deallus hunandybus Cymraeg ... gyn lleied o feirniadaeth ar gyfathrebu'.[87]

Anogwyd y datblygiadau hyn gan radicaliaid er mwyn ceisio gwyrdroi'r syniad o *logos* fel rhywbeth i'w draddodi o genhedlaeth i genhedlaeth. Dywedodd Dafydd Elis Thomas iddo amau'r syniad o 'draddodi' ers sylweddoli mai traddodi'r Iesu i Beilat a wneir yn Efengyl Ioan.[88] Dadleuodd fod traddodi fel cysyniad yn deillio o ddatblygiad y genedl-wladwriaeth gyda'i naratif llinynnol.[89] Dyna pam y câi traddodiad ei gyfleu'n aml trwy'r metaffor o daith. Sonnir am drên y traddodiad barddol cynnar yn teithio o'r Hen Ogledd ac yn 'plymio i dwnel go hir ... gan lwyddo i ailymddangos rywle ar y rheilffordd rhwng Wolverhampton a'r Amwythig' cyn cyrraedd 'leiniau bach Gwynedd a Phowys i addoli a marwnadu tywysogion'.[90] Dull o draddodi grym yw traddodiad meddai radical arall, Iwan Llwyd – grym dosbarth yn bennaf, ond grymoedd eraill hefyd.[91] Yn y ddarlith *Traddodiadau Fory*, dadleuir bod y syniad Cymraeg hwn o draddodiad yn arwain at dawedogrwydd gwleidyddol. Mae traddodiad yn llesteirio meddwl o'r newydd, meddai Iwan Llwyd a Wiliam Owen Roberts hwythau yn eu llith 'Myth y Traddodiad Dethol'. Mae'n cadw'r Cymry rhag sylwi ar ddiymadferthedd yr iaith gyfoes: 'Anodd yw darganfod delweddau mwyach, a'r iaith ei hun yn crebachu. Haws o lawer yw glynu wrth foddau mynegiant y traddodiad ... heb unwaith amau dilysrwydd y cyfan.'[92] Mae'r hen ddelweddau yn sefyll rhwng llenorion a 'gwir realiti eu bywydau'.[93]

Rhoddai Elis Thomas bwyslais mawr hefyd ar radicaliaeth gymdeithasol, gan ddadlau nad llestr cain mo'r diwylliant Cymraeg ond, yn hytrach, gynnyrch brwydro diwylliannol. Gan hynny, fe fynnodd gywiro'r gamdybiaeth y gellid chwyldroi'r iaith heb newid cymdeithas. Problem gymdeithasol oedd iaith iddo, nid problem ramadegol, ac yn hynny o beth safai ar wahân i brif ffrwd syniadol y Gymru Gymraeg oleuedig yn yr ugeinfed ganrif:

> Mae llawer yn meddwl hefyd fod modd ateb yr argyfwng iaith a diwylliant ar y gwastad hwnnw ... [ond] ynghanol cymdeithas y mae iaith a diwylliant yn bod, nid ar ei wyneb ... I newid iaith, meddai un cymdeithasegwr iaith, rhaid newid cymdeithas, oherwydd amodau cymdeithasol (yn ystyr ehanga'r gair) yw amodau ffyniant iaith.[94]

Mae'r sylweddoliad hwn yn rhan o grebwyll y rhan fwyaf o feirniaid llenyddol radical y cyfnod. Mae grym yn bwysicach na'r Gair iddynt; brwydr dros ystyr yw iaith, nid pen draw ymdaith y genedl tuag at berffeithrwydd gramadegol. Bu Wiliam Owen Roberts, er enghraifft, yn dadlau bod y duedd i synio am awdur, yn hytrach na chymdeithas, fel crëwr llên yn llesmeirio mudiadau rhyddhad y Gymraeg, gan ddofi gweithredu gwleidyddol. Dadleuodd fod y cysyniad anhanesyddol o draddodiad yn mynd law yn llaw â'r cysyniad unigolyddol o athrylith.[95] Mae Elis Thomas yntau'n defnyddio gwaith Michel Foucault wrth herio dilysrwydd hanesyddol y syniad o awdur sydd, fel pob cysyniad arall, yn 'syniad gwneud'.[96] Yn ei dyb ef, mae pwyslais cyfeiliornus ar unigolyddiaeth yn tarddu o ideoleg cyfalafiaeth. Mae cyfalafiaeth yn cynnig rhith bod yr unigolyn yn gallu gweithredu'n annibynnol, er bod ieithyddiaeth fodern yn awgrymu bod llenyddiaeth yn wedd ar natur gymdeithasol cyfathrebu ieithyddol.[97] Adleisiwyd hyn gan yr academydd adain chwith Glyn Williams wrth iddo ategu'r gred Foucaultaidd fod 'ein gogwydd o'r byd yn deillio o'r deinameg rhwng synnwyr cyffredin, neu'r hyn a gymerwn yn ganiataol, ac iaith. [Dyma'r] modd y cynhyrchir ystyr, nid fel cynnyrch rhyw unigolyn creadigol (awdur), ond yn hytrach o drefniant ieithyddol iaith.'[98] Gresynai na fu nemor neb yng Nghymru yn manteisio ar ddulliau soffistigedig o olrhain cydblethiad grym a disgwrs.[99] Yn ei dyb ef, ystyr grym yn ddiwylliannol yw gomedd i bobl fynegi rhai pethau mewn disgwrs.[100] Dadleuai y dylai diwylliant Cymraeg fod yn wrthdystiol – yn wir, yn gymunedol wrthdystiol. Dywed am y cysyniad o gymuned ei hun:

> Carwn hefyd gyfeirio at syniadau Ffrengig cyfoes sydd yn deillio o athroniaeth Nietzsche, un o'r ychydig o athronwyr y 19eg ganrif a wrthododd y confensiwn uchod. Mae'n awgrymu: 'pa le bynnag mae grym cawn hefyd adwaith neu wrthwynebiad grym'. Mae'n bosibl meddwl felly, am yr hyn a astudiwyd gan gymdeithasegwyr/wragedd fel patrymau o ymddygiad cymunedol fel gwrthwynebiad i'r grym ganolig, fel practis cymdeithasol sydd yn cyflwyno gwrthdystiad yn erbyn y grym gwladwriaethol. Nid uned heb wrthdaro mo cymuned ond yn hytrach gwrthdaro ei hun.[101]

Yna, yn ddadleuol iawn, mae'n cyfoesi ei drafodaeth o safbwynt gwleidyddol gan awgrymu mai peth da i gymunedau gwledig Gwynedd ar ddiwedd y 1980au fyddai meithrin protestiadau gwrthdystiol yn erbyn y wladwriaeth Brydeinig: 'Efallai y gall Ysbyty Ifan wneud efo "gwylliaid" heddiw, gwylliaid fuasai yn amddiffyn cymuned yn erbyn y wladwriaeth. O feddwl am funud efallai mai dyna yw Ysbyty ac yn wir unrhyw gymuned gyffelyb.'[102]

Meddwl yn ideolegol ac yn gymdeithasol fel yna sydd yn diffinio radicaliaeth y 1980au. Dadleuodd Gerwyn Wiliams yn ei draethawd Ph.D. nad oedd yn credu bod modd 'dirnad nac esbonio llenyddiaeth yn llawn ond drwy ystyried y grwpiau cymdeithasol y cododd ohonynt a'r prosesau a ffurfiodd eu hideoleg'.[103] Fe gyfiawnhaodd ei ymdriniaeth feirniadol â beirdd answyddogol y Lolfa wrth honni mai 'sail fy niddordeb yn y gyfres yw'r modd yr ymetyb llenyddiaeth i amgylchiadau hanesyddol a chymdeithasol a'r gred na ellid dirnad y llenyddiaeth honno'n gyflawn yn annibynnol ar yr amgylchiadau hynny'.[104]

Mewn *exposé* Marcsaidd clasurol dadleuodd Iwan Llwyd Williams a Wiliam Owen Roberts fod estheteg yn seiliedig ar y moddau cynhyrchu. Mae brawddeg o eiddo Thomas Parry sy'n dweud fod 'traddodiad [yn beth] a *gynhyrchwyd* gan y *beirdd cywreiniaf* ac a werthfawrogid gan y *gwŷr mwyaf diwylliedig* yn y wlad'[105] yn arwydd, yn eu tyb hwy, o ddibyniaeth y *lexicon* beirniadol ar derminoleg llif arian. Yn syml iawn felly, 'Nid oedd y "Ganrif Fawr" yn ddim oll ond cyfnod pan oedd un dosbarth yn gallu *prynu* delwedd ohonynt hwy eu hunain.'[106]

Mae dehongliad o'r fath yn tanseilio'r syniad Kantaidd a thraddodiadol Gymraeg o awen. Dywed Wiliam Owen Roberts ei fod yn 'derbyn (er nad yn hollol uniongred) yr agwedd Farcsaidd at hanes Cymru a hanes Gorllewin Ewrop fel gwyddor ddadansoddiadol ddilys. Dyna fy man cychwyn i, a'm ffordd o roi trefn ar y gorffennol . . . Y man cychwyn, o bosib, ydi Hegel, a drosodd y syniad o gyfreithiau rhagluniaeth yn gyfreithiau rheswm.'[107] Mae ei Farcsiaeth Hegelaidd yn caniatáu iddo honni bod estheteg ynghlwm wrth economeg. Yn ei farn ef, mae taclo argyfwng economaidd – yn economaidd – yn hanfodol i iechyd llenyddiaeth.[108] Noda, er enghraifft, fod twf araf y nofel Gymraeg i'w briodoli i absenoldeb cynulleidfa ddarllengar fwrgais a chefnog. Dadleua fod hanes go iawn Cymru wedi golygu fod yna 'ddyrchafu cwbl ynfyd ar farddoniaeth fel pe bai hwnnw y ffurf celfyddydol sy'n coleddu'r gwerthoedd dyneiddiol dyfna',[109] a hynny am ei bod yn *genre* dlawd – yn faterol ac yn ysbrydol – mewn cymdeithas dlawd. Yn yr un modd, mae'n dal y buasai hanes economaidd gwahanol wedi golygu estheteg wahanol, gyda bri ar *genres* amgen: 'Byddai ein llenyddiaeth yn aeddfetach, yn fwy realaidd, yn fwy seciwlar ac yn rhywbeth y gellid ei gymharu yn hawdd â llenyddiaeth gweddill y byd ... Ni fyddai'r nofel wedi cael genedigaeth mor boenus a gorfod sleifio allan yn ddistaw bach o groen y cofiant. Byddai'r ddrama hefyd wedi datblygu'n llawer cynt.'[110]

Mae cysylltu dull arbennig o feddwl ('structure of feeling', chwedl Raymond Williams) â *genre* penodol yn ddadl Farcsaidd glasurol. Mae Roberts yn haeru bod y nofel yn *genre* amlhaenog sydd yn medru arddangos cymhlethdodau gwrthdrawiadol cymdeithas soffistigedig mewn dull Hegelaidd. Mae barddoniaeth yn *genre* sydd yn cynnig gweledigaeth ddarfelyddol, yn wrthddehongliadol ac yn Feseianaidd ei atebion. Dywed Roberts mai eironi yw'r ddyfais fwyaf addas ar gyfer sylwebaeth gymdeithasol: gall y nofelydd, ond nid y bardd, fanteisio arno.[111] Er y llywodraethir Cymru trwy ddulliau cyfrwys hegemoni cyfalafol, mae dibyniaeth draddodiadol y Cymry ar farddoniaeth fel *genre* sydd yn mynegi eu 'bod' cenedlaethol yn profi nad yw eu hymateb i'w hargyfwng trefedigaethol yn ddigonol.[112]

Rhennid y consýrn yma gan feirniaid eraill. Honnodd M. Wynn Thomas fod y gynghanedd yn enghraifft o'r math o *genre* sydd yn ennill dilysrwydd am fod ei hestheteg yn honedig drosgynnol, yn 'wrth-hanesyddol neu oruwch-hanesyddol'.[113] Mae'n 'denu'r bardd i lunio epigramau ac i ymarfer dull pendant, diysgog o ymadroddi [a all] beri iddo raffu ystrydebau, gan blesio'r rheini sy'n credu mai ailadrodd hen wirioneddau cyfarwydd "oesol" yw priod fraint a dyletswydd y bardd'.[114] Yn ôl Gerwyn Wiliams, mae'r Eisteddfod yn cynnal cystadlaethau ar *genres* ceidwadol, megis yr awdl, sy'n gaeedig i ddatblygiadau cyfoes. Mae'n cydsynio â'r farn y mae'n ei phriodoli i'r mudiad ffeminisitaidd, sef bod parhad y *genres* hyn yn 'arwyddion diwylliant androganolog'.[115]

Mae'r theorïau generig hyn yn dangos, fel y derbyniai Marcsiaid, fod dulliau o reoli grym heblaw am drwy reolaeth amrwd o'r cynsail economaidd yn bodoli. Fe haeddai'r meddwl radicalaidd 'lestr radical i'w [g]ynnwys'.[116] Ac eto, oherwydd cymhlethdodau diwylliannol y mudiad cenedlaethol, fe all ieithwedd esthetaidd geidwadol fod am y pared â neges gymdeithasol radicalaidd. Fe fynegid chwyldro Cymdeithas yr Iaith yn aml iawn trwy gyfrwng iaith geidwadol.[117] Mae M. Wynn Thomas yn ceisio esbonio'r gwrthdrawiadau hyn wrth gyfeirio at syniad Raymond Williams o wahanol haenau o ddiwylliant yn brwydro yn erbyn ei gilydd am oruchafiaeth. Digwyddai newid ieithyddol – gan ei fod yn waelodol i fynegiant – ar ôl newid o ran cynnwys. Gwneir yr hollt rhwng 'gweddillion diwylliant' a 'diwylliant sydd ar i fyny', chwedl Raymond Williams,[118] yn lletach yng Nghymru gan y profiad trefedigaethol. Mewn trefedigaeth, fe geir ymdrechion bwriadus i gynnal gweddillion diwylliannol – a oedd, at ei gilydd, yn fwy derbyniol, ac yn gynrychioliadol, mewn rhyw ffordd, o 'fod' y genedl – ar draul rhai newydd.

Ar ei wedd fwyaf amrwd, fe ddigwyddai hyn yng Nghymru wrth i'r wladwriaeth Brydeinig swcro neu fygu rhai ffurfiau esthetaidd er mwyn plesio barn esthetaidd y sawl nad ydynt yn peryglu'r drefn. Gofynnodd Gerwyn Wiliams pam y mae rhai celfyddydau yn fwy cymwys na'i gilydd i dderbyn cymhorthdal, ond gwyddai'r ateb i'w gwestiwn rhethregol ei hun. Roedd grwpiau pop Cymraeg, na chaent unrhyw gymhorthdal o gwbl, ynghlwm wrth ddiwylliant gwrth-dystiol.[119] Yn ôl theori Farcsaidd, swyddogaeth corff lled-lywodraethol fel Cyngor Celfyddydau Cymru yw arlwyo a thaenu hegemoni ideolegol trwy gymdeithas. Gan ddilyn rhesymeg o'r fath, fe ddadleuodd Dafydd Elis Thomas fod cyfryngau cyhoeddus fel y BBC yn beryclach na chyrff masnachol fel HTV, a hynny am nad oes modd i'r cyhoedd Cymreig reoli corfforaeth Seisnig sydd yn honni ei bod yn ddiduedd, tra bod cyfalafiaeth o leiaf yn atebol i ddemocratiaeth amrwd marchnad y ffigurau gwylio.[120]

Yn nhyb Gerwyn Wiliams, mae'r ffaith bod sefydliadau Cymraeg yn cael eu dilysu a'u hariannu gan gyrff gweinyddol y wladwriaeth Brydeinig yn golygu nad oes modd datblygu estheteg Gymreig yn ddilyffethair.[121] Honnodd Glyn Williams ei bod yn bwysig i rym esthetaidd gael ei weithredu yn chwyldroadol ac, am y rheswm hwnnw, y dylid torri'r llinyn bogail rhwng cymorth gwladwriaethol a'r Gymraeg:

> Wedi'r cwbl, er mor uchel ei chloch yw'r llywodraeth bresennol ynglŷn ag annibyniaeth y sector breifat, bwriad y wladwriaeth erioed fu rheoli ei dinasyddion a hynny, i raddau go helaeth, drwy reoli sefydliadau pwysig megis y cyfryngau, addysg a.y.y.b. . . . O leiaf rhaid iddynt reoli yr hyn a ddywedir gan y fath sefydliadau . . . mae dibyniaeth y wasg Gymraeg, a sefydliadau eraill, ar gymorth gwladwriaethol yn sicrhau fod y wasg honno yn parchu'r ffiniau . . . Na, nid yma, ar y ffin, mae'r broblem ond yn hytrach yn y gwagle o fewn y ffiniau.[122]

Mae'r diwylliant Cymraeg yn ddiwylliant sy'n byw ar bwrs y wlad. Mae wedi ei wladoli. Oherwydd hynny mae modd i'r wladwriaeth nid yn unig ddefnyddio aparatws Prydeinig i reoli ei chyrff Seisnig ei hunan ond hefyd i reoli sefydliadau diwylliannol y Gymru Gymraeg. Mae'r sefydliadau lled-annibynnol hyn yn bod ar ffin lle nad oes modd dweud lle mae buddiannau Cymreig yn cychwyn a buddiannau Seisnig yn dod i ben. Gan fod sefydliadau llenyddol Cymraeg wedi gwneud y tro, yn nisgwrs mewnol y Cymry Cymraeg, am ddiffyg sefydliadau gwleidyddol cyn datganoli ym 1999, roedd gormesu mewnol, ac ymddangosiadol gynhenid Gymraeg, ar ddiwylliant llenyddol gwrthdystiol yn gallu hybu tawedogrwydd gwleidyddol. Mae'r cysylltiad hwn rhwng y wladwriaeth Brydeinig, diwylliant cynhenid lleiafrif cenedlaethol fel y Cymry a disgwrs yn un cymhleth eithriadol. Ond ceid sefyllfa lle'r oedd ceidwadaeth arian cyhoeddus a cheidwadaeth Goleuedigaeth an-oleuedig y Gymru Gymraeg yn cefnogi ei gilydd. Mae'r Eisteddfod Genedlaethol yn un enghraifft ddiddorol o hyn.

Mae'r Eisteddfod yn ganolog i gylch grym y diwylliant Cymraeg ac mae'n amlwg ei bod yn cyflawni swyddogaeth bwysig wrth dawelu protestiadau gwleidyddol-lenyddol. Mae cystadleuaeth eisteddfodol yn hyrwyddo'r mathau hynny o estheteg sydd yn gymeradwy ac yn annilysu'r mathau hynny sydd yn annerbyniol. Mae'r dewis o feirniaid yn amlach na heb yn geidwadol. Yn ôl Gerwyn Wiliams, byddai unrhyw eisteddfod yn meddwl ddwywaith cyn gwahodd Dafydd Elis Thomas i feirniadu 'rhag ofn iddo redeg i'r ffordd ac achosi damwain!'[123] Ond nid yw'r beirniaid unigol yn tramgwyddo iechyd diwylliannol yn gymaint â'r syniad o gystadleuaeth ei hunan. Fe fydd cystadleuwyr yn ymwybodol o'r angen i lynu wrth ganllawiau ideolegol cudd y beirniaid. Nid mater o gynffona yw hyn, ond teimlad greddfol mai fel yna y dylai cyfansoddiad eisteddfodol fod.[124]

O safbwynt ideoleg, y peth pwysicaf i'w nodi yw nad barn i'w thrafod mo dyfarniad Eisteddfodol, ond penderfyniad terfynol. Hynny yw, mae'r Eisteddfod yn seiliedig ar resymeg yr ornest chwaraeon gyda dyfarnwr yn dyfarnu rhagoriaeth yn wrthrychol, gan ddefnyddio'r rhesymeg honno i awgrymu bod unrhyw drafodaeth ar ganllawiau'r gêm yn amherthnasol. Ond mewn chwaraeon, wrth gwrs, mae'r cam a gaiff unrhyw gystadleuydd yn digwydd ar hap; mewn estheteg, mae cael cam yn fwy systematig. Annilysir estheteg sy'n mynd yn groes i 'synnwyr cyffredin' y sefydliad llenyddol Cymraeg. Nid yw'n anodd gweld sut y câi'r diwylliant Cymraeg ei geidwadoli o ganlyniad, a'i wneud yn fwy anabl i ddelio â hegemoni Prydeinig.

Yr 'Hanesyddiaeth Newydd'

Wrth reswm, roedd gwrthddadl i'r rhesymeg honno a fynnai ladd ar y diwylliant Cymraeg am fod yn 'adweithiol'. Er gwaethaf ffaeleddau cyson y diwylliant Cymraeg, er gwaethaf y ffaith iddo gael ei wladychu, ei wladoli a'i Seisnigo, diwylliant Cymraeg ydoedd. Dylid, felly, fanteisio ar ei gyfeirnodau i lunio estheteg genedlaethol.

Mewn ymateb gan Dafydd Elis Thomas i waith Waldo Williams, fe ellir gweld ôl yr ymdrech i gyfreithloni barddoniaeth mewn modd sydd yn gadwrol o ran cadw ecoleg ddiwylliannol y Gymru Gymraeg ac eto'n wleidyddol flaengar. Mae Elis Thomas yn dadlau bod ei ddefnydd o theori feirniadol adeileddol yn cadw hygrededd y gerdd 'fel cerdd' tra'n dadansoddi'r ystyron hynny sy'n taflu goleuni ar foeseg y gymdeithas Gymraeg.[125] Hynny yw, mae Dafydd Elis Thomas am barchu traddodiadaeth esthetaidd y Gymru Gymraeg tra'n manteisio ar ddulliau cyfrwys o dywys ei gynulleidfa tuag at ymwybyddiaeth o'r angen am weithredu gwleidyddol. Wrth fanteisio ar adeiledd diwylliannol y gymdeithas Gymraeg, mae Elis Thomas yn sicrhau nad yw'n peri tramgwydd i'w gynulleidfa.[126] Mae'r dull hwn o adeiladu ar brofiad cenedligol yn gwbl wahanol i'r dull Brechtaidd a fabwysiadodd Wiliam Owen Roberts, sef dweud pethau gwrthnysig er mwyn ceisio cynnau ymateb a fyddai'n codi pobl o'u marweidd-dra ac yn tanio gweithredu gwleidyddol. Mae beirniaid eraill wedi dilyn Elis Thomas yn hyn o beth: mewn astudiaeth adeileddol o gryfder ieithyddol ac anthropolegol barddoniaeth Gymraeg o'i chymharu â barddoniaeth Eingl-Gymreig, dadleuodd Tony Bianchi y gallai adeiladwaith cudd y genedl farddol Gymraeg fod yn rym chwyldroadol.[127]

Fe ddatblygodd Elis Thomas ryw fath o gydbwysedd negyddol i'r theori feirniadol honno wrth awgrymu y gellid dweud llawer am y gymdeithas Gymraeg trwy nodi'r pethau hynny y bu'n dawedog yn eu cylch. Mae tawedogrwydd yn adeiledd yn yr un modd ag y mae gweithgaredd yn adeiledd: mae chwilio am y mannau hynny lle'r ymddengys tawedogrwydd yn fodd i archwilio natur y gymdeithas honno.[128] Yn lle achlesu'r hen syniad o ideoleg, fe syniai'r feirniadaeth neo-Farcsaidd ac 'ôl-fodern' hon am gymdeithas ac unigolyddiaeth fel pethau sydd yn llifo i'w gilydd ac yn weddau ar ei gilydd. Fel beirniaid yr 'Hanesyddiaeth Newydd' yr adnabuwyd arddelwyr y safbwynt hwn yn Lloegr. M. Wynn Thomas yw'r beirniad Cymraeg sydd yn bennaf gysylltiedig â'r ffrwd hon o radicaliaeth gymdeithasol yng Nghymru, ac fe esboniodd ei safbwynt yn dwt:

Ond yn wahanol i ddilynwyr uniongred Marx maent [y beirniaid llenyddol hyn] am barchu, yn hytrach na beirniadu, y berthynas rhwng y nodweddion cudd gwaelodol hyn a'r wedd bur wahanol ar hanes y mae'r gweithiau yn ei chyflwyno ar yr wyneb. Yn lle sôn am 'ideoleg' mae'n well ganddynt werthfawrogi'r ffordd y mae gweithiau llenyddol yn ymgorffori'r tyndra y mae'r awdur yn cyfranogi ohono yn ddiarwybod iddo wrth geisio ymgodymu â'r elfennau croes yn hanes ei gyfnod.[129]

Mae peth tebygrwydd rhwng Marcsiaeth adeileddol Elis Thomas a gwaith radical beirniaid llenyddol yr Hanesyddiaeth Newydd, gyda'u pwyslais ar ddynodi cyd-ddibyniaeth iaith ac amgylchedd. Mewn trafodaeth ar waith Walt Whitman, dywedodd M. Wynn Thomas ei fod yn tybio bod beirdd chwyldroadol yn rhan o chwyldroad cymdeithasol eu hamseroedd, a bod dau ystyr y gair Cymraeg 'cyfranogi' yn cyfleu'n berffaith y berthynas ddeublyg honno.[130] Er mai Whitman yw'r unig fardd y mae Wynn Thomas yn ei grybwyll yn y traethawd neilltuol hwnnw, ni ellir ond ystyried bod cyfrol arall ganddo, *Morgan Llwyd: Ei Gyfeillion a'i Gyfnod* (1991), yn enghraifft o weithredu egwyddorion yr Hanesyddiaeth Newydd. Dywedir yn y rhagymadrodd i'r awdur deimlo y dylid 'osgoi astudio Morgan Llwyd ar ei ben ei hun, ac y dylwn yn hytrach geisio'i weld ar hyd yr amser mewn perthynas ag eraill. Afraid ychwanegu, gobeithio, nad oeddwn am funud am fwrw amheuaeth ar athrylith lachar yr awdur nac ar ysbrydolrwydd amlwg y sant.'[131]

O droi at waith arall, fe ellid synio am fonograff rhagorol Manon Wyn Roberts ar Iorwerth Peate nid fel astudiaeth Farcsaidd uniongred fel y gwnaeth D. Tecwyn Lloyd mewn beirniadaeth eisteddfodol,[132] ond fel enghraifft dda o'r modd y gallai amwysedd Cymraeg ynghylch gwaddol anfaterol – megis iaith, bro ac amgylchedd – esgor ar feirniadaeth. Mae hithau'n dweud wrth gloi ei hastudiaeth:

Ar y diwedd fel hyn gwell crynhoi rhyw gymaint a cheisio cyfiawnhau'r holl gyfeiriadau at gefndir Iorwerth Peate. Hynny yw, os oes angen cyfiawnhad. Y gwir amdani yw nad 'cefndir' yn yr ystyr o wybodaeth ymylol a drafodwyd. Y nod oedd amlygu, fel y dangosodd Bernard Bergonzi yn ei astudiaeth *Reading the Thirties*, 'how contexts enter texts'. Nid elfennau anghyswllt mohonynt o bell ffordd. Soniwyd am fagwraeth Peate ym Mro Ddyfi – y tir, crefft, y capel ac yn y blaen. Nid symbol o rinweddau haniaethol yn unig oedd ei dad; fel personoliaeth gref a chyflawn y cofiai Peate ef; ond gwyddai ei fod hefyd yn cynrychioli gwerthoedd arbennig.[133]

Ac yn y datganiad hynod hwnnw, fe gyfeirir y darllenydd Cymraeg at y syniad bod storïau a bywydau, naratif a disgwrs, yn cyd-weu trwy'i gilydd – yn wir, bod straeon eu hunain yn dal ideoleg ac yn ei thaflu yn ôl. Dyna, meddai M. Wynn Thomas, sy'n digwydd 'yn y storïau hynafol aneirif hynny am deyrnas sy'n mynd â'i phen iddi am fod y brenin yn nychu . . . Unwaith y mae ef wedi gwella, neu'n dychwelyd, y mae'r wlad gyfan hithau yn cael ei hadfer i'w gogoniant cynheniд.'[134] Ond yn y fan hon, rydym yn crwydro, ac yn nesáu at diriogaeth dadleuon ôl-fodern ac ôl-oleuedig y 1990au. Disgyblaeth yn seiliedig ar empeiriaeth faterol oedd Marcsiaeth, ac efrydiaeth a fu'n hynod o ffrwythlon yn y cyd-destun trefedigaethol Cymreig. Disodlwyd y drafodaeth radical-aidd ar ddiwedd y 1980au gan ofid ontolegol, a bwriwyd consýrn epistemolegol Marcsiaeth i'r cysgodion dros dro. Daeth y drafodaeth foesegol am yr unigolyn i ddisodli'r drafodaeth foesegol am gymdeithas.

Nodiadau

1. Gellir ystyried erthygl Wiliam Owen Roberts, '"Gwreichion" Iwan Llwyd', *Taliesin*, 80 (Ionawr/Chwefror 1993), 25–41 yn fan terfyn i'r mudiad. Ni fu erthygl Farcsaidd 'sylweddol' arall mewn cyfnodolyn wedi hynny.
2. Gareth Meils [Miles], 'Yr Artist a'r Chwyldro', *Tafod y Ddraig*, 14 (II) (Hydref 1968), 2.
3. Ibid., 3.
4. Gwynn ap Gwilym, 'Marcsiaid, Ffeministiaid a Chyffelyb Gythreuliaid', *Golwg*, 12 Ionawr 1989, 21.
5. Derec Llwyd Morgan, 'Anghytuno â Meils', *Tafod y Ddraig*, 15 (II) (Tachwedd 1968), 8–9.
6. T. Gwynn Jones yn ddyfynedig yn Gerwyn Wiliams, *Y Rhwyg: Arolwg o Farddoniaeth Gymraeg ynghylch y Rhyfel Byd Cyntaf* (Llandysul, 1993), xviii: 'Am ganrifoedd, doedd llenyddiaeth Gymraeg o'r math gwladgarol yn ddim mwy na gweniaith chwerthinllyd o ormodieithol . . . am ddosbarth gormesol o dirgipwyr gan ddosbarth cynffonllyd o feirdd, ac fe godir cyfog ar hyd yn oed Genedlaetholwr modern wrth ei darllen, ar gorn y cyfeiriadau cyson at ddisgyniad, llinach a gwaed.'
7. Gw. Gareth Miles, [adolygiad o D. Tecwyn Lloyd, *Llên Cyni a Rhyfel a Thrafodion Eraill*], *Llais Llyfrau* (Gaeaf 1987), 11 a D. Tecwyn Lloyd, *Heddiw*, 5, 4 (Awst 1939), 183–9. Fel yr âi'n hŷn, cefnai D. Tecwyn Lloyd ar ei ddaliadau Marcsaidd gan glosio ar ben y daith at ryw fath o ryddfrydiaeth wledig oleuedig. Dywed Miles fod hynny'n drychineb: 'Gresyn na fyddai wedi dilyn trywydd a'i harweiniasai at y drafodaeth rhwng Georgy Lukacs a Thomas Mann, a Brecht, ac at ysgrifau'r Comiwnydd o Sardinia, Antonio Gramsci, ar berthynas a chyd-berthynas dosbarthiadau cymdeithasol, gwleidyddiaeth a diwylliant.'

⁸ J. Gwyn Griffiths, 'O'r Balcon i'r Arena', *I Ganol y Frwydr* (Llandybïe, 1970), 13–14.
⁹ Ibid., 18.
¹⁰ Ibid., 14.
¹¹ Ibid., 28.
¹² Ibid., 18.
¹³ Ibid., 51.
¹⁴ R. Gerallt Jones, 'Dafydd Elis Thomas a'r Efengyl Gymdeithasol', *Y Faner*, 9 Tachwedd 1979, 19.
¹⁵ Ibid.
¹⁶ Ibid.
¹⁷ Ibid.
¹⁸ Dafydd Elis Thomas, 'Y Deryn Diarth' [adolygiad o D. Tecwyn Lloyd, *John Saunders Lewis: Y Gyfrol Gyntaf*], *Golwg*, 8 Rhagfyr 1988, 22.
¹⁹ Mihangel Morgan, 'Hon yw'r Un i Mi', *Y Faner*, 7 Hydref 1988, 9.
²⁰ Dafydd Elis Thomas, 'Tynnu Lluniau'n Gilydd', *Y Faner*, 10 Tachwedd 1978, 7.
²¹ Idem, 'Yr Efengyl Faterol', *Y Faner*, 5 Ionawr 1979, 7.
²² Ibid.
²³ Dafydd Elis Thomas, 'Wynebu Gwir Argyfwng Cymru', *Y Faner*, 23 Hydref 1981, 21.
²⁴ Derec Llwyd Morgan, 'O Lanfechell i Gaergrawnt', *Y Faner*, 27 Chwefror 1981, 6.
²⁵ Meirion Pennar, 'Tranc y Beirniad Bwrdais', *Y Faner*, 27 Mawrth 1981, 20.
²⁶ Ibid.
²⁷ Ibid.
²⁸ Gwyn Alf Williams, 'Marcsydd o Sardiniwr ac Argyfwng Cymru', *Efrydiau Athronyddol*, XLVII (1984), 17.
²⁹ Ibid., 27.
³⁰ Ibid., 16: 'Yn un o'i gyfnodau olaf o salwch yn y carchar, bu Antonio Gramsci, ail arweinydd Plaid Gomiwnyddol yr Eidal, a'r mwyaf ohonynt, yn paldaruo am ddyddiau ar y tro am anfarwoldeb yr enaid yn yr iaith Sardineg. Y mae hyn yn ymddygiad anghyffredin gan arweinydd plaid gomiwnyddol, ni fyddai'r cymrawd Bert Pearce o Gaerdydd yn ei gymeradwyo o gwbl.'
³¹ Ibid., 20. Enghraifft fwy addas ar gyfer y degawd pan sefydlwyd S4C fyddai cyfryngis.
³² M. Wynn Thomas, 'Meddwl Cymru: Hanes ein Llên', *Efrydiau Athronyddol*, LII (1989), 39.
³³ Ibid., 43. Nid ef oedd yr unig feddyliwr i sylweddoli hyn. Mae Dafydd Elis Thomas yn cyfeirio at y broses hon o 'betheiddio' fel 'reification'.
³⁴ Ibid., 41.
³⁵ Ibid., 37.
³⁶ Gerwyn Wiliams, 'Sbecian ar Dir Newydd', *Barn*, 302 (Mawrth 1988), 5.
³⁷ Idem, 'Pawb â'i Draddodiad lle bo'i Ddiwylliant!', *A5*, 2 (Haf 1986), 29.
³⁸ Ibid., 32.
³⁹ Dafydd Elis Thomas, 'Papurau Bro yn Codi'r Felan', *Y Faner*, 5/12 Awst 1983, 6.

40 Ibid.
41 Siôn Aled, 'Dadmer y Dagrau', *Y Faner*, 24 Ebrill 1981, 5. Mae'r rhesymeg hon, wrth gwrs, yn theori feirniadol Farcsaidd sydd yn ffinio â theori feirniadol ôl-fodern.
42 Gw. Saunders Lewis, 'Llythyr ynghylch Catholigiaeth', *Y Llenor*, VI, 2 (Haf 1927), 72–7. Gw., hefyd, Gareth Miles, [adolygiad o Marged Dafydd (gol.), *Ati, Wŷr Ifainc: Ysgrifau gan Saunders Lewis* a John Emyr (gol.), *Dadl Grefyddol Saunders Lewis ac W. J. Gruffydd*], *Llais Llyfrau* (Hydref 1986), 13.
43 Gareth Miles, [adolygiad o Marged Dafydd (gol.), *Ati, Wŷr Ifainc* a John Emyr (gol.), *Dadl Grefyddol Saunders Lewis ac W. J. Gruffydd*], 13.
44 Idem, 'Buchedd Saunders', *Golwg*, 17 Tachwedd 1988, 19.
45 Idem, [adolygiad o D. Tecwyn Lloyd, *Llên Cyni a Rhyfel a Thrafodion Eraill*], 11.
46 Wiliam Owen Roberts, 'Traddodiad y Ffordd Osgoi: Llenyddiaeth Gymraeg a'r Ddinas', *Golwg*, 14 Rhagfyr 1989, 19.
47 Idem, 'Toriaeth mewn Print', *Golwg*, 22 Mawrth 1990, 24. Roedd Roberts am weld *A5* yn datblygu fel rhyw fath o *Salisbury Review* Cymraeg ar gyfer y Chwith.
48 Wiliam Owen Roberts, Iwan Llwyd a Cathryn Gwynn, 'Golygyddol', *A5*, 2 (Haf 1986), 1. Er bod enwau'r tri golygydd ynghlwm wrth y golygyddol, fe dybiwn mai Roberts yw'r awdur.
49 Wiliam Owen Roberts, 'Llên a'r Dwrn Dur', *Golwg*, 2 Tachwedd 1989, 18.
50 Ibid.
51 Wiliam Owen Roberts, Llwyd a Gwynn, 'Golygyddol', 2.
52 Wynebent felly broblemau tebyg i'r rhai a wynebai R. T. Jenkins ac R. M Jones.
53 Raymond Williams, *Keywords* (London, 1983). Cafodd gwaith Williams ddylanwad ar nifer o feirniaid llenyddol Cymraeg. Gw., e.e., John Rowlands, 'Golygyddol', *Llais Llyfrau* (Hydref 1982), 3: 'Y mae mawr angen am garthu o'n beirniadaeth lenyddol yr holl dermyddiaeth dreuliedig sy'n rhoi rhith o awdurdod iddi. Efallai mai da o beth fuasai i rywun sgrifennu cyfrol yn archwilio ystyron yr "allweddeiriau" a ddefnyddir mor rhwydd a difeddwl gennym wrth drafod ein hanes a'n diwylliant.'
54 Siôn Aled, 'Goleuo neu Gaethiwo?', *Barn*, 308 (Medi 1988), 28. Gw., hefyd, Siân Howys, 'Paranoia Diffinio Diwylliant', *Barn*, 308 (Medi 1988), 28.
55 Dafydd Elis Thomas, 'Y Diwylliannau a'r Cyfryngau', *Y Faner*, 6 Mai 1983, 5.
56 Gerwyn Wiliams, 'Darlunio'r Tirlun Cyflawn: Amlinellu Cyd-destun ar gyfer Cyfres Beirdd Answyddogol y Lolfa', yn John Rowlands (gol.), *Sglefrio ar Eiriau* (Llandysul, 1992), 147.
57 Idem, 'Llenyddiaeth Gymraeg ynghylch y Rhyfel Byd Cyntaf' (traethawd Ph.D., Prifysgol Cymru, 1988), 7.
58 Idem, 'Pawb â'i Draddodiad lle bo'i Ddiwylliant!', 31.
59 Iwan Llwyd Williams a Wiliam Owen Roberts, 'Myth y Traddodiad Dethol', *Llais Llyfrau* (Hydref 1982), 11.
60 Dafydd Elis Thomas, 'Beirniadaeth [ar gyfrol o gerddi]', *Cyfansoddiadau a Beirniadaethau Eisteddfod Genedlaethol Cymru Caernarfon a'r Cylch 1979* (Llandysul, 1979), 109.

[61] Manon Wyn Roberts, *Barddoniaeth Iorwerth C. Peate* (Llandybïe, 1986), 57.
[62] Derec Llwyd Morgan, 'O Lanfechell i Gaergrawnt', 6.
[63] Wiliams, 'Darlunio'r Tirlun Cyflawn', 119.
[64] Meils, 'Yr Artist a'r Chwyldro', 3.
[65] Manon Wyn Roberts, *Barddoniaeth Iorwerth C. Peate*, 41.
[66] Elis Thomas, 'Beirniadaeth [ar gyfrol o gerddi]', 110.
[67] Manon Wyn Roberts, *Barddoniaeth Iorwerth C. Peate*, 44.
[68] Wiliams, *Y Rhwyg*, 79.
[69] Idem, 'Llenyddiaeth Gymraeg ynghylch y Rhyfel Byd Cyntaf', 309. Gw., hefyd, ibid., 271.
[70] Ibid., 32.
[71] Dafydd Elis Thomas, 'Cymru: Be Nesa?', *Cyffro* (Haf 1979), 24.
[72] Idem, *Traddodiadau Fory* (Caernarfon, 1983), 27–8.
[73] Miles, [adolygiad o D. Tecwyn Lloyd, *Llên Cyni a Rhyfel a Thrafodion Eraill*], 11.
[74] Elis Thomas, 'Papurau Bro yn Codi'r Felan', 6.
[75] Idem, *Traddodiadau Fory*, 22.
[76] Gerwyn Wiliams, 'Politics Prydyddol!', *Taliesin*, 61 (Mawrth 1988), 28–9.
[77] Elis Thomas, 'Beirniadaeth [ar gyfrol o gerddi]', 113.
[78] Gerwyn Wiliams, 'Llais Llyfwyr' [adolygiad o Alan Llwyd, *Marwnad o Dirdeunaw a Rhai Cerddi Eraill*], *Tafod y Ddraig*, 162 (Mai 1983), 3.
[79] Gw., e.e., Ifor ap Glyn, 'Ffansîns dros Gymru', *Barn*, 305 (Mehefin 1988), 17–19; [amryfal gyfranwyr], 'Fforwm "Barn" ar y Diwylliant Roc/Pop Cymraeg', *Barn*, 318/19 (Gorffennaf/Awst 1989), 84–98; Rhys Mwyn, 'Dwi Bron â Marw Isio Byw', *Golwg*, 20 Medi 1990, 21 ac Angharad Jones, 'Henffych i'r Prifardd mewn Gwallt Pink!', *Golwg*, 13 Hydref 1988, 23.
[80] Wiliams, 'Pawb â'i Draddodiad lle bo'i Ddiwylliant!', 24.
[81] Elis Thomas, *Traddodiadau Fory*, 27.
[82] Rhys Mwyn, 'Gwleidydd Gonest', *Y Faner*, 4 Ionawr 1985, 8.
[83] Idem, 'Gwneud yn lle Dweud', *Golwg*, 21 Medi 1989, 21.
[84] [newyddiadurwr/aig], 'Genedigaeth y Fideo-feirdd', *Golwg*, 6 Ebrill 1989, 28.
[85] Gw. Twm Morys, 'Deialog', *Y Faner*, 15 Gorffennaf 1988, 5.
[86] Wiliams, 'Sbecian ar Dir Newydd', 6.
[87] Elis Thomas, 'Tynnu Lluniau'n Gilydd', 5.
[88] Idem, *Traddodiadau Fory*, 19.
[89] Ibid., 21.
[90] Ibid., 16.
[91] Iwan Llwyd, 'Ceidwadaeth Ystyfnig', *Y Faner*, 8 Mehefin 1984, 2.
[92] Williams a Roberts, 'Myth y Traddodiad Dethol', 10–11.
[93] Ibid., 11.
[94] Elis Thomas, 'Wynebu Gwir Argyfwng Cymru', 21.
[95] Wiliam Owen Roberts, 'Torïaeth mewn Print', 24.
[96] Dafydd Elis Thomas, 'Dafydd Elis Thomas yn Ateb', *Y Faner*, 19 Hydref 1979, 5.
[97] Ibid.
[98] Glyn Williams, 'Gwarchod Iaith a Lladd Diwylliant', *Barn*, 306 (Gorffennaf 1988), 30.
[99] Gw. idem, 'Cynhyrchu Disgwrs: Sylwadau ar Waith Michel Foucault', *Efrydiau Athronyddol*, LI (1988), 43.

100 Idem, *Y Gwylliaid* (Maentwrog, 1989), 8–9.
101 Ibid., 9.
102 Ibid., 22–3.
103 Wiliams, 'Llenyddiaeth Gymraeg ynghylch y Rhyfel Byd Cyntaf', 6.
104 Idem, 'Darlunio'r Tirlun Cyflawn', 115.
105 Williams a Roberts, 'Myth y Traddodiad Dethol', 10. Yn ôl eu haddefiad eu hunain, hwy, ac nid Thomas Parry, biau'r italeiddio.
106 Ibid.
107 Wiliam Owen Roberts, 'Nes na'r Hanesydd neu y Nofel Hanes', yn John Rowlands (gol.), *Sglefrio ar Eiriau* (Llandysul, 1992), 84.
108 Wiliam Owen Roberts, Llwyd a Gwynn, 'Golygyddol', 3.
109 Wiliam Owen Roberts yn Gerwyn Wiliams, 'Ellis Wynne o Garndolbenmaen', *Barn*, 305 (Mehefin 1988), 8.
110 Ibid.
111 Wiliam Owen Roberts, 'Nes na'r Hanesydd neu y Nofel Hanes', 95.
112 Dyfynnwyd Wiliam Owen Roberts yn 'Y Saeson am gael Y Pla', *Golwg*, 27 Ebrill 1989, 23.
113 Wynn Thomas, 'Meddwl Cymru: Hanes ein Llên', 43.
114 Ibid., 45.
115 Wiliams, 'Pawb â'i Draddodiad lle bo'i Ddiwylliant!', 30.
116 Idem, *Y Rhwyg*, 189.
117 Elis Thomas, *Traddodiadau Fory*, 25.
118 Wynn Thomas, 'Meddwl Cymru: Hanes ein Llên', 39.
119 Wiliams, 'Pawb â'i Draddodiad lle bo'i Ddiwylliant!', 31.
120 Elis Thomas, 'Tynnu Lluniau'n Gilydd', 6.
121 Gw. Wiliams, 'Pawb â'i Draddodiad lle bo'i Ddiwylliant!', 28: 'Gwnaed cam cyffelyb gan yr Eisteddfod Genedlaethol yn ddiweddar sy'n esboniad teg o adwaith gorsensitif awdurdodau'r sefydliad hwnnw i brotest fygythiol Cymdeithas yr Iaith yn stondin Niclas Edwards yn y Rhyl. "Bygythiol" = bygwth ffynhonnell grant sylweddol. Pan yw busnes grantiau â chyswllt gwleidyddol mor uniongyrchol â hyn, myth naïf yw sôn am "ein gŵyl anwleidyddol" . . . Ond mae'r holl ddadlau yn arwydd o effaith andwyol monetariaeth ar faes ein "diwylliant".'
122 Glyn Williams, 'Gwarchod Iaith a Lladd Diwylliant', 30.
123 Wiliams, 'Pawb â'i Draddodiad lle bo'i Ddiwylliant!', 32.
124 Gw., e.e., idem, *Y Rhwyg*, 79.
125 Dafydd Elis Thomas, 'Mewn Dau Gae', *Y Traethodydd*, CXXVI, 540 (Hydref 1971), 282–3.
126 Ibid., 285–6.
127 Tony Bianchi, 'Propaganda'r Prydydd', *Y Faner*, 27 Ionawr 1978, 11.
128 Elis Thomas, 'Tynnu Lluniau'n Gilydd', 7.
129 M. Wynn Thomas, 'Pwys Llên a Phwysau Hanes', yn John Rowlands (gol.), *Sglefrio ar Eiriau*, 10–11.
130 Ibid., 8.
131 M. Wynn Thomas, *Morgan Llwyd: Ei Gyfeillion a'i Gyfnod* (Caerdydd, 1991), ix–x.
132 D. Tecwyn Lloyd, 'Gwobr Llandybïe (1984): Astudiaeth Feirniadol o Farddoniaeth Iorwerth C. Peate', *Cyfansoddiadau a Beirniadaethau Eisteddfod*

Genedlaethol Cymru Y Rhyl a'r Cyffiniau 1985 (Llandysul, 1985), 88–9. Gw., hefyd, Gwynn ap Gwilym, 'Y Rhamantydd a'r Purydd Peate' [adolygiad o Manon Wyn Roberts, *Barddoniaeth Iorwerth C. Peate*], *Y Faner*, 28 Tachwedd 1986, 14–15.

[133] Manon Wyn Roberts, *Barddoniaeth Iorwerth C. Peate*, 75–6.

[134] M. Wynn Thomas, [adolygiad o Wiliam Owen Roberts, *Y Pla* a Geraint Lewis, *Y Malwod*], *Llais Llyfrau* (Gaeaf 1987), 14.

5
Ffeminyddiaeth

Y peth mwyaf trawiadol am feirniadaeth lenyddol ffeminyddol Gymraeg hyd at ddechrau'r 1990au yw cyn lleied ohoni sydd ar gael. Mae'r math yma o feirniadaeth yn sicr yn chwarae rhan bwysig yn symudiad ôl-fodern y 1990au, ond yn y 1980au, sef yr unig gyfnod cyn hynny pryd y bu iddi unrhyw bwysigrwydd yng Nghymru, rhan yn unig ydyw, atodiad, o fudiad beirniadol arall. Ac eto, mae'r ychydig feirniadaeth ffeminyddol a gyhoeddwyd yn cynnig *critique* pellgyrhaeddol o Oleuedigaeth Gymraeg.

Er gwaethaf ymddangosiad erthygl wironeddol arloesol gan Branwen Jarvis yn rhifyn 1974 o *Ysgrifau Beirniadol*, 'Saunders Lewis, Apostol Patriarchiaeth',[1] ni chafwyd cynnydd mewn ysgrifennu ffeminyddol, neu hyd yn oed mewn beirniadaeth lenyddol gan fenywod, yn sgil hynny. Mae bwrw cipolwg ar gyfnodolion y cyfnod yn ddigon i brofi hyn. Ni cheir erthygl gan fenyw yn *Barddas* cyn rhifyn Nadolig 1984, wyth mlynedd ar ôl ei sefydlu.[2] Am flynyddoedd lawer, bu *Taliesin*, *Barn* ac *Y Traethodydd* yn gwbl amddifad o unrhyw gyfraniad gan awduresau, ac eithrio ambell adolygiad. O ran cyfraniadau ymwybodol 'ffeminyddol', ceir yr enghraifft gyntaf yn *Y Traethodydd* ym 1985,[3] yn *Barn* ym 1987,[4] ac yn *Taliesin* ym 1991.[5] Hyd yn oed yn y cylchgrawn nodwedd ar gyfer menywod, *Pais*, ysgrifennwyd y golofn adolygu llyfrau gan ddyn, Glyn Ifans. Pan ddechreuodd beirniadaeth ffeminyddol godi'i phen, digwyddodd hynny mewn llefydd 'ansafonol' – yn y papur newydd *Y Faner* ac yng nghylchgrawn Cymdeithas yr Iaith Gymraeg, *Tafod y Ddraig*.

Er gwaethaf y ffaith nad oedd nemor ddim beirniadaeth lenyddol ffeminyddol yn ymddangos yn y Gymraeg, roedd yr ymateb i hynny o feirniadaeth a gyhoeddwyd yn chwyrn. Mae'n rhaid bod y meddwl ffeminyddol Cymraeg yn fygythiad arbennig i Oleuedigaeth anoleuedig y Gymru Gymraeg. Ni ddigwyddodd hyn yn fwy cyson ac yn fwy milain nag yn y cylchgrawn ceidwadol *Barddas*. Cwynodd Alan Llwyd am 'ormes ffasiwn, ambell fardd neu "farddones" yn canu am y pethau iawn, y pynciau cyfredol poblogaidd, fel ffeministiaeth, dyweder . . . ar draul beirdd eraill sydd wedi torri llwybr mwy unigolyddol'.[6] Mewn man arall, fe honnodd mai 'un o gamweddau Ffeministiaeth yw ei fod fel mudiad yn rhoi sylw i rai beirdd na chaent fawr ddim o sylw oni bai am y ffaith eu bod yn ferched'.[7] Yn ôl Gwynn ap Gwilym, fe fyddai wedi cynnwys mwy o waith menywod yn *Blodeugerdd o Farddoniaeth Gymraeg yr Ugeinfed Ganrif* (1987) Barddas, ond 'y drwg oedd bod cynifer ohonynt yn ysgrifennu mor sâl'.[8] Roedd rhai o'r ymosodiadau hyn yn amlwg fisogynistaidd, megis sylw R. M. Jones bod ambell ffeminydd 'yn ciprys gydag Ebrill na ddaw'n ôl, megis yr hen wreigen druan sy'n ymbincio yn ei lliwur a'i lipstic, [gan] efelychu'r ferch ifanc a fuasai hi ugain mlynedd ynghynt'.[9] Mewn diwylliant poblogaidd Cymraeg – mewn sylwebaeth yn y cylchgrawn dychanol *Lol*, er enghraifft – roedd y sefyllfa hyd yn oed yn waeth.[10]

Pam y bu'r gwrthwynebiad yma? Wedi'r cwbl, fe ddechreuodd ffeminyddiaeth yng Nghymru fel rhan o fudiad 'dynion'. Enillodd dir fel chwaer i feirniadaeth lenyddol Farcsaidd. Mae ffeminyddion amlycaf y cyfnod – menywod fel Angharad Dafis, Delyth George a Menna Elfyn – yn honni eu bod yn sosialwyr yn ogystal â bod yn ffeminyddion; hynny yw, tybient fod eu ffeminyddiaeth yn rhan o fudiad ehangach yn ymwneud â 'rhyddhad'. Roedd beirniadaeth lenyddol ffeminyddol Gymraeg a'r mudiad heddwch yn chwiorydd i'w gilydd, yn ôl Menna Elfyn, un a fu'n ymgyrchwraig dros y ddau achos.[11] Dywedodd Delyth George yn blwmp bod ffeminyddiaeth yn deillio o'r 'egwyddor o gyfartalrwydd', gan gyfeirio'n benodol at 'ysgol iawnderau naturiol John Locke, a brisiai werth pob unigolyn ynddo'i hun, ac yna o sosialaeth y ganrif ddiwethaf, a wrthwynebai unigolyddiaeth, gan bwysleisio gweithgaredd cydweithredol'.[12] Mewn man arall, fe honnodd mai 'ystyried perthynas dosbarthiadau â'i gilydd o safbwynt pŵer a wnaeth y Marcsiaid', cyn nodi mai 'cangen o gyff yr un gwrthryfel yw'r feirniadaeth lenyddol ffeministaidd fwy diweddar, sy'n astudio'r berthynas rym rhwng gwryw a benyw'.[13] Yn wir, fe awgrymodd y gallai fod perthynas uniongyrchol rhwng y ddwy wyddor hyn gan mai cymhwyso epistemeg Farcsaidd at astudiaethau menywod a wnâi ffeminyddion.[14]

Efallai fod dadl Delyth George yn cynnig hanner esboniad ar yr anesmwythyd ceidwadol yng Nghymru ynghylch ffeminyddiaeth. Os gwrthwynebu grym oedd ei chymhelliad, yna, yn debyg i Farcsiaid, ni fyddai dewis gan ffeminyddion ond ymosod ar y syniad o ganon llenyddol. Mae'n debyg y byddai ffeminyddion yn dadlau wedyn bod y broses o ddiraddio gwaith merched yn rhan o rwydwaith ehangach o rym a filwriai yn erbyn pob math o leiafrifoedd. Byddai hynny'n peryglu safle breintiedig ceidwadwyr o ddynion yn y byd llenyddol Cymraeg. Nododd Delyth George yn ei thraethawd Ph.D. anghyhoeddedig bod 'cefndir pob beirniad llenyddol yn dylanwadu ar ei farn, – ei oed, lliw ei groen, i ba haen o gymdeithas y mae'n perthyn. Does yna ddim o'r fath beth â dyfarniad beirniadol llenyddol pur.'[15]

Dymuniad ffeminyddion o'r herwydd oedd cynghreirio â grwpiau ymyledig eraill yn erbyn y dynion goleuedig a lywiai'r byd cyhoeddus Cymraeg; a hyn a'u gwnaent yn beryglus. Roedd ffeminyddiaeth Gymraeg yn ideoleg a oedd yn lletach ei harwyddocâd na'r feirniadaeth lenyddol argraffiadol arferol a fynnai ganolbwyntio ar rinweddau arddull ac estheteg:[16]

> Nid gwaith merched yn unig sydd heb ei gynrychioli ym mhrif ffrwd llenyddiaeth. Mae'n bur debyg fod unigolion a fuasai'n llenorion wedi methu ysgrifennu, a rhai llenorion wedi methu cael eu derbyn i'r canon swyddogol oherwydd eu dosbarth cymdeithasol, lliw eu crwyn, eu daliadau gwleidyddol neu grefyddol yn ogystal ag oherwydd eu rhyw. Mae sensoriaeth, boed yn amlwg neu'n sensoriaeth gymdeithasol fwy anuniongyrchol, yn rhan gynhenid o'r monolith y mae llawer yn falch o'i alw yn un o brif ogoniannau ein diwylliant. Nid oes dim gwaharddiadau swyddogol sy'n cadw gwragedd rhag ysgrifennu'n greadigol. Y casgliad yw mai gwaharddiadau answyddogol, anffurfiol, sy'n gyfrifol am fudandod y 'rhyw di-lais'.[17]

Ffeminyddiaeth a Chymreictod

Oherwydd honiadau goleuedig bod modd tafoli gwaith llenyddol yn 'ddiduedd' ac yn 'wrthrychol', bu pwyslais ar estheiaeth yn ffordd i gelu ceidwadaeth syniadol a chymdeithasol. Wrth herio hynny, nid oedd ffeminyddiaeth yn 'wahanol' i Farcsiaeth. Hynny sy'n esbonio, efallai, pam y'i hystyrid 'yn rhywbeth anghymreig',[18] fel syniadaeth a ddaeth i Gymru 'o America a thrwy Lundain megis aml beth arall'.[19]

Mae'n wir bod y 'broblem' ffeminyddol yn bod yn y byd Eingl-Americanaidd hefyd. Ond roedd y diystyru deallusol ar ffeminyddiaeth yn waeth o dipyn yng Nghymru. Cynigir rhai rhesymau am hyn yn nes ymlaen: digon yw nodi yma bod ffeminyddiaeth Gymraeg, a oedd yn flaenllaw ei chefnogaeth i genedligrwydd Cymru, yn rhan o'r mudiad cyffredinol a heriai'r sefydliad beirniadol Cymraeg. Yn nhyb ffeminyddion, roedd y methiant i gymell ysgrifennu gan fenywod yn tarddu'n rhannol o ddiffygion beirniadaeth lenyddol Gymraeg. Roedd yn dilyn, felly, fod ysgrifennu beirniadaeth lenyddol ffeminyddol yn weithred a fyddai'n newid natur y byd llenyddol yng Nghymru: 'Digon prin yw'r feirniadaeth lenyddol Farcsaidd a arddelwyd yng Nghymru heb sôn am feirniadaeth lenyddol ffeministaidd. Ac oherwydd diffyg beirniadaeth ffeministaidd "orchmynnol" neu "ragnodol" prin iawn yw'r nofelau ffeministaidd sydd gennym',[20] meddai Delyth George.

Nid oedd eraill ychwaith yn ddall i'r ffaith bod ffeminyddiaeth yn rhwym o newid dealltwriaeth y Cymry o'u hanes deallusol mewn modd dramatig. Yn ôl Branwen Jarvis, roedd cynsail ffeminyddiaeth Gymraeg yn 'chwyldroadol' gan ei bod, fel Marcsiaeth, yn tanseilio ceidwadaeth gudd:

> Ceidwadaeth yw hanfod athroniaeth swyddogaeth wleidyddol a chymdeithasol Saunders Lewis. Grym chwyldroadol yw ffeministiaeth, grym sy'n cerdded yn aml law-yn-llaw â Marcsiaeth. Canlyniad ymwrthod yn llwyr â phatriarchiaeth, yn arbennig yn ei hagweddau gweithredol a sefydliadol, fydd chwyldro mor bellgyrhaeddol, mor sylfaenol, â'r un a welwyd mewn hanes. Y pris, fel y dangosodd Saunders Lewis yn ei weithiau, fydd gwanhau, ac o bosibl ddistrywio, seiliau ein gwareiddiad hanesyddol. A all yr ennill fod yn fwy?[21]

Tanlinellodd y sôn am 'wanhau, ac o bosibl ddistrywio, seiliau ein gwareiddiad hanesyddol' y ffaith bod y weledigaeth wrywaidd o genedligrwydd ynghlwm wrth ddehongliad o'r genedl fel cynneddf Blatonaidd. Roedd ffeminyddiaeth yn bygwth holl rethreg oleuedig y syniad o 'genedl Gymraeg' mewn sawl ffordd. Gellir gweld sut mae hyn yn cysylltu â syniadau o 'burdeb' ynghylch treftadaeth ac iaith a drafodwyd yn y llyfr hwn eisoes. Nid yw'n syndod felly, fel y nododd Jarvis, mai 'pechod rhywiol, yr unig fath ar bechod sy'n ymwneud â merch o angenrheidrwydd, yw'r pechod cyntaf a'r pwysicaf yng ngolwg cymdeithas',[22] ac mai hynny sy'n cymell golwg batriarchaidd Saunders Lewis ar serch, gan fod cyfathrach rywiol yn ei farn ef yn peryglu purdeb. Ceisiai osgoi halogi'r purdeb hwnnw trwy arddel delwedd fetaffisegol o ferch y mae ei chnawdolrwydd yn atodiad yn unig i gnawdolrwydd ei gŵr.[23] Mae Branwen Jarvis yn dadlau bod salwch meddwl Monica yn nofel Saunders Lewis o'r un enw yn tarddu o wrthdaro rhwng ymwybyddiaeth ohoni'i hun fel eilun cnawdol – sy'n hardd, ond eto'n bur, gan nad yw wedi cyfathrachu'n rhywiol eto – a'r sylweddoliad wedyn ei bod wedi'i heintio rywfodd yn y weithred o ymgyfathrachu, beichiogi ac esgor ar blentyn. Mae Jarvis yn ychwanegu dimensiwn Cymreig i hyn wrth sylwi bod cyfathrach rywiol a mamolaeth yn dwyn baich arall i grŵp ethnoieithyddol fel y Cymry Cymraeg, sydd yn gorfod epilio er mwyn sicrhau 'parhad yr hil'.[24]

Mae ffeminyddion eraill wedi nodi bod myth y fam Gymreig wedi dathlu rôl y Gymraes ar yr aelwyd ar draul ei chyfranogiad yn y byd mawr y tu allan. Tuedd llenorion benywaidd fel Kate Roberts oedd clodfori, neu o leia oddef, trefniant o'r fath: 'Ceir yn *Tywyll Heno* botensial sefyllfa ar gyfer nofel chwyldroadol ffeministaidd, ond bod ceidwadaeth Kate Roberts yn ei rhwystro rhag dirnad gwir broblem Bet. Diwedda'r nofel hon, yn geidwadol fel y gweddill, Bet yn ailafael yn ei hen fywyd, wedi cyfnod o seibiant yn y cyfamser a'i galluoga i ddioddef mwy.'[25] Â Delyth George yn ei blaen i ddweud bod y matriarchiaid hyn yn '[g]eidwaid y fframwaith cymdeithasol patriarchaidd'.[26] Bid a fo am hynny, awgrymir bod y rhwydwaith o burdeb, rhyw, halogiad, haint, iaith, cenedl (*nation*) a chenedl (*gender*) unwaith eto'n cydgysylltu. Rhan o berwyl chwyldroadol ffeminyddiaeth oedd ei bod, wrth achlesu rhywioldeb 'heb gyfrifoldeb', yn herio'r rhwydwaith hwnnw. Canmolwyd Aled Islwyn gan Delyth George am greu cymeriad yn *Cadw'r Chwedlau'n Fyw* (1984) a bwysleisiai 'safbwynt radicalaidd ffeministaidd' tuag at 'gysegredigrwydd priodas', sef nacâd ohono.[27] Yn ôl Menna Elfyn, roedd nwyf benywaidd yn beth 'hyfryd', er yr arweiniai at lacio rhwymau 'purdeb' merch, ac felly cenedl.[28]

Yn sicr ddigon, roedd ffeminyddion yn ymwybodol o'r cyhuddiad eu bod yn tanseilio gwerthoedd traddodiadol Cymreig ac fe geisiasant wyrdroi'r feirniadaeth trwy glymu ffeminyddiaeth wrth Gymreictod. Penderfynodd Delyth George fynd ati i gyffelybu profiad menywod a oedd yn ysbail i batriarchaeth â phrofiad y genedl Gymreig o fod yn ysglyfaeth i Seisnigrwydd:

> Aeth Jane Miller, awdures cyfrol o'r enw *Women Writing About Men*, mor bell â chyffelybu profiad merched i brofiad mewnfudwyr mewn gwlad ddieithr. Eu profiad cyffredin yw un o fod ar y tu allan, yn rhannol berthyn i ddiwylliant gwrywaidd drwy dderbyn rôl draddodiadol, ac eto'n gorfod wynebu'r ffaith nad yw hynny'n eu bodloni; bod dieithrwch a gwacter yn dilyn hynny ... Yn ein sefyllfa leiafrifol ni fel Cymry, efallai ei bod yn haws inni gyffelybu profiad lleiafrifol y ferch i brofiad lleiafrifol

Ffeminyddiaeth 179

y genedl Gymreig yn hytrach nag i brofiad y mewnfudwyr . . . Mentraf ddweud mai'r un yw sefyllfa'r ferch yn aml iawn, yn rhannu ei haelwyd ag aelod o ddiwylliant arall *macho* sy'n cyflyru ei dull o feddwl, yn peryglu ei hunaniaeth ac yn ei chadw'n ddarostyngedig iddo.[29]

Ond, yn nhyb beirniaid ceidwadol, roedd yr ymdrech hon i gyplysu ffeminyddiaeth â Chymreictod yn rhwym o fethu. Er gwaethaf gwrthwynebiad i sosialaeth 'theoretig' yng Nghymru Gymraeg y 1980au, bu ymlyniad wrth sosialaeth 'ymarferol' a hynny oherwydd grym y myth gwerinol. Yn achos ffeminyddiaeth, fodd bynnag, milwriai eiconau cenedlaethol, megis y Fam Gymreig, yn erbyn ei buddiannau.[30] Roedd ffeminyddiaeth fel pe bai'n mynd yn groes i adeileddeg fytholegol y genedl.

Gresyn hynny, oherwydd fel yr honnai ffeminyddion, roedd sefyllfa menywod yn waeth yng Nghymru nag ydoedd yn Lloegr. Yn wir, gellid dadlau bod yr esgeulustod hwnnw'n sgil-effaith i drefedigaethedd. Nodwyd felly gan gydawduresau rhifyn ffeminyddol arbennig o'r *Traethodydd* mai gwragedd oedd awduron 15 i 16 y cant o'r gweithiau creadigol a restrwyd yn *Biblioteca Celtica* yn y cyfnod 1971–6 o'i gymharu ag 20 y cant yn y *British National Bibliography*.[31] Cafwyd yr anghyfartaledd hwnnw er gwaethaf y ffaith bod y byd cyhoeddi Saesneg yn fwy 'cystadleuol' na'r un Cymraeg, ac er gwaethaf ensyniad bod tueddhanesyddol menywod i weithio yn y cartref yn ei gwneud hi'n haws i ferched lunio gweithiau mewn *genres* Cymraeg traddodiadol megis barddoniaeth nag mewn *genres* mwy 'Seisnig' fel y nofel. Roedd diffygion mewn meysydd eraill: ceryddwyd golygydd *Cof Cenedl* gan Ceridwen Lloyd-Morgan am mai dynion yn unig a gyfrannai i'r gyfres honno. Ac eto, roedd hi'n ymwybodol bod trefedigaethedd yn golygu bod menywod Cymraeg a ysgrifennai hanes menywod yn 'lleiafrif o fewn lleiafrif o fewn lleiafrif'.[32]

Mewn sefyllfa lle'r oedd prinder ymchwilwyr, fe ddatblygodd tyndra rhwng sosialwyr a ffeminyddion ynghylch a ddylai'r dosbarth gwaith neu fenywod gael blaenoriaeth mewn gweithiau academaidd. Yn y diwedd, fe arweiniodd hyn at hollt rhyngddynt. Nodwyd yn *Y Traethodydd*, er enghraifft, fod technegau ymchwil newydd, megis hanes llafar, a ddatblygwyd er mwyn adfer hanes coll y dosbarth gweithiol, wedi bod yn wrywaidd eu gogwydd. 'Er cystal,' dywedwyd, 'yw gwaith Merfyn Jones ar *The North-Wales Quarrymen*, nid yw'n rhoi mwy na thudalen neu ddau o sylw i'r merched a'u cyfraniad hwy i'r economi lleol.'[33]

Ffeminyddiaeth: tueddiadau goleuedig

Fel canlyniad, cafodd llawer o ffeminyddiaeth Gymraeg ei chyfansoddi er mwyn newid meddwl y gymuned Gymraeg. Ei nod oedd Cymreigio ffeminyddiaeth a benyweiddio Cymru. Oherwydd hyn, mae llawer o lithoedd ffeminyddol y 1980au yn ymdrech, yn anad dim, i gofnodi ac adfer gweithiau llenyddol gan fenywod y gorffennol. Rhoddwyd nod pedagogaidd i ffeminyddiaeth Gymraeg, sef 'ailddarganfod ac ail-asesu gwaith y merched a fu'n llenydda yn y gorffennol... [y] weithred syml o goffáu'r llenorion benywaidd hynny a anghofiwyd neu a anwybyddwyd gan gopïwyr, cyhoeddwyr a golygyddion gwrywaidd, neu gan y beirniaid hwythau, boed hynny'n fwriadol neu beidio'.[34] Oherwydd y pwyslais Cymraeg ar draddodiad, roedd creu achyddiaeth gynhenid o weithiau gan ferched yn cael ei ystyried o'r pwys mwyaf wrth geisio dilysu cyfraniad menywod Cymraeg. Mae hyn yn enghraifft ddiddorol o garfan a amheuai Oleuedigaeth Gymraeg yn gorfod ceisio dilysrwydd yn nhermau'r Oleuedigaeth honno, sef wrth greu 'traddodiad' testunol i'w safbwynt ideolegol ei hun. Rhaid oedd gwyrdroi meddylfryd gwrywod-yn-unig cyfrolau megis '*Gwŷr Llên, Meistri'r Canrifoedd, Cyfres y Meistri*'.[35] Byddai cyflwyno'r dystiolaeth empeiraidd yn gwarantu na thybid 'mai rhyw eithriad rhyfedd a gwyrthiol oedd Ann Griffiths: fel yr arth yn dawnsio, chwedl Dr. Johnson'.[36]

Roedd yr ymlyniad hwn wrth empeiriaeth yn ddolen gyswllt bwysig rhwng ffeminyddiaeth Gymraeg a 'realaeth' sosialaidd, er gwaethaf yr ymwybyddiaeth bod Marcsiaid yn aml wedi anwybyddu cyfraniad menywod. Dadleuai ffeminyddion fod y methiant i gydnabod gwaith menywod yn tarddu'n rhannol o anallu gwragedd i reoli dulliau o gadw a throsglwyddo gwybodaeth. Yn ôl dadansoddiad cymdeithasol Marcsiaid a ffeminyddion, dim ond carfan fechan o'r boblogaeth a oedd yn berchen ar gyfalaf, ac mewn cymdeithas dlawd lle yr oedd adnoddau materol ysgrifennu yn brin dim ond y garfan gyfoethog a gâi gofnodi llenyddiaeth. Fe gâi menywod eu rhwystro rhag cael gafael ar wybodaeth, yn union fel y'u rhwystrid rhag ceisio golud materol, a gwadwyd iddynt yr hawl i gyfleu gwybodaeth trwy gyfathrebu. Dywedodd Ceridwen Lloyd-Morgan fod 'patrwm cyfansoddi a thraddodi cerddi gan y merched yn fwy ceidwadol [na thraddodiad dynion]' a bod 'safle'r ferch yn y gymdeithas yn rhannol gyfrifol am hyn'.[37] Ond nid sefyllfa a fodolai mewn oes a fu oedd hynny'n unig. Yn ei cholofn farddol yn *Pais*, fe gydnabu Menna Elfyn fod hyn yn anhawster mewn cymdeithas gyfoes hefyd, ac y gwyddai'n iawn 'mor anodd yw hi i gyfuno magu teulu, gyrfa hwyrach a sgwennu tipyn'. Aeth ymlaen i siarsio'i darllenwyr i beidio â chywilyddio oherwydd awch i '[f]ynnu orig i chi eich hun, yn gynnar yn y bore neu wedi i'r plant (a'r gŵr!) fynd i'r cae nos'.[38] O fewn uned y teulu, y ferch oedd yr aelod darostyngedig, a hithau a gollai ei hannibyniaeth, yn fwy felly na'r gwryw. Nid oedd yn syndod bod menywod yn trafod eu diwylliant mewn ffyrdd answyddogol, anghydnabyddedig, heb gofnodi eu disgwrs o angenrheidrwydd, a'u bod yn ddibynnol ar ewyllys da dynion i gael eu gwaith wedi ei gofnodi mewn ysgrifen neu'i argraffu.[39] Yn hanesyddol, roedd gallu menywod i gofnodi'u gwaith yn dibynnu i raddau helaeth ar berthynas â thad neu briod.[40] Dyna, mae'n debyg, a sicrhaodd oroesiad emynau Ann Griffiths. Ond y duedd at ei gilydd oedd cadw gwaith menywod ar lafar yn unig.[41]

Ffeminyddiaeth: ei rhesymeg ôl-oleuedig

Yn yr ymdrech i greu traddodiad llenyddol benywaidd Cymraeg roedd menywod yn ymateb i gamp oleuedig Saunders Lewis yn ei *Braslun o Hanes Llenyddiaeth Gymraeg*, a chyfrol oleuedig 'synnwyr cyffredin' Thomas Parry, *Hanes Llenyddiaeth Gymraeg hyd 1900*. Roedd y ddau hanes hynny yn trafod traddodiad a gynhwysai ddynion yn unig, am eu bod yn ddall i'r posibiliad y gallai fod gwahaniaeth rhwng y traddodiad llenyddol Cymraeg a'r traddodiad llenyddol gwrywaidd Cymraeg. Ond fe lesteiriwyd ymdrechion i drafod y traddodiad llenyddol Cymraeg o safbwynt merched gan y ffaith hanesyddol na chofnodid gwaith menywod. Nid oedd ganddynt fynediad i *logos* – y gwirionedd ysgrifenedig sy'n ganolog i feddwl y Gorllewin ers dyddiau athroniaeth Hen Roeg, ac a gadarnhawyd gan yr Oleuedigaeth – oherwydd bod dynion wedi diystyru cyfraniad posibl menywod.

Ceir felly wedd arall ar ffeminyddiaeth Gymraeg yn datblygu, sef y wedd sy'n herio Goleuedigaeth Gymraeg wrth herio'r gred mai *logos* ysgrifenedig yw'r unig brawf o werth hanesyddol y diwylliant Cymraeg. Ceir pwyslais yn hytrach ar ddiwylliant anysgrifenedig, llenyddiaeth a draddodid ar lafar, yn debyg i'r pwyslais a welwyd gan ddynion radicalaidd. Merched, yn nhyb Menna Elfyn, oedd awduron rhan dda o lên gwerin yr oedd ei hawduraeth yn anhysbys, gwaith a gyfansoddwyd gan ryw 'An[n] Hysbys' neu'i gilydd, fel y'i llysenwid.[42] Roedd gan ddadl o'r fath oblygiadau ideolegol radicalaidd wrth i fenywod ddechrau anghytuno â'r cysyniad o awduraeth unigol. Am y rheswm hwnnw, erthygl gyfansawdd (y torrodd pedair ffeminydd, sef Kathryn Curtis, Marged Haycock, Elin ap Hywel a Ceridwen Lloyd-Morgan, eu henwau wrthi) oedd yr erthygl seminal, 'Traddodiad Unllygeidiog', a ymddangosodd yn *Y Traethodydd* ym 1986 ac a ymosodai ar y traddodiad llenyddol Cymraeg gwrywaidd goleuedig.

Yn rhan o'r un meddylfryd â'r ddadl ôl-oleuedig am *logos* a menywod, cafwyd dadleuon ôl-oleuedig eraill, megis y syniad bod menywod wedi'u hanwybyddu am eu bod yn wahanol i ddynion, dadleuon a ymdebygai i theorïau ôl-oleuedig o arallrwydd. Fel y dywedwyd yn *Y Traethodydd*, 'Ni all yr un ohonom siarad dros y rhyw arall.'[43] Yn union fel y gellid honni bod diraddiad economaidd benywod yn ddrych o ddiraddiad economaidd Cymru, felly hefyd y dadleuid bod arallrwydd benywod yn fath ar arallrwydd Cymru. Bathwyd felly fath Cymreig iawn o ffeminyddiaeth. Datblygwyd y syniadau hyn ymhellach yn y 1990au gan theorïwragedd yn chwarae ar ddau ystyr y gair 'cenedl'.

Roedd arallrwydd wedi'i godi'n arf ffeminyddol oherwydd tueddiad dynion i honni bod eu gwerthoedd yn rhai 'cyffredinol', mewn modd nid annhebyg i'r ffordd yr honnai pleidwyr y diwylliant Eingl-Americanaidd fod eu gwerthoedd hwythau yn 'gyffredinol'. Soniai sawl ffeminydd am y modd yr haerai gwŷr fod eu beirniadaeth lenyddol yn wrthrychol, ac yn seiliedig ar wybodaeth ddiduedd. Un o brif swyddogaethau beirniadaeth ffeminyddol, ym marn y ffeminyddion, oedd herio hynny,[44] gan ddangos bod defnydd gwyddorol neu ysgolheigaidd o wybodaeth wedi'i wreiddio yn aml mewn disgyblaethau academaidd yn deillio o ragdybiaethau diwylliannol arbennig.[45] Dadleuent na all unrhyw adroddiad o wybodaeth, gan gynnwys beirniadaeth lenyddol, fod yn hollgwmpasog, nac ychwaith nacáu'r posibilrwydd o ystyron eraill:

> Beth, felly, sydd gan ferched i gyfrannu i feirniadaeth lenyddol, a sut y gallwn ni newid cwrs beirniadaeth draddodiadol wrywaidd? . . . Y lefel fwyaf cyntefig ac amrwd yw . . . tynnu sylw at rywiaeth (*sexism*) mewn llenyddiaeth gan danlinellu'r ffaith fod gwaith gan ddynion yn ffrwyth *un* bydolwg, a'i fod yn aml iawn yn ddarlun anghyflawn.[46]

Nid oedd beirniadaeth wrywaidd unllygeidiog o'r fath o reidrwydd yn ffaeledig, ond byddai rhaid i ddynion gydnabod bod seiliau eu gwybodaeth yn aml iawn yn fympwyol eu tarddiad:

Mae gwybodaeth yn ei hanfod, meddir, yn 'niwtral', yn 'bur', yn 'wrthrychol', yn rhywbeth sydd uwchlaw perswâd a phropaganda. Ond tybed a yw hynny'n wir? Pam yr awgrymodd Virginia Woolf yn 1928 y buasai buddiannau merched yn fwy diogel y tu allan i furiau'r system addysg sefydliadol? Fe ddywedodd hi hynny am ei bod wedi synhwyro nad rhywbeth 'niwtral' a diduedd oedd addysg ffurfiol, ond yn hytrach, system sy'n adlewyrchu ac yn meithrin ffordd neilltuol o edrych ar y byd, sef ffordd y dynion.[47]

Er mwyn gwrthsefyll hegemoni dynion y dadleuodd Menna Elfyn ar ddechrau'r 1980au y dylai ffemnyddion fynd ati i fod yn fath o *vanguard* i fenywod, gan ddadlennu seiliau gwybodaeth batriarchaidd wrth wrthwynebu'r wybodaeth honno. Pan oedd y gwrthdaro ideolegol rhwng ceidwadwyr *Barddas* a radicaliaid 'Marcsaidd' ar ei anterth, fe fynnodd Menna Elfyn dynnu sylw at gynneddf y tu allan i'r ymgiprys hwnnw, sef cenedl (*gender*): 'Gan ei bod hi'n adeg cecran am sylfeini barddoniaeth, a hynny rhwng y totalitalwyr, y democratiaid, ac ambell ddemagog (wir i chi, pa genedl arall â'i hiaith ar drengi a fydde'n gwastraffu'i nerth a'i hegni prin), carwn yn ysgafn ddigon awgrymu bod haen arall o feirdd ar gael, sef y benyw-fardd.'[48] Er gwaethaf, neu efallai oherwydd, ymlyniad wrth arallrwydd benyweiddra, fe fynnodd Elfyn ei ddiffinio'n ddilechdidol, sef yn erbyn gwrywdod: 'Drwy feirniadu dyn y llwyddodd barddesau i ymwrthod â chyflwr a threfn oesol y wraig am briodas a dyletswyddau gwraig . . . gyda threigl amser, felly, trôdd barddesau'n feirdd, a'u canu'n farddoniaeth.'[49]

Ar ei ffurf fwyaf radical, fe estynnai ffemnyddion y ddadl hon i iaith ei hun, gan ddadlau bod y meddwl benywaidd yn cael ei ddifenwi gan iaith wrywaidd. Yn ôl rhifyn arbennig *Y Traethodydd*, 'ni waeth inni grybwyll un ystyriaeth arall sy'n berthnasol yma: natur yr iaith ysgrifenedig "safonol" ei hun, priod iaith atebion arholiadau. Creadigaeth dynion yn ei hanfod yw hi, iaith a fowldiwyd at eu dibenion hwy gan y penceirddiaid, cyfieithwyr y Beibl, cenedlaethau o wŷr y pulpud a phwyllgor dysgedig *Llyfr yr Orgraff*. Dyna'r norm a'r safon: safon y dynion.'[50] Hynny yw, roedd iaith ramadegol a mytholegol y genedl, a'r holl syniad o Oleuedigaeth a oedd ynghlwm wrthi, yn gomedd arallrwydd menywod. Mewn un adolygiad dywedodd Meg Elis na ddylai iaith menywod berthyn i'r *ghetto*, a bod llenyddiaeth gan ferched ar gyfer y ddynoliaeth i gyd, i'r un graddau ag yw gwaith dynion, cyn sylweddoli mai '*dyn*oliaeth ddywedais i – does gen i ond eu termau nhw'.[51] Yn ôl Delyth George, fe ddefnyddiai dynion iaith i wahaniaethu rhwng disgwrs gwrywod a benywod, gydag iaith 'resymegol' yn nodweddu siarad y gwŷr, ac iaith anghydryw yn diffinio 'clepian' y menywod: yn *Cysgod y Cryman*, er enghraifft, 'gosodir Cymraeg cywirach yng ngenau Edward Vaughan nag yng ngenau Margaret; "seicoloji" a ddywed hithau, ond "seicoleg" yw gair Edward Vaughan . . . A phan brioda Harri â Marged ddi-ddysg, sieryd Harri Gymraeg purach na hi.'[52]

Er na ddefnyddid y term gan ffeminyddion Cymraeg y 1980au, fe esgorai'r math yma o anesmwythyd ynghylch iaith oleuedig wrywaidd ar yr hyn a alwai ffeminyddion Ffrangeg ôl-strwythurol yn *écriture féminine*. Yn y cyswllt Cymraeg, fe ddaeth cyfrol o farddoniaeth 'rydd-ieithol' a gyfansoddwyd gan ddysgwraig o Wyddeles, Carmel Gahan, yn *cause célèbre* wrth ddatblygu'r ysgrifennu benywaidd newydd. Cyfrol oedd hon a fu'n aflwyddiannus yn ei chais i gipio'r wobr am gyfrol o farddoniaeth yn Eisteddfod Caernarfon ym 1979, ond a gafodd ei chanmol, er hynny, gan Dafydd Elis Thomas, un o'r ddau feirniad, am wyrdroi iaith wrywaidd.[53] I'w gyd-feirniad mwy ceidwadol, Moses Glyn Jones, roedd 'y wers rydd heb yr un atalnod na choma o fath yn y byd [gan] hepgor y priflythrennau yn aml' yn syndod annirnad iddo, er bod ambell gerdd 'yn gofiadwy . . . ar waethaf yr arddull'.[54] Yn rhifyn arbennig *Y Traethodydd*, trafodwyd cerddi Gahan fel enghraifft o ysgrifennu a nodweddai genedl (*gender*), ond hefyd genedl (*nation*), sef gwlad yn cael ei dieithrio a'i chyfoethogi gan rywun o'r tu allan iddi. Yn nhyb ffeminyddion, fe lwyddasai Carmel Gahan i ymyrryd â'r bydolwg patriarchaidd o genedl o ddau gyfeiriad.[55] Cydnabuwyd bod natur y berthynas rhwng llenorion Cymraeg a'u cynulleidfa yn peri bod camp Gahan yn fwy ystyrlon byth: yn bennaf, yr agosatrwydd yng Nghymru rhwng y llenor a'i ddarllenydd a wnâi arbrofi'n anodd ond, hefyd, ofn pechu'r dynion a oedd wedi monopoleiddio'r systemau cynhyrchu a beirniadu llenyddiaeth yng Nghymru. Hwyrach mai dim ond bardd o'r tu allan a all herio'r Tadau, am nad oedd yn eu hadnabod yn bersonol.[56]

Oherwydd y ddadl dros arallrwydd menywod, gwrthodai ffeminyddion y ddadl seml y dylai menywod gystadlu â dynion ar sail yr un canllawiau esthetaidd â hwy. Yn y cyd-destun Cymreig, dadleuwyd bod ambell i *genre* llenyddol traddodiadol, a'r cystadlaethau esthetaidd a'u hatgyfnerthai, yn adlewyrchu gogwydd y meddwl patriarchaidd. Roedd rhai ffeminyddion, gan hynny, yn elyniaethus i'r Eisteddfod fel ffenomen ddiwylliannol,[57] gan mai 'traddodiad yw conglfaen y ffyrdd eisteddfodol, nid arbrofi [ac] mae safonau beirniadu'r sefydliad yn eu hail-greu eu hunain hyd dragwyddoldeb'.[58] Roedd y traddodiad hwnnw yn draddodiad dynion. Ymwrthodwyd hefyd â'r ddadl 'naïf' bod ffugenw eisteddfodol yn cynnig hunaniaeth ddi-ryw i gystadleuydd, waeth beth fo'i genedl, ac felly'n ffordd i fenywod osgoi misogynistiaeth led-ymwybodol rhai beirniaid.[59] Yn hytrach, honnwyd y byddai rhaid i gystadleuwragedd ildio i batriarchiaeth ddyfnach ac, felly, fwy peryglus ar lefel anymwybodol. Wrth gystadlu, byddai 'rhaid i'r ferch dderbyn rheolau gêm sydd wedi'u gosod ymlaen llaw gan ddynion'.[60] Roedd ffeminyddion yn dadlau nid yn unig fod beirniaid o ddynion 'heb ddysgu'r strategau sy'n briodol, yn wir, yn angenrheidiol, wrth feirniadu barddoniaeth gan ferched',[61] ond eu bod, wrth osod yn flaenaf yn aml iawn ferch yr oedd ei gwaith yn ymdebygu i waith dynion, yn ddilornus o ysgrifennu benywaidd.[62] Roedd yr anghydbwysedd cystadleuol hwn yn tarddu o hen arfer ac, fel mewn sawl sefyllfa 'drefedigaethol', fe allai'r sawl dan ormes ochri â'r gormeswyr: 'Cawsom ni'r merched ein haddysgu ers ein plentyndod i ddarllen gwaith dynion ac i ddeall eu hiaith symbolaidd; yr ydym yn hen gyfarwydd â'r technegau priodol. Ond nid yw'r gwrthwyneb, o reidrwydd, yn wir.'[63]

Roedd barddoniaeth gaeth yn apelio at leiafswm o ferched gan 'mai traddodiad yn pesgi ar ei orffennol ei hun yw'r gynghanedd ... gall pob gair bron gyfeirio at gyfoeth o ystyron neu gynodiadau, a'r geiriau yn aml yn dibynnu am eu heffaith ar adlais ymwybodol o gorff o farddoniaeth a gynhyrchwyd gan ddynion. Bu'r gynghanedd ers canrifoedd yn gadarnle ieithwedd wrywaidd a ddatblygwyd er mwyn rhoi mynegiant i'w bydolwg hwy. Mae collfarnu merched heddiw am beidio â mynd i'r afael â'r gynghanedd braidd fel beirniadu dynion am nad ydynt yn gweu eu sanau eu hunain.'[64] Ers cyhoeddi *Cerdd Dafod* John Morris-Jones ym 1925, roedd barddoniaeth gaeth, gan ei bod yn unigryw Gymraeg, fel pe bai hi'n cynrychioli esgatoleg esthetaidd y genedl. Roedd i gynghanedd ei gramadeg ei hun, ac fe dueddai hynny i'w dilysu fel math absoliwtaidd o gelfyddyd. Fel y gwyddys, tuedd cenedlaetholwyr oedd codi gramadeg goleuedig Morris-Jones a'i ddefnyddio fel sail i brosiect teleolegol y genedl. Estyniad ar brosiect cenedligol Goleuedigaeth ramadegol Morris-Jones yw 'adfywiad' cynganeddol y 1970au a'r 1980au. Ac wrth leisio eu hanniddigrwydd gwrthgynganeddol, âi ffeminyddion yn groes i'r holl brosiect goleuedig hwnnw.

Ymosodwyd yn arbennig o hallt ar y bardd caeth Alan Llwyd: roedd ei waith yntau'n dangos yn glir bod iaith ddefodol, bur y gynghanedd yn ffitio'n dynn i syniadaeth ddefodol. Roedd ei ddathliad o enedigaeth ei fab yn *voyeurism* rhywiol: 'this falsifies, this degrades', chwedl

Y Traethodydd wrth droi at y Saesneg er mwyn ategu'r pwynt, oherwydd ei duedd i gyplysu purdeb esthetaidd â phurdeb cenedl (*gender/nation*), trwy gyfrwng cyfreithlonol canu caeth. Yn yr iaith lân honno, roedd 'merched yn cael eu darlunio'n unol â'r cynddelwau traddodiadol'.[65]

Roedd statws uwch menywod mewn *genres* eraill, megis 'y nofel, y stori fer, sgriptiau ar gyfer y cyfryngau, ac yn enwedig ym myd drama a rifiw sy'n deillio o waith y theatr gymuned', yn adlewyrchiad o'r ffaith 'fod y ffurfiau hynny yn yr iaith Gymraeg yn ddigon newydd ac ystwyth; nid yw'r mowld wedi caledu, fel petai'.[66] Roedd amrywiaeth generig yn adlewyrchiad o heterogenedd ieithyddol: roedd yn fwy agored na llwybrau cywir cywiredig y *genres* traddodiadol. Roedd amryw o ffeminyddion yn gweld modd cysylltu'r agwedd benagored hon â phroblem cenedligrwydd yn ei dwy ystyr – *gender* a *nation*: 'Ni allwn sôn am *un* mudiad ffeminist monolithig fwy nag y gallwn sôn am *un* math o Gymreictod; nid oes ychwaith *un* dull "cywir" o ymarfer beirniadaeth lenyddol ffeminist.'[67] Ond roedd ymlyniad wrth ffeminyddiaeth amlhaenog yn rhwym o danseilio dadleuon dros arallrwydd bywydegol. Croesewid arallrwydd bywydegol gan rai ffeminyddion fel y ffaith fiolegol a'u galluogai i geisio gwir ryddhad fel benywod. Ond roedd ymwybyddiaeth hefyd bod yr 'arallrwydd' hwn yn aml yn ffrwyth diwylliannol disgwrs gwrywaidd. Ar y sail honno, dylid cofio, y beirniadwyd Saunders Lewis gan Branwen Jarvis am dybio bod benyweidd-dra yn gyfystyr ag arallrwydd gwrthresymolaidd:

> Os caf fynegi'r peth ar ffurf cyf-resymiad: merch yw natur; y mae natur yn wrth-foesol; felly y mae merch yn wrth-foesol . . . Yn yr un modd ag y mae grym natur mewn merch yn peri ei bod hi'n peryglu moesoldeb a threfn gymdeithasol, perir hefyd iddi filwrio yn erbyn y deall. Grym gwrth-ddeallol yw merch.[68]

Yn wir, fe lwyddodd Jarvis i ddangos yn grefftus iawn fod yr arallrwydd hwnnw yn gwrthgyferbynnu â chyneddfau cyffredinol, ac felly llywodraethol, a briodolwyd i ddynion.[69] Yn wir, dadleuai Jarvis fod 'arallrwydd' benywaidd yn cael ei greu gan ddynion er mwyn iddynt hwy fedru concro dieithrwch a'i feddiannu.[70] Lleisiwyd safbwynt cyffelyb gan Delyth George yn ei herthygl arloesol, 'Kate Roberts – Ffeminist?'. Ac yn rhifyn arbennig *Y Traethodydd* dywedwyd,

> Efallai mai'r broblem sylfaenol gyda llawer o feirniadaeth wrywaidd yw'r rhagdybiaeth fod 'gwrywaidd' yn gyfystyr â 'normal', 'cyffredinol',

'dynol' yn yr ystyr *humanus*, a bod gan ddynion – boed y rheini'n llenorion neu'n feirniaid – yr hawl i siarad drosom ni i gyd. Yr argraff a gyfleir yw fod dynion yn *bobl*, yn unigolion, ond mai *merched yn unig* yw merched, heb yr hawl na'r gallu i siarad dros neb ond merched. Ar wahân i wthio merched a'u llenyddiaeth i'r ymylon a rhoi statws is i'w gwaith, canlyniad arall hyn oll yw cadarnhau, os nad creu, ddelweddau ystrydebol a chyfeiliornus ynglŷn â statws a swyddogaethau'r ddau ryw.[71]

Gorchwyl ffeminyddion, felly, oedd gwahaniaethu rhwng cenedl (*gender*) yn ei hystyron biolegol a diwylliannol, gan beidio â throsglwyddo pendantrwydd anatomig i faes diwylliant.[72] Er mwyn haeru nad oedd benyweidd-dra yn rhinwedd bywydegol yn unig, cyfeirid at waith llenorion o ddynion a ysgrifennai'n fenywaidd, Aled Islwyn yn arbennig.[73]

Er hynny, dylid cofio bod ffeminyddion y 1980au yn gweithio mewn awyrgylch neilltuol o elyniaethus a bod angen iddynt ddadlau bod menywod yn wahanol i ddynion er mwyn ceisio newid hinsawdd geidwadol beirniadaeth lenyddol Gymraeg. Fe allai amheuon ynghylch arallrwydd bywydegol menywod a'u hawl i ymreolaeth esthetaidd gael eu 'defnyddio' i danseilio ymdrechion benywod i ddisgrifio'u profiadau diwylliannol eu hunain trwy gyfrwng eu hieithwedd eu hunain. Yn *Barddas*, fe feirniadodd Wendy Lloyd Jones *Hel Dail Gwyrdd* (1985), cyfrol o farddoniaeth gan fenywod, am ei bod yn rhoi merched ar wahân, mewn cae honedig is ei safon na chae dynion. Gan fod yr hen wahaniaethau o ran cyfleoedd rhwng dynion a menywod wedi'u dileu yn ei thyb hi, fe ddadleuodd y dylai merched 'gystadlu am eu lle mewn cyfrolau ar yr un tir â'r dynion'.[74] Ond, yn ddadlennol iawn, roedd Wendy Lloyd Jones hefyd yn dangos awch i weld menywod yn cydymffurfio â safonau esthetaidd cydnabyddedig, o ran gramadeg a chywair yn neilltuol, a gofynnodd am 'gadw safon uchel mewn iaith a llên . . . Yr wyf i'n ddigon hen-ffasiwn, fodd bynnag, i fod eisiau gweld atalnod llawn yn ei le priodol.'[75]

Mae'n debyg mai dim ond ymwybyddiaeth ideolegol ac awch i ymdrefnu'n 'fudiad' a allai newid hynny. Diddorol nodi bod ffeminyddion eraill wedi cwyno nad oedd *Hel Dail Gwyrdd* yn ddigon ffeminyddol. Roedd Ceridwen Lloyd-Morgan o'r farn mai 'benywaidd, nid ffeministaidd, yw'r cerddi'.[76] Gan fod y beirdd yn mynnu nad beirdd o fenywod mohonynt, ond beirdd a oedd *yn digwydd bod* yn ferched, nid oeddynt yn gallu tanseilio patriarchaeth.[77] Ym marn Lloyd-Morgan, roedd amharodrwydd i dderbyn ffeminyddiaeth ddi-dderbynwyneb yn adlewyrchu ceidwadaeth y gymdeithas Gymraeg, a dadleuodd fod hyn yn ganlyniad sefyllfa leiafrifol y Cymry Cymraeg.[78] Dywedodd Gerwyn Wiliams fod olion 'cyfyngder' hanesyddol diwylliant y Cymry yn dal i fwrw ei gysgod dros y flodeugerdd, a dyna pam nad oedd modd cael 'cyfrol unplyg ffeministaidd'.[79] Roedd rhai profiadau, megis lesbiaeth, eto'n amhosibl eu trafod mewn cyswllt Cymreig. Rhoes Wiliams ei fys ar wirionedd cyffredinol ffeminyddiaeth Gymraeg y 1980au, sef mai cropian 'mudiad' a oedd heb eto dyfu i'w lawnder ydoedd ac 'er bod rhywun bellach yn gyfarwydd â'r labeli "Ffeministiaeth", "Benyweidd-dra", "Rhywiaeth", digon llywaeth yw'n hamgyffrediad fel Cymry o hyd o gynnwys y parseli tu ôl i'r papur lapio'.[80] Byddai ffeminyddiaeth Gymraeg yn dod i'w llawn dwf, nid fel atodiad i fudiad Marcsaidd y 1980au ond, yn hytrach, fel un o'r syniadau a gymhellodd symudiad ôl-fodern y 1990au. Yno, byddai'n cynghreirio â syniadau eraill i geisio tanseilio Goleuedigaeth an-oleuedig y Gymru Gymraeg yn fwy trylwyr.

Nodiadau

[1] Branwen Jarvis, 'Saunders Lewis, Apostol Patriarchiaeth', yn J. E. Caerwyn Williams (gol.), *Ysgrifau Beirniadol VIII* (Dinbych, 1974), 296–311.
[2] Lowri James, 'Barddoniaeth 1984', *Barddas*, 92/93 (Rhagfyr 1984/Ionawr 1985), 7–10.
[3] Delyth George, 'Kate Roberts – Ffeminist?', *Y Traethodydd*, CXL (1985), 185–202.
[4] Ceir nifer o adolygiadau 'ffeminyddol' gan Delyth George yn *Barn* ym 1987.
[5] Dafydd Johnston, 'Lewys Glyn Cothi: Bardd y Gwragedd', *Taliesin*, 74 (Haf 1991), 68–77. Mae'r cyfraniad cyntaf gan fenyw yn y rhifyn nesaf: Bethan Mair Hughes, 'Merched yn Llenyddiaeth y Pumdegau', *Taliesin*, 75 (Hydref 1991), 101–9.
[6] Alan Llwyd, 'Golygyddol', *Barddas*, 118 (Chwefror 1987), 4.
[7] Idem, 'Golygyddol', *Barddas*, 135–137 (Gorffennaf/Awst/Medi 1988), 12.
[8] Gwynn ap Gwilym, 'Wynebu'r Moabiaid', *Barddas*, 135–137 (Gorffennaf/Awst/Medi 1988), 38.
[9] R. M. Jones, 'Gwrthryfel Ystrydebol', *Barddas*, 104/105 (Rhagfyr 1985/Ionawr 1986), 14.
[10] Yn rhifyn 1984 o *Lol*, er enghraifft, fe gafwyd cystadleuaeth 'adnabod y bronne', oedd yn cynnwys lluniau pornograffig o fenywod a gwahoddiad i'r darllenwyr eu cyplysu ag enwau nifer o ffeminyddion amlwg. Wrth ddewis hoff bâr o fronnau, roedd rhaid i'r cystadleuydd ddibennu brawddeg, 'Credaf mai Ms.— yw'r person mwyaf boring a hunangyfiawn yng Nghymru heddiw oherwydd—.' Ychydig wythnosau wedi cyhoeddi *Lol*, ymosodwyd ar argraffdy'r cyhoeddwyr, Y Lolfa, a pheintiwyd sloganau ffeminyddol arno.

[11] Menna Elfyn, 'Briwsion y Beirdd', *Pais* (Chwefror 1983), 27.
[12] Delyth George, 'Llais Benywaidd y Nofel Gymraeg Gyfoes', *Llên Cymru*, 16, 3/4 (Ionawr–Gorffennaf 1990–1991), 363.
[13] Idem, 'Kate Roberts – Ffeminist?', 185.
[14] Idem, 'Rhai Agweddau ar Serch a Chariad yn y Nofel Gymraeg 1917–1985' (traethawd Ph.D., Prifysgol Cymru, 1987), 328.
[15] Ibid., 4.
[16] George, 'Kate Roberts – Ffeminist?', 185.
[17] Kathryn Curtis, Marged Haycock, Elin ap Hywel a Ceridwen Lloyd-Morgan, 'Traddodiad Unllygeidiog', *Y Traethodydd*, CXLI (1986), 36.
[18] Shân Roberts, 'Dwi'n Rhy Ddel i fod yn Ffeminist', *Y Faner*, 22 Awst 1986, 19.
[19] Meinir Pierce Jones, 'Ffeminyddol' [adolygiad o Menna Elfyn, *Mynd Lawr i'r Nefoedd*], *Taliesin*, 55 (Ebrill 1986), 86.
[20] George, 'Rhai Agweddau ar Serch a Chariad yn y Nofel Gymraeg 1917–1985', 330.
[21] Jarvis, 'Saunders Lewis, Apostol Patriarchiaeth', 311.
[22] Ibid., 297.
[23] Ibid., 305.
[24] Ibid., 302.
[25] George, 'Kate Roberts – Ffeminist?', 197.
[26] Ibid., 188.
[27] Delyth George, [adolygiad o Aled Islwyn, *Cadw'r Chwedlau'n Fyw*], *Tafod y Ddraig*, 177 (Ionawr 1985), 5.
[28] Menna Elfyn, [adolygiad o Siôn Aled, *Dagrau Rhew* a Carmel Gahan, *Lodes Fach Neis*], *Tafod y Ddraig*, 133b (Mai 1980), 8.
[29] George, 'Llais Benywaidd y Nofel Gymraeg Gyfoes', 367–8.
[30] Jarvis, 'Saunders Lewis, Apostol Patriarchiaeth', 310.
[31] Curtis, Haycock, ap Hywel a Lloyd-Morgan, 'Traddodiad Unllygeidiog', 36. Gw., hefyd, ibid., 39.
[32] Ceridwen Lloyd-Morgan, 'Clwy'r Canmlwyddiannau?' [adolygiad o Geraint H. Jenkins (gol.), *Cof Cenedl III*], *Barn*, 304 (Mai 1988), 34.
[33] Kathryn Curtis, Marged Haycock, Elin ap Hywel a Ceridwen Lloyd-Morgan, 'Rhai Sylwadau ar Ferched a'r Gyfundrefn Addysg', *Y Traethodydd*, CXLI (1986), 7.
[34] Idem, 'Beirdd Benywaidd yng Nghymru cyn 1800', *Y Traethodydd*, CXLI (1986), 12–13.
[35] Idem, 'Rhai Sylwadau ar Ferched a'r Gyfundrefn Addysg', 8.
[36] Idem, 'Beirdd Benywaidd yng Nghymru cyn 1800', 13.
[37] Ceridwen Lloyd-Morgan, 'Y Fuddai a'r Ysgrifbin: Y Traddodiad Llafar a'r Beirdd Benywaidd', *Barn*, 313 (Chwefror 1989), 15.
[38] Menna Elfyn, 'Briwsion y Beirdd', *Pais* (Mawrth 1982), 24.
[39] Curtis, Haycock, ap Hywel a Lloyd-Morgan, 'Beirdd Benywaidd yng Nghymru cyn 1800', 13.
[40] Ibid., 18.
[41] Lloyd-Morgan, 'Y Fuddai a'r Ysgrifbin', 16.
[42] Elfyn, 'Briwsion y Beirdd', 24.
[43] Kathryn Curtis, Marged Haycock, Elin ap Hywel a Ceridwen Lloyd-Morgan, 'Beirniadaeth Lenyddol Ffeminist', *Y Traethodydd*, CXLI (1986), 55.

44 Gw., e.e., George, 'Rhai Agweddau ar Serch a Chariad yn y Nofel Gymraeg 1917–1985', 10.
45 Kathryn Curtis, Marged Haycock, Elin ap Hywel a Ceridwen Lloyd-Morgan, 'Gwragedd a Grym yn y Ganrif Ddiwethaf', *Y Traethodydd*, CXLI (1986), 28: '[T]uedda dynion a gwragedd, fel ei gilydd, i'w diffinio'u hunain yn nhermau rhagfarnau'r cyfnod Fictoriaidd naill ai trwy amddiffyn ei sefydliadau neu, i'r gwrthwyneb, trwy adweithio yn erbyn gormes a chulni honedig y cyfnod hwnnw. Fe anwyd ein gwyddorau cymdeithasol modern yn ystod Oes Fictoria ac fe gorfforir ynddynt lu o ragfarnau'r cyfnod, e.e., am y berthynas rhwng yr unigolyn, y teulu a'r gymdeithas, er gwaethaf "gwrthrychedd" bondigrybwyll y gwyddorau hynny.'
46 Idem, 'Beirniadaeth Lenyddol Ffeminist', 48.
47 Idem, 'Rhai Sylwadau ar Ferched a'r Gyfundrefn Addysg', 6.
48 Menna Elfyn, '"Cerddi 79": Cyfrol Ddi-ferched', *Y Faner*, 7 Medi 1979, 4.
49 Ibid.
50 Curtis, Haycock, ap Hywel a Lloyd-Morgan, 'Rhai Sylwadau ar Ferched a'r Gyfundrefn Addysg', 8.
51 Meg Elis, [adolygiad o Eigra Lewis Roberts, *Cymer a Fynnot* a Manon Rhys, *Cwtsho*], *Llais Llyfrau* (Gaeaf 1988), 14.
52 Delyth George, *Islwyn Ffowc Elis: Llên y Llenor* (Caernarfon, 1990), 51. Dylid nodi er hynny mai Cymreictod 'anymwybodol' sydd gan y menywod. Hwyrach bod hynny'n peri iddynt fod yn fwy 'naturiol' na'r dynion, ac yn agosach at 'fod' y genedl. Dengys efallai fod iaith oleuedig yn cymhlethu syniadau o genedligrwydd.
53 Dafydd Elis Thomas, 'Beirniadaeth [ar gyfrol o gerddi]', *Cyfansoddiadau a Beirniadaethau Eisteddfod Genedlaethol Cymru Caernarfon a'r Cylch 1979* (Llandysul, 1979), 109. Trafodir gwaith Gahan yn y bennod ar Farcsiaeth hefyd.
54 Moses Glyn Jones, 'Beirniadaeth [ar gyfrol o gerddi]', *Cyfansoddiadau a Beirniadaethau Eisteddfod Genedlaethol Cymru Caernarfon a'r Cylch 1979*, 99.
55 Curtis, Haycock, ap Hywel a Lloyd-Morgan, 'Traddodiad Unllygeidiog', 39–40: 'Beirniadwyd cyfrol Carmel Gahan, *Lodes Fach Neis*, ar y sail nad oedd ieithwedd ei cherddi yn "iaith farddonol ddilys". Beirniadaeth gwbl oddrychol oedd hon, ond fe'i gwnaethpwyd â holl rym y traddodiad patriarchaidd, cynganeddol y tu ôl iddi. Mae dilysrwydd iaith cerddi fel "Rwy'n ferch dda" yn dibynnu yn llwyr ar ei chyd-destun mewnol, ac nid ar unrhyw safonau allanol, statig. Diddorol sylwi yn y cyswllt hwn mai Carmel Gahan yw un o'r ychydig rai sydd wedi arbrofi ag ieithwedd barddoniaeth o safbwynt merch yn ystod y blynyddoedd diwethaf, ac mai merch sydd wedi dysgu Cymraeg yw hi. Gellid tybio, efallai, fod cynnwys y cerddi, yn ogystal â'u mynegiant, wedi codi gwrychyn rhai beirniaid, gan fod llawer o'r cerddi yn mynegi rhywioldeb merch mewn termau ffres a gonest.'
56 Ibid., 41.
57 Elfyn, 'Briwsion y Beirdd', *Pais* (Mawrth 1984), 14.
58 Curtis, Haycock, ap Hywel a Lloyd-Morgan, 'Traddodiad Unllygeidiog', 42.
59 Elfyn, 'Briwsion y Beirdd', *Pais* (Mawrth 1984), 14.
60 Curtis, Haycock, ap Hywel a Lloyd-Morgan, 'Beirniadaeth Lenyddol Ffeminist', 46.

61 Ibid.
62 Ibid., 47.
63 Ibid., 55.
64 Curtis, Haycock, ap Hywel a Lloyd-Morgan, 'Traddodiad Unllygeidiog', 42–3.
65 Idem, 'Beirniadaeth Lenyddol Ffeminist', 51.
66 Ibid., 45.
67 Ibid., 57.
68 Jarvis, 'Saunders Lewis, Apostol Patriarchiaeth', 300.
69 Ibid., 308. Roedd y syniadau hyn o 'synnwyr cyffredin' a 'chyffredinedd' yn gwbl ganolog i ledaeniad Goleuedigaeth, wrth gwrs.
70 Ibid.
71 Curtis, Haycock, ap Hywel a Lloyd-Morgan, 'Beirniadaeth Lenyddol Ffeminist', 48.
72 George, 'Kate Roberts – Ffeminist?', 185.
73 Ibid., 186.
74 Wendy Lloyd Jones, 'Mis Awen y Menywod' [adolygiad o *Hel Dail Gwyrdd* (gol. Menna Elfyn)], *Barddas*, 102 (Hydref 1985), 16.
75 Ibid.
76 Ceridwen Lloyd-Morgan, 'Llenyddiaeth Merched', *Llais Llyfrau* (Haf 1985), 10.
77 Ibid., 9.
78 Ibid., 10.
79 Gerwyn Wiliams, [adolygiad o *Hel Dail Gwyrdd* (gol. Menna Elfyn)], *Llais Llyfrau* (Gaeaf 1985), 22.
80 Ibid.

Mynegai

A5 153, 171 n47
Aasen, Ivar 18
Acwin, Tomos 90–1
achyddiaeth (gwybodaeth) 15, 105–6, 136 n50, 181
adeileddeg 89–90, 96–7, 103, 117–18, 126, 130–2, 160, 167, 180
Adorno, Theodor 135 n17
a Max Horkheimer, *Dialektik der Aufklärung* 4, 60 n26, 69, 126, 136 n55
Alban, Yr 1
Aled, Siôn 154
Aled, Trebor (Robert Jones, Tal-y-bont)
Pleser a Phoen: Sef Cyfrol o Farddoniaeth yn y Llon a'r Lleddf 44, 60 n14
Almaen, Yr 1, 12, 23–4, 42, 105
Almaeneg 3, 6–7, 13, 18
Alsás 7
Alsaseg 5
America 3, 11, 15, 81, 95, 104, 119, 122, 131, 139 n102, 146, 177
Datganiad Annibyniaeth America 3
amlddiwylliannaeth 154–5
An[n] Hysbys 182
Anderson, Benedict 56
Angola 123
anthropoleg 148, 167
ap Gwilym, Gwynn 176
ac Alan Llwyd, *Blodeugerdd o Farddoniaeth Gymraeg yr Ugeinfed Ganrif* 176
'Marcsiaid, Ffeministiaid a Chyffelyb Gythreuliaid' 143
ap Hywel, Elin, Kathryn Curtis, Marged Haycock a Ceridwen Lloyd-Morgan
'Traddodiad Unllygeidiog' 183
archaeoleg (gwybodaeth) 20, 62 n69, 68, 94
Aristoteles 75–6

athroniaeth 22, 29, 50, 67–8, 75, 82, 100, 102–5, 117–18, 134 n11, 152
awdur, yr (fel cysyniad) 162, 182–3
Awstria 17
Ayer, A. J. 104

Barbazan, Étienne
Dissertation sur la langue des Celtes 14
Bardd Newydd, Y 23, 42, 44, 53
Barddas 73, 79, 97, 141, 143, 153, 160, 175–6, 184, 188
Barn 73, 132, 154, 175
Barrère, Bertrand 6
Basgeg 5–7, 19
BBC 165
Bebb, Ambrose 47–8, 57–8, 65
Crwydro'r Cyfandir 57
Bergonzi, Bernard
Reading the Thirties 168
Bennett, Arnold 137 n67
Bevan, Hugh 67, 69
Beirniadaeth Lenyddol 85 nn16–21
Morgan Llwyd y Llenor 85 n16
Bhabha, Homi K.
Location of Culture, The 136 n50
Bianchi, Tony 167
Biblioteca Celtica 180
bod (*being*) 30, 128, 164–5, 191 n52
Bohemia 17–18
Bopp, Franz
'Cyfundrefn y Treigliadau' 24
Bourdieu, Pierre 8
Language and Symbolic Power 33 n23
Bowen, Euros 103–4
brad (fel cysyniad) 132–3, 138 n94
bratiaith 30, 156
Brecht, Bertolt 167, 169 n7
British National Bibliography 180
brogarwch 128–9, 137 n67, 168

Mynegai 193

Buffon, Comte de
  Histoire Naturelle 2

Calfiniaeth 29, 31, 89, 93, 98–9, 103
Catalan 5, 19
  Renaixença 19
ceidwadaeth 17, 29, 31, 47, 49, 52, 66, 71, 73, 76, 80, 87 n60, 99, 105–8, 110 n29, 116, 127, 129, 133, 139 n102, 141–2, 147, 153–5, 164, 166, 176–9, 181, 184–5, 188–9
Ceiriog 143
Celtiaid (a'u hiaith) 11–14, 21–2
cenedl (*gender*) 179, 183–8
cenedl (*nation*) 3, 8–11, 15–17, 24, 26–8, 30–1, 43, 45, 54–6, 66–8, 70, 74–5, 81–2, 86 n44, 113–39, 144, 147, 150–1, 154, 156, 158, 162, 165, 167, 178–80, 183–7, 191 n52
cenedlaetholdeb 9, 10, 17–20, 26–7, 29–31, 33 n22, 41, 45, 47–8, 56–7, 68, 73, 78, 82, 92, 98, 113–39, 157, 164
Charles, David 36 n116
Ciwba 123
Cof Cenedl 180
Coleridge, Samuel Taylor 75
comiwnyddiaeth 8, 169 n7, 170 n30
Condillac, Etienne de 5
Corseg 5
Cristnogaeth 3, 16, 102, 104–9, 116, 124–5, 127
Culler, Jonathan
  Structuralist Poetics 96
Curtis, Kathryn *gweler* ap Hywel, Elin, Kathryn Curtis, Marged Haycock a Ceridwen Lloyd-Morgan, 'Traddodiad Unllygeidiog'
CYD (Cymdeithas y Dysgwyr) 108
cyfalafiaeth 4, 81, 93, 121, 131, 135 n20, 162, 164–5
cyfreitheg 29, 33 n23, 100
Cyfres y Meistri 181
cynghanedd (canu caeth) 24, 79, 94, 142, 155, 164, 186–7
Cylch-grawn Cymmraeg, Y 15
Cymdeithas Dafydd ap Gwilym 24, 36 n123
Cymdeithas yr Iaith Gymraeg 108, 142–4, 164, 173 n121, 175
Cymmrodor, Y 46
Cymro, Y 102
Cymru Fydd 19, 25

cymysgrywedd (*hybridity*) 126, 136 n50, 156
Cynwal, Wiliam 96
cynwysoldeb 8, 113–15
Czartoryski, Adam 12

dadadeiladaeth 66, 71, 82, 91
daeareg (fel metaffor) 58, 62 n69, 138 n101
daearyddiaeth 1, 2, 54–9, 130, 137 n78, 156
Dafis, Angharad 176
Dafydd ab Edmwnt 96
Dafydd ap Gwilym 23, 106
  'Hwsmonaeth Cariad' 76
Dafydd Ddu o Hiraddug 96
Dafydd Llwyd 130
Dafydd Nanmor 106
darllenydd, y (fel cysyniad) 52, 54, 70–1, 92, 148, 185
Darwin, Charles 135 n20
Daudet, Alphonse 137 n67
Davies, Aneirin Talfan 141
Davies, Dewi Eirug 125
Davies, E. Tegla 83
Davis, Daniel R. 20–1
  Celtic Linguistics 1700–1850 20–2
Déclaration des droits de l'homme 3, 7
Deleuze, Gilles a Félix Guattari
  Kafka: Towards a Minority Literature 139 n102
Derrida, Jacques 122
  La carte postale: De Socrate à Freud et au-delà 70–1
  L'écriture et la différence 103
Diderot, Denis 4
  Encyclopédie, ou Dictionnaire raisonné des sciences, des arts et des métiers 2, 14
diwinyddiaeth 16, 29, 50, 90–2, 94, 102–9, 110 n29, 117, 124–5, 127, 145, 147, 152
Duras, Marguerite 138 n88
dyneiddiaeth 2, 5, 65, 67, 73, 76, 79, 105–6

Ddraig Goch, Y 127

economeg (fel disgyblaeth) 29, 131, 147, 163
écriture féminine 185
Edward H. Dafis 147
Edwards, Charles 99–100
  Ffydd Ddi-ffuant, Y 100
Edwards, Hywel Teifi 115–22, 125, 128, 135 nn20–1, 135 n26

Arwr Glew Erwau'r Glo: Delwedd y Glöwr yn Llenyddiaeth y Gymraeg 120
Ceiriog 118
Codi'r Hen Wlad yn ei Hôl 118, 121
'Cofféu Llywelyn' 121
Eisteddfod Ffair y Byd Chicago, 1893 118
'Gŵyl Gwalia': Yr Eisteddfod Genedlaethol yn Oes Aur Victoria 1858–1868 118
Edwards, Niclas [Nicholas] 173 n121
Edwards, O. M. 3, 41
Efengyl Ioan 161
Efrydiau Athronyddol 150, 152
Eidal, Yr 150
Eidaleg 6–7
Einion Offeiriad 95
Eisteddfod, yr 42, 118–19, 159, 164, 166, 173 n121, 185–6
Elfyn, Menna 176, 179, 181–2, 184
Elias, John 92
Eliot, T. S. 127
Elis, Islwyn Ffowc 80
   Cysgod y Cryman 185
Elis, Meg 184
empeiriaeth 1–2, 14, 20, 25–6, 50–2, 58, 67, 70–1, 76, 90, 95–6, 99, 101–4, 106, 117, 124, 169, 181.
Empson, William
   Seven Types of Ambiguity 66
Emrys ap Iwan 68, 87 n73, 92, 95, 117
Engels, Friedrich 11
episteme 20–3, 28, 45, 73
Estonia 19
ethnigrwydd 3–4, 9, 30, 33 n22, 113–14, 119, 146, 179
Evans, Gwenogvryn 23
Evans, Theophilus 13–14, 100
   Drych y Prif Oesoedd 13

Faner, Y 78, 91, 103, 141, 148, 175
Fanon, Frantz 122
Feirniadaeth Newydd, Y 66, 76, 81
Fideo 9 160
Fiet-nam 123, 138 n88
Foucault, Michel 21, 122, 135 n17, 158, 162
   Histoire de la folie 83
Freud, Sigmund 103, 132, 152

Ffasgaeth 47, 69, 146
Ffeminyddiaeth 29, 31, 90, 133, 164, 175–92
Ffindir, Y 18
   Kalevala 18
Ffineg 18
Fflemeg 5

ffordd (fel metaffor) 54–6
Ffrainc 3, 5–8, 10–11, 14–15, 56–8, 122–3, 138 n88, 162
   Chwyldro Ffrengig, Y 3, 5–8, 15–16
Ffrangeg 2, 5–8, 11, 19, 22, 89–90

Gahan, Carmel 155, 185
   Lodes Fach Neis 191 n55
Galicia 19
Galiseg 19
Gébelin, Court de 5
Gellner, Ernest 33 n22, 133–4 n1
Genedl, Y 53
Geninen, Y 42
George, Delyth 176–9, 184
   'Kate Roberts – Ffeminist?' 187
Gestapo 68, 114
Goleuedigaeth (fel cysyniad) 8, 17, 48, 51, 53, 59, 69–73, 77, 80, 88 n83, 89–91, 95–7, 99, 118, 121, 123, 125–6, 130, 132, 133–4 n1, 141, 157, 184
Goleuedigaeth (gwledydd diwladwriaeth Ewrop) 10–12, 14–20, 23–4, 26, 28, 33 n30, 113, 123
Goleuedigaeth (y Wladwriaeth Brydeinig) 8, 114–15, 123
Goleuedigaeth an-oleuedig y Gymru Gymraeg 73, 94–8, 110 n29, 118–20, 124, 126, 150, 166, 176, 189
Golwg 101
gramadeg 2, 5–10, 13–14, 16–19, 22–8, 30–1, 41–3, 45, 68–70, 90–1, 93–4, 96, 114, 116, 129, 155, 157, 161–2, 184, 186, 188
Gramsci, Antonio 150–1, 169 n7, 170 n30
Grégoire, Henri 6–7
Griffiths, Ann 181–2
Griffiths, J. Gwyn 141, 143–5, 147
Grimm, Jacob
   Deutsche Grammatik 24
Groeg 13, 17–18
   Dhimotiki 18
   Katharevousa 18
Gruffudd Hiraethog 96
Gruffydd, R. Geraint 82
Gruffydd, W. J. 45–7, 52, 97–8, 123, 141, 144
Guattari, Félix *gweler* Deleuze, Gilles a Félix Guattari, *Kafka: Towards a Minority Literature*
Guillaume, Gustave
   Leçons de linguistique 89
   Principes de linguistique théorique 89

Gwenallt 91, 123, 143
Gwenhwyseg 20
Gwlad Pwyl 12, 17
Gwlad y Basg 19, 123
gwladychiaeth 22, 82, 115–16, 123
gwybodaeth 1, 4, 20, 22, 28, 42–3, 46, 53, 55, 57–8, 70, 72, 80, 88 n83, 89, 91–3, 99, 101–2, 105–9, 111 n68, 125, 129, 138 n101, 154, 181, 183–4
Gwyddoniadur Cymreig, Y 25
gwyddoniaeth (fel disgyblaeth) 1, 8, 17–18, 23–4, 26, 30, 43, 46, 49, 82, 88 n83, 94, 97, 100–2, 111 n68, 126, 152
gwyddoniaeth (fel epistemeg) 6, 32 n7, 41–2, 44, 48, 50, 60 n30, 72
gwyddorau 2, 18, 30–1, 43, 48, 51, 60 n29, 66–7, 72–3, 87 n73, 95, 98, 102, 110 n29, 130, 132, 138 n94, 142, 163, 183, 191 n45
Gwŷr Llên 181

hanes (fel disgyblaeth) 2, 48–54, 58, 60 n30, 97, 99–100, 105, 110–1 n51, 130, 168, 180
hanes deallusol 1, 8, 22, 28, 30, 70, 73, 89–90, 99, 114
hanes llenyddiaeth 67, 94–5, 141, 182
hanesyddiaeth 29, 47, 49–51, 77, 99–100, 110–11 n51, 117, 125
Hanesyddiaeth Newydd, Yr 85 n16, 167–9
Hardy, Thomas 137 n67
Harte, Bret 137 n67
Haycock, Marged *gweler* ap Hywel, Elin, Kathryn Curtis, Marged Haycock a Ceridwen Lloyd-Morgan, 'Traddodiad Unllygeidiog'
Hebraeg 6
Hechter, Michael 130, 137 n80
Hegel, Georg Wilhelm Friedrich 82, 105, 163–4
Hegeliaeth 69, 105
Hel Dail Gwyrdd 188
Helvétius, Claude-Adrien 2
Herder, J. G. von 3, 17, 19, 24, 130
Hincks, Rhisiart
  Iaith Lenyddol fel Bwch Dihangol yng Nghymru ac yn Llydaw, Yr 11
Holbach, Paul-Henri Thiry, Baron d' 2
Holocost 4, 69
Horkheimer, Max *gweler* Adorno, Theodor a Max Horkheimer, *Dialektik der Aufklärung*

Hroch, Miroslav
  Die Vorkämpfer der Nationalen Bewegung bei den Kleinen Völkern Europas 33n30
HTV 165
Hughes, T. Rowland 83
  O Law i Law 74
hunan, yr 52–3
Hwngareg 18
Hwngari 18

Iddewon 6
ieitheg 12–13, 24–5, 42, 45–6, 70, 105
ieithyddiaeth (fel disgyblaeth) 9, 11–12, 18, 20–2, 28, 30–1, 33 n23, 41, 89, 91, 98, 101, 162
Ieuan Fardd 129
  Some Specimens of the Poetry of the Antient Welsh Bards 129
Ifans, Dafydd 77
Ifans, Glyn 175
Ifans, Rhiannon 77
India 12, 138 n88
Iolo Morganwg 1, 12–16, 96
Islwyn, Aled 188
  Cadw'r Chwedlau'n Fyw 179
Israel 123

Jac Glan-y-gors
  Seren Tân Gwmmwl 15
  Toriad y Dydd 15
Jacobiniaeth 6–8, 14–16
James, Allan 27
Jarman, A. O. H. 27
Jarvis, Branwen 178–9, 187
  'Saunders Lewis, Apostol Patriarchiaeth' 175
Jenkins, R. T. 16, 28–9, 41, 47–59, 65, 72, 171 n52
  'A Ellir Gwyddor Hanes?' 50, 60 n30
  'Ar Lannau Loire' 55
  'Casglu Ffyrdd' 55
  'Cwpanaid o De gyda Mr Ambrose Bebb' 58
  'Diwrnod yn Uwchaled' 59
  Edrych yn Ôl 41, 53
  'Ffordd yng Nghymru, Y' 54
  Ffrainc a'i Phobl 56
  Hanes Cymru yn y Ddeunawfed Ganrif 16
  'John Inglesant ac Uwchfeirniadaeth' 49–50
  Orinda 49–51
  'Ymyl y Ddalen' 53–4
Johnson, Dr Samuel 181

Jones, Bedwyr Lewis 97, 124, 141
  Blodeugerdd o'r XIX Ganrif 152
Jones, Dafydd Glyn 66, 71, 75, 141
Jones, Ernest 152
  'Inferiority Complex of the Welsh, The' 132
Jones, Griffith, Llanddowror
  Welch Piety 13
Jones, John Gwilym 65–6, 69, 70–8, 80, 86 n44, 93, 124
  'Beth yw Llenyddiaeth?' 74
Jones, Parch. J. Morgan 125
Jones, J. R. 118
  Prydeindod 134 n15
Jones, Mari C.
  'At What Price Language Maintenance? Standardization in Modern Breton' 10–11
Jones, Merfyn
  North-Wales Quarrymen, The 180
Jones, Moses Glyn 185.
Jones, P. M. 83
Jones, R. Gerallt 145–7
Jones, R. M. 29, 84, 89–112, 115–17, 122–3, 134 n11, 137 n69, 138 n94, 150, 171n52, 176
  'Athrawiaeth Hanes Charles Edwards' 99–100
  'Beirdd yr Uchelwyr a'r Byd' 106–7
  'Beth yw'ch Rheswm?' 106
  Crist a Chenedlaetholdeb 117
  Cyfriniaeth Gymraeg 91, 103, 106
  Gân Gyntaf, Y 90
  'I'm Your Boy: The Four Psychosociological Positions of the Colonised Welshman' 130, 134 n15
  Llên Cymru a Chrefydd 91, 103–4, 108–9
  Llenyddiaeth Gymraeg 1902–1936 97
  Llenyddiaeth Gymraeg 1936–1972 97
  Llenyddiaeth Gymraeg a Phrifysgol Cymru 122
  'Roots of Welsh Inferiority, The' 134 n15
  Seiliau Beirniadaeth 90, 95, 97–8, 101, 103, 105
  System in Child Language 91, 101
  Tafod y Llenor 89, 96, 109 n22
Jones, R. Tudur 117
  Ffydd ac Argyfwng Cenedl 147
Jones, Rowland
  Circles of Gomer, The 13
Jones, T. Gwynn 144, 169 n6
Jones, Thomas (o Ddinbych)

Gair yn ei Amser 16
Jones, Wendy Lloyd 188
Jones, William 12
Jungmann, Josef 18

Kafka, Franz 97
Kant, Immanuel 2, 87 n73, 163
  'Was ist Aufklärung?' 2
Karadić, Vuk Stefanovic 16
Kipling, Rudyard 137 n88

langue d'oc 5
Lawrence, D. H. 78
  'Sun' 78
Leavis, F. R. 66, 127–8, 137 n63
Leibniz, Gottfried Wilhelm 97
Levinas, Emmanuel 86 n41
Lewis, Saunders 9, 16, 19–20, 26, 36 nn122–3, 44–5, 47–8, 52, 56–7, 65–8, 71, 75–6, 78, 80, 82–3, 87 n60, 87 n73, 93, 95–6, 106, 108, 111 n51, 117, 122–3, 126–8, 143–4, 146, 153, 155, 158, 175, 178–9, 182, 187
  Braslun o Hanes Llenyddiaeth Gymraeg 67, 182
  'Cwrs y Byd' 78
  Cymru Fydd 144
  Daniel Owen 88 n91, 93
  Introduction to Contemporary Welsh Literature, An 36 n122
  'Llygad y Dydd yn Ebrill' 44
  'Llythyr ynghylch Catholigiaeth' 153
  'Mair Fadlen' 44
  'Marwnad Syr John Edward Lloyd' 111 n51
  Williams Pantycelyn 48, 66, 87 n73
Lewis, Timothy 45, 46
  Beirdd a Bardd-rin Cymru Fu 46, 47
  Mabinogi Cymru 45
Lhuyd, Edward 13, 25, 26
Lloyd, D. Tecwyn 41, 141, 144, 168
Lloyd, John Edward 99, 110–11 n51
Lloyd-Morgan, Ceridwen 180–1, 188
  gweler hefyd ap Hywel, Elin, Kathryn Curtis, Marged Haycock a Ceridwen Lloyd-Morgan, 'Traddodiad Unllygeidiog'
Locke, John 176
logos 42, 53, 70, 111 n68, 124–5, 144, 160–1, 182–3
Lol 176, 189 n10
Lukacs, Georgy 169 n7

Mynegai   197

Lyotard, Jean-François 3, 9
　La Condition postmoderne: rapport sur le savoir 32 n21, 88 n83

Lladin 13–14, 18, 54
Llais Llyfrau 77–8
Llanast 160
Llenor, Y 52, 56–7, 65
Llewellyn, Richard
　How Green Was My Valley 119
Lloegr 1, 16, 22, 55, 75, 82, 86 n44, 95, 115, 133, 138 n88, 157, 180
Llwyd, Alan 79, 142, 176, 186
　gweler hefyd ap Gwilym, Gwynn ac Alan Llwyd, *Blodeugerdd o Farddoniaeth Gymraeg yr Ugeinfed Ganrif*
Llwyd, Morgan 152, 168
Llydaw 10–11, 19–20, 139 n102
Llydaweg 5–7, 10–11, 13–14, 20
Llywelyn-Williams, Alun 141, 144
　Nes na'r Hanesydd 60 n29
　Nos, Y Niwl, a'r Ynys, Y 44

Man, Paul de 122
Mann, Thomas 169 n7
map (fel metaffor), y 51–2, 55–9, 61 n57
Marcsiaeth 31, 81, 90–1, 93, 103 , 106, 133 n1, 141–74, 176–8, 180–1, 184, 189
Marx, Karl 149, 168
mathemateg 4, 23, 43–4, 46–7, 73, 97, 102, 104, 111 n68, 113–14, 126–7
Maupassant, Guy de 137 n67
Meistri'r Canrifoedd 181
Memmi, Albert 122
metaffiseg 2, 31, 45, 47–8, 50, 66–7, 75, 87 n60, 99, 127–8, 158, 178
metanaratif 3, 31, 73, 81, 88 n83
Miles, Gareth 142–4, 153, 157–8, 169 n7
　'Yr Artist a'r Chwyldro' 142–3
Miller, Jane
　Women Writing About Men 179
Millward, E. G. 142
moeseg 69, 75, 81–4, 115, 145–7, 167, 169, 187
Molière (Jean-Baptiste Poquelin) 93
Montesquieu, Charles Louis de Secondat, Baron de 130
　De l'esprit des lois 2
Morgan, Derec Llwyd 141–4, 148–9, 156
Morgan, Eluned 132
Morgan, Mihangel 75, 77, 146
Morgan, Prys 97
Morgan, T. J. 68, 69, 114, 141

'Rhiniaeth' 67
　Treigladau a'u Cystrawen, Y 67
Morris, Delyth a Glyn Williams
　Language Planning and Language Use: Welsh in a Global Age 9
Morris, Parch. J. A. 125
Morris, Lewis 96
　Celtic Remains 13
Morris, Richard 13
Morris-Jones, John 9, 12–13, 18–20, 23–8, 31, 36 n112, 36 n116, 37 n122–3, 42–4, 47, 49, 65–6, 68, 71–3, 75, 89, 93–6, 98, 105, 111 n51, 116, 127, 129, 138 n101, 150, 152, 154–5, 158, 186
　Cerdd Dafod 24, 42, 65, 94–5, 98, 186
　'Cymraeg Rhydychen' 25, 36 nn114–15
　Elementary Welsh Grammar, An 23, 36 n109
　Gweledigaetheu y Bardd Cwsc 23
　Llyfr Ancr Llanddewibrefi 23
　Orgraff yr Iaith Gymraeg 23, 35 n99, 36 n113
　'Taliesin by Sir John Morris-Jones' 23, 35 n95
　'Tudur Aled' 24
　Welsh Grammar, Historical and Comparative, A 23
　Welsh Orthography 23
　Welsh Syntax: An Unfinished Draft 23, 43
Morrisiaid 1, 12, 15, 16, 118
mouvement de la négritude 123–4
mudiad heddwch 176
Mwyn, Rhys 159

Newton, Isaac 101
newyddiaduraeth 77–9, 165
Nietzsche, Friedrich 90–1, 162
norm 4, 9–10, 83–4, 86 n44, 98, 114, 127, 130, 184, 187
Norwy 18
　Bokmål 18
　Hen Norseg 18
　Landsmål 18

Ogpu 68
Okey, Robin 19
ôl-drefedigaethedd 56–7, 81, 116, 118, 121, 123–4, 126
ôl-foderniaeth 66, 81–4, 88 n83, 147, 167, 169, 175, 189
ôl-oleuedigaeth 29, 77, 81–4, 90, 92, 99, 118, 126, 129, 153–7, 169, 182–3

ôl-strwythuraeth 57, 62 n69, 81–2, 84, 185
Oleuedigaeth, Yr (yn Ewrop yn y ddeunawfed ganrif) 1–8, 14, 24–5, 26, 28, 89–90, 97, 102, 113, 154
Oleuedigaeth, Yr (yng Nghymru yn y ddeunawfed ganrif) 11–17, 25, 28, 89
Oleuedigaeth Gymraeg, Yr 9–12, 17, 19–20, 23, 25, 27–31, 41–7, 53, 56, 60 n30, 65–7, 73, 75, 80, 84, 89, 93, 95, 105–6, 114–15, 127, 148, 150, 152, 154, 158, 160, 175, 181–2, 186
ontoleg 30, 82, 86 n41, 127, 145, 156, 169
orgraff 7–8, 14, 17, 19, 23–4, 27, 42, 47, 68, 93, 125, 184
Owen, Daniel 80
  Enoc Huws 93
Owen, Goronwy 13
Owen, John (Machynlleth) 16

Paine, Tom 15
  The Rights of Man 15
Pais 175, 181
Pantycelyn, Williams 36 n116, 102
  Ductor Nuptiarum: neu, Gyfarwyddwr Priodas 90
Parry, R. Williams 76, 83
Parry, Thomas 23, 27, 42, 67, 70–1, 96, 98, 156, 163, 173 n105, 182
  Gwaith Dafydd ap Gwilym 23
  Hanes Llenyddiaeth Gymraeg hyd 1900 67, 182
  'John Morris-Jones, Yr Ysgolhaig' 36 n112, 36 n116
Parry-Williams, T. H. 47, 61 n57, 65, 82, 85 n27
patois 6, 14
Pearce, Bert 170 n30
Peate, Iorwerth 45, 168
Pennar, Meirion 148–9
Perri, Henri 96
Pezron, Paul-Yves 13–14, 21
  Antiquité de la nation, et de la langue des Celtes, autrement appellez Gaulois 13
Phillips, Dewi Z. 101–4
philosophes 5, 14
Plaid (Genedlaethol) Cymru 20, 27, 47, 65, 114, 126–7, 129, 157
Plaid Doriaidd 131
Plaid Lafur 47, 115
Plaid Ryddfrydol 19
Planet 126
Platon 71

Platoniaeth 45, 108, 116, 120, 143, 156, 178
Plotinus 75
Prat de la Riba, Enric 19
Profensaleg 5
Prifysgol (Cymru) 29–30, 72, 94, 122–3, 151, 158
Prwsia 17
Prys, Edmwnd 96
Prys, Tomos 96
Pughe, William Owen 12–14, 25–6, 36 n109
  Cadòedigaeth yr Iaith Cybraeg 14
  Grammar of the Welsh Language, A 14
purdeb 5, 7, 11, 14, 18, 27, 30–1, 36 n109, 47, 68–9, 71, 91–2, 109 n22, 114, 119–20, 126, 144, 155–6, 178–9, 184–6
Pwyleg 17

Rabéarivélo, Jean Joseph 123
Raphael 61 n45
'Rapport sur la nécessité et les moyens d'anéantir les patois et d'universaliser la langue française' 6–7
Red Book Mabinogion 24
Rees, Alwyn D. 118
  'Cenedl Ddauddyblyg ei Meddwl' 134 n15
Rees, Brinley
  '"Darfod y Myfyrdod Mawr"' 111 n68
Richards, I. A. 66
Rivarol, Antoine de
  Discours sur l'universalité de la langue française 5
Robert, Gruffydd 87 n73, 96
Roberts, Evan 151
Roberts, Gwilym O. 102
Roberts, Kate 27, 159
  Deian a Loli 54
  O Gors y Bryniau 65
  Tywyll Heno 179
Roberts, Manon Wyn 155–7, 168
Roberts, R. Silyn 144
Roberts, Wiliam Owen 93, 153, 155, 161–4, 167, 171 n47–8
  ac Iwan Llwyd Williams, 'Myth y Traddodiad Dethol' 161
  Pla, Y 87 n65
Robespierre, Maximilien de 7
Rousseau, Jean-Jacques 2, 107, 127
  Confessions 53

Rowlands, Dafydd
  Mae Theomemphus yn Hen 80
Rowlands, John 70–3, 76–84, 171 n53
  '"Atgof" Prosser Rhys' 79, 82
  Cnoi Cil ar Lenyddiaeth 85 n27
  'Delweddau Dafydd ap Gwilym' 72
  'Ein Duwiol Brydyddion' 79
  'Ein Nofelau Diweddar' 76
  John Gwilym Jones 77
  Saunders y Beirniad 82
Rwsia 17

rhamantiaeth 15, 71, 85 n20, 96, 144
rheswm 1–2, 6, 8, 16, 28, 47, 73, 77, 89–90, 99, 103–4, 113–14, 136 n55, 144, 163
rhesymeg 1–2, 4–6, 11, 14–16, 19, 27–9, 31, 42, 44–7, 49–50, 53, 56–7, 65, 67, 69, 71, 73, 82, 88 n83, 89, 91, 97, 113–14, 127, 144, 150, 155, 166, 185
Rhydderch, Siôn 96
rhyddfrydiaeth 29, 31, 41, 55, 65–88, 98, 106, 133 n1, 148–9, 152, 169 n7
Rhys, E. Prosser 43–4
  'Atgof' 43, 83
Rhŷs, Syr John 24, 42
Rhŷs, Siôn Dafydd 96
rhywioldeb 4, 43–4, 79, 82–3, 90, 133, 178–9, 191 n55

S4C 154, 159, 170 n31
Saesneg 14, 22, 27, 66, 72, 78, 86 n44, 89, 114, 117, 119, 121, 126–8, 151, 157, 180
safon (iaith) 5, 8–11, 17–20, 25–7, 42, 47, 68–9, 79, 94, 97, 109 n22, 113, 144, 156, 184, 188, 191 n55
Said, Edward 122
Salesbury, William 25, 96
Salisbury Review, The 153, 171 n47
Sansgrit 12
Sardineg 170 n30
Sardinia 150, 169 n7
Sarraute, Nathalie
  Les fruits d'or 97
Saussure, Ferdinand de
  Cours de linguistique générale 12
Sbaeneg 19
Scholes, Robert
  Structuralism in Literature 96
seicoleg 48, 66, 69, 87 n73, 117–18, 124, 132, 138 n101
Serbeg 16
Simon, Philibert 7
Simwnt Fychan 96

Siôn ap Hywel 96
Siôn Cent 96
Siôn Tudur 96
Slofeneg 20
Slofenia 19
Smith, Adam
  Inquiry into the Nature and Causes of the Wealth of Nations 2
Smith, Dai 132
Smithfield 120
Socrates 71
Soller, Philippe
  Nombres 97
Sothach 160
Swedeg 18
Sweden 18
'synnwyr cyffredin' 29, 31, 46, 73, 78–80, 82, 84, 95, 98, 110 n29, 148–50, 159, 162, 182

Tafod y Ddraig 142, 144, 157, 175
tafodiaith 6–7, 10–11, 17–18, 20, 25–6, 30, 36 n109, 113
Tafolog 42–4
Taliesin 150, 175
teipoleg 120–2, 156
telos 24, 29, 54, 66–7, 129–30, 133, 154, 186
Thatcher, Margaret 141, 155
Thomas, Dafydd Elis 141–2, 145–7, 151–2, 154–9, 160–2, 165–8, 170 n33, 185
  Traddodiadau Fory 159, 161
Thomas, Gwyn 27, 96–8, 124, 141
  Traddodiad Barddol, Y 67
Thomas, M. Wynn 77, 95, 116, 164, 167–9
  'Meddwl Cymru: Hanes ein Llên' 151
  Morgan Llwyd: Ei Gyfeillion a'i Gyfnod 168
Thompson, Denys 137 n63
Tir Newydd 144
traddodiad 8, 66–7, 70–1, 74, 116, 130, 138 n101, 144, 148, 159, 161–2, 181–3, 186, 191 n55
Traethodydd, Y 28, 101–2, 150, 175, 180, 183–5, 187
trefedigaethedd 115–17, 121–6, 128, 130–2, 144, 158, 165, 169, 180, 186
Tsiec 18
Twrceg 18

Une Politique de la langue: la revolution française et les patois 32 n21

Verga, Giovanni 137 n67
Vilaire, Etzer 123
volk 3, 128
Volney, Constantin François
   Les Ruines, ou Méditation sur les revolutions des empires 15
Voltaire (François Marie Arouet) 2–3, 6, 12, 14–16

Welsh Nation, The 126
Whitman, Walt 168
Wiliam Llŷn 107
Wiliams, Gerwyn 151, 158–60, 163–6, 189
   'Pawb â'i Draddodiad Lle Bo'i Ddiwylliant!' 154–5, 173 n121
   'Politics Prydyddol!' 158–9
   Weiren Bigog, Y 79
Williams, Colin H. 17
Williams, D. J. 127–8, 137 n67
   Hen Dŷ Ffarm 128
Williams, Glyn 8–9, 162, 165
   Euromosaic 8
   gweler hefyd Morris, Delyth a Glyn Williams, *Language Planning and Language Use: Welsh in a Global Age*
Williams, Griffith John 13, 47, 65, 85 n27
Williams, Gruffydd Aled 78, 81
Williams, Gwyn Alf 15, 17
   'Marcsydd o Sardiniwr ac Argyfwng Cymru' 150

Williams, Ifor 27, 43, 46–7, 49, 52, 85 n27
   Armes Prydein 23, 35 n96
   Canu Aneirin 23, 35 n96
   Canu Llywarch Hen 23, 35 n96
   Canu Taliesin 23, 35 n96
   Pedeir Keinc y Mabinogi 23, 35 n96
Williams, Ioan 141
Williams, Iwan Llwyd 155, 160–1, 163
   gweler hefyd Roberts, Wiliam Owen ac Iwan Llwyd Williams, 'Myth y Traddodiad Dethol'
Williams, J. E. Caerwyn 66, 78
   'Naws y Ganrif', *Gwŷr Llên y Ddeunawfed Ganrif* 16
Williams, Raymond 81, 95, 106, 132, 151–2, 158, 164, 171 n53
   Keywords 154
Williams, Waldo 123, 128, 143, 158, 167
   'Eirlysiau' 101
Wittgenstein, Ludwig 102–3
Woolf, Virginia 184
Wynne, Ellis 68
   Gweledigaetheu y Bardd Cwsc 23, 98

Ysgrifau Beirniadol 150, 175

Zeuss, Johann Kasper 23
   Grammatica Celtica 20–1, 24